Series やさしくわかる社会的養護

2

子どもの権利擁護と里親家庭・施設づくり

相澤 仁［編集代表］
松原康雄［編集］

明石書店

やさしくわかる社会的養護シリーズ

編集代表

相澤　仁（国立武蔵野学院）

編集委員（＊本巻担当編集）

柏女　霊峰（淑徳大学）

澁谷　昌史（関東学院大学）

松原　康雄（明治学院大学）＊

犬塚　峰子（大正大学）

奥山眞紀子（国立成育医療研究センター）

宮島　清（日本社会事業大学専門職大学院）

川﨑二三彦（子どもの虹情報研修センター）

野田　正人（立命館大学）

シリーズ刊行にあたって

　社会的養護の下で暮らしていた子どもが，あるとき私にこんなことを語ってくれたことがあります。「できるのであれば，ありふれた，ごくふつうの，あたりまえのしあわせがある家庭で生活をしたい。みんなと同じように，父親と母親といっしょに暮らしたい」と。この小さな願いは，社会的養護の下で暮らす多くの子どもたちの願いでもあるでしょう。
　「児童が，その人格の完全なかつ調和のとれた発達のため，家庭環境の下で幸福，愛情及び理解のある雰囲気の中で成長すべきであることを認め，児童が，社会において個人として生活するため十分な準備が整えられるべきであり」と児童の権利に関する条約の前文で謳われているように，本来，子どもは，幸福，愛情及び理解のある雰囲気に包み込まれた家庭環境の中で，成長・発達すべき存在です。しかしながら，何らかの事情で，その家庭環境を奪われた子ども，あるいはその家庭環境にとどまることが認められない子どもが少なからずいます。こうした子どもは国が与える特別の保護及び援助を受ける権利を有しています。そのために国が整備した一つの特別の保護及び援助体制が社会的養護です。
　したがって，社会的養護は，子どもが心身ともに健全に成長・発達することのできる養育環境を整備し，一人ひとりの子どものニーズに応じた養育・支援を提供することにより，社会へ巣立つ際には，社会的養護の下で育った子どもを，他の子どもたちと公平なスタートを切ることができるまでに育成することが求められているのです。
　そのためにも，社会的養護関係者は，あらゆる社会的資源を活用しながら，関係するすべての方々と連携・協働して，総力をあげて取り組んでいくことが必要であり，子どものケアワークやソーシャルワークはもとより，社会的養護に関する制度・施策などについても十分に理解し，子どもの養育・支援に役立てていかなければなりません。

しかしながら，今日，社会的養護実践者及びそれを目指す人々に対する総合的な専門書は出版されていないのが現状です。本シリーズは，主として，社会的養護実践者及び実践者を目指す人の養成・研修のテキストとして，また，子どもの権利擁護を踏まえ，子どものニーズに合った実践のための基本的な考え方・あり方について言及し，社会的養護実践者のキャリアアップ並びに社会的養護のサービスの質を一層向上することを目的として作成しました。

　なお，「社会的養護」とは，狭義には，里親や施設における養育・支援の提供など，社会が整備した養護体制を意味していますが，広義には，要支援家庭等地域における子どもの養育を支える体制を含めて幅広く捉えることができます。

　本シリーズにおいては，広義の内容も視野に入れつつも，基本的には，狭義の社会的養護，特に里親，ファミリーホームの家庭養護，小規模グループケア，地域小規模児童養護施設などの家庭的養護，乳児院，児童養護施設，情緒障害児短期治療施設，母子生活支援施設の施設養護などを中心にして取り上げ，言及した内容になっています。

　このシリーズ本は，次のような編集方針に基づいて作成しています。

❶ 平成23年7月に社会的養護専門委員会でとりまとめられた「社会的養護の課題と将来像」及び平成24年3月にとりまとめられた「里親等養育指針・施設運営指針」や「社会的養護関係施設第三者評価基準」の内容を踏まえて作成すること。
❷ 概論・原理などを除いて，概説的なものではなく，実践に役立つ臨床的視点を入れた，より具体的な実践論を中心にして作成すること。
❸ 最低限，里親や施設職員に理解してもらわなければならない事項を用意すること。あえて，養育・支援の実際においては，里親と施設を分けていない構成になっているので，その点に留意し，全体を踏まえて作成すること。
❹ 日頃から子どもが要求している内容や，里親や施設職員が知りたい内容（対応方法等）について盛り込むこと。

❺ 里親や施設職員などが，遵守すべき内容，取り組むべき内容等については，里親や職員に受け入れてもらえるように配慮しつつ，きちんと盛り込むこと。
❻ 子どもの健全育成・権利擁護の推進に向けて里親や職員が示唆を得られるような内容にすること（里親や職員の意欲等を喚起するような内容にすること）。
❼ 子どもの意見を取り上げるなど，子どもの意向を基本に据え，子どもの代弁者として作成すること。

　読者として想定しているのは，里親，ファミリーホーム，児童福祉施設等の職員のみなさん，児童福祉施設で実習をする学生のみなさん，大学や福祉専門学校で児童福祉を学んでいるみなさん，あるいはこれから施設でボランティアを始めようと考えているみなさんなどです。
　企画や執筆にあたっては，社会的養護に関する制度や施策，支援の基本的な考え方，ポイントなどについて，読者のみなさんに，できるだけわかりやすく伝えることを心がけています。子どもを健全に育成するには，その自立を支援するには，あるいはその家族を支援するにはどのようにかかわればよいのか，そのために地域や関係機関とどのように連携・協働すればよいのかなど，迷ったり，考え直したりしたい時などに，ぜひともこのシリーズ本を開いて読んでいただければと思います。子どもや家族とのかかわりで生じる悩みや迷いを解決するためのヒントが得られることでしょう。
　また，このシリーズ本は研修の資料として活用されることも想定しています。みなさんが自らの実践について，深く検討していくための参考書の一つとして，現場で広く活用されることを願っています。
　なお，本シリーズにはできるかぎり多彩な内容を盛り込みましたが，読者のみなさんのニーズにお応えできない面もあるかもしれません。多くの方々に目を通していただき，ご批判やご意見をいただければ幸いです。

　最後になりましたが，本シリーズの刊行にあっては，編集・執筆全般にわたってご指導をいただいた編集委員の方々をはじめ執筆者の方々はもちろん

のこと，本シリーズの刊行をご快諾いただき，刊行全般にわたりご教示いただいた明石書店の社長はじめ編集部のみなさん，深澤孝之氏，ならびにご協力いただいた方々に，この場を借りて心より深謝申し上げます．

 2012年10月

編集代表　相澤　仁

このシリーズ本を手にした方々へ

　このシリーズ本は，里親，ファミリーホーム，乳児院，児童養護施設，情緒障害児短期治療施設，児童自立支援施設，母子生活支援施設をはじめ，児童家庭支援センター，自立援助ホーム，児童相談所の一時保護所などでの社会的養護を必要としている子どもの健やかな発育・発達や権利擁護やその家庭の支援を図るために参考になるものと考えています。

　ここで，対象にした子どもやその家族というのは，里親，ファミリーホーム，乳児院，児童養護施設，情緒障害児短期治療施設，児童自立支援施設，母子生活支援施設に入所している子どもとその家族が中心です。それぞれの里親家庭や施設などで生活しているすべての子どもやその家族に対応できる内容をと心がけましたが，かならずしも全体がそうなっているわけではありませんので，その点について十分に留意しながら読み進めていってください。

　この「やさしくわかる社会的養護シリーズ」は，次の7巻から構成されています。第1巻は総論編であり，第2巻～第7巻までが各論編になっています。

　　第1巻　子どもの養育・支援の原理
　　　　　　――社会的養護総論――
　　第2巻　子どもの権利擁護と里親家庭・施設づくり
　　第3巻　子どもの発達・アセスメントと養育・支援プラン
　　第4巻　生活の中の養育・支援の実際
　　第5巻　家族支援と子育て支援
　　　　　　――ファミリーソーシャルワークの方法と実践――
　　第6巻　児童相談所・関係機関や地域との連携・協働
　　第7巻　施設における子どもの非行臨床
　　　　　　――児童自立支援事業概論――

さらに，各巻に「コラム」を設けています。コラムについては，各種施設での具体的な取り組みや社会的養護の年表などについて取り上げていますので，子どもや家族の自立支援を推進するための資料として参考にしてください。

　また，できるかぎり実践に役立ててもらいたいという方針に基づき，実践上のヒント，エピソード，重点内容（太字）を示すようにしました（ただし，第1巻については，総論であるために重点内容については，示しておりません）。もちろんのこと，実践上のヒントとはいえ，いかなる状況でもヒントになるわけではありません。状況などに対する的確な判断に基づき，留意しながら活用してください。

　なお，事例を紹介する場合は，プライバシーを保護・尊重するため，事例の記述の本質を変えない限りにおいて，固有名詞をすべて仮名にしたり，個人に関する情報を抽象化したり，かつ，一部の情報を書き換えるなどの修正を加えています。

はじめに

　社会的養護に委ねられる子どもたちは，多くが権利主体である自分たちの存在を，権利を社会とともに擁護すべき家族からその権利を侵害されてきていることもまた事実です。この子どもたちの権利を擁護し，本来の権利を行使，享受することができるようサポートする役割が社会的養護を担う施設や里親には期待されています。社会的養護に委ねられたことが自動的に子どもの権利保障につながるわけではありません。現代社会では，子どもの権利を侵害する状況が，残念ながら，地域社会，学校などに普遍的に存在します。社会的養護を担う施設や里親は，まずこの状況に対峙していく必要があります。地域社会，学校における子どもの権利侵害には，犯罪被害，いじめなど子ども一般が被る可能性があるものと，施設・里子に向けられる偏見・差別とが想定されます。いずれも，施設や里親だけでは解決できる課題ではなく，地域の住民や関係機関との連携のなかで，取り組まれるべき課題です。さらには，家族関係の修復・調整も，権利擁護という観点から重要な課題です。

　一方で，社会的養護という枠組みで守られるべき権利が，まさにそのシステム内で侵害されるというケースも後を絶ちません。施設内虐待や里子の虐待がそれにあたります。2008年の児童福祉法改正では，被措置児童の虐待に関する通告規定が新たに設けられることになり，通告に基づく調査や児童福祉審議会への報告なども行われるようになりました。子どもの権利を擁護するために必要な制度であるとしても，このような規定が法改正で盛り込まれたこと自体，社会的養護を担う施設，里親への重大な問題提起が行われたと受け止める必要があります。

　「子どもの権利を守る」を言葉だけのものとしないためには，子どもの権利とその擁護に関する基礎的な知識がまず必要です。本書の第1部ではこの部分について知識と実践上のヒントを提供しています。児童福祉分野のみならず，社会福祉分野全体の特徴は，システムや施設ではなく，そこで実践を

担う「人」によるところが大きい点です。第2部では，子どもの権利保障という観点から人材育成をとりあげています。施設経営者のみならず，施設職員，里親自身にもぜひ，ひもといてほしい内容となっています。

　時として，「子どものさまざまな生活課題への対応，保護者のクレームなどへの対応など，社会的養護の担い手の苦労は部外者には理解できるものではない」という声，あるいはつぶやきを耳にすることがあります。しかし，大変な状況であるからこそ，多くの関係機関や地域住民などの理解と協力が必要となります。この連携が子どもの権利擁護にも貢献するし，施設内虐待発生の予防にもつながることになるのです。本書で，第三者評価をとりあげた理由はここにあります。

　子どもの権利保障を考える場合，同時にその担い手の権利が擁護されている必要があります。施設に働くものとして，地域住民として自らの権利が擁護され，権利主体としての生活が保障されているかにも関心を持ってほしいと思います。職員間，あるいは管理職によるハラスメントへの予防，対応は，施設を運営する法人の力量を問うことになります。本書による学習が職員間のハラスメント＝権利侵害の予防や，法人による予防活動，個別案件への対応へも拡大していくことを願っています。職員の労働条件確保と子どものケアやソーシャルワーク実践とのバランスについては，このシリーズ全体の課題となっています。編者は，このいずれかを犠牲にした実践は成り立たないと考えています。

2013年2月

松　原　康　雄

目　次

シリーズ刊行にあたって　3
このシリーズ本を手にした方々へ　7
はじめに　9

第1部　子どもの権利擁護

第❶章　社会的養護における子どもの権利擁護……………………18

はじめに──子どもの最善の利益…………………………………18

1. 権利主体としての子どもと意見表明権…………………………18
2. 社会的養護にかかわる新たな子どもの権利とその保護………21
3. 権利侵害からの回復………………………………………………23

施設入所あるいは里親委託までに受けてきた権利侵害からの回復と発達保障／家族支援と子どもの権利擁護／地域社会における権利擁護

4. 社会的養護における権利侵害への対応…………………………26
5. 権利擁護のためのネットワーク…………………………………29

おわりに……………………………………………………………31

[コラム]　権利擁護を推進する施設運営　33

第❷章　施設長・里親の権限と親権………………………………36

1. 施設長・里親の権限………………………………………………36

概論／児童福祉法第27条第1項3号に基づき児童福祉施設に入所させる場合／児童福祉法第27条第1項3号に基づき里親等に委託する場合／一時保護委託の場合／親権代行／監護等に関する権限に含まれる事項

2. 施設長・里親の権限と親権の調整………………………………41

一般的な指針／個別的な課題と対処

[コラム]　パーマネンシープランニング　48

第❸章 子どもの意見表明および苦情解決の仕組みと その活用……………………………………………………50

1. 子どもが意見表明しやすい環境づくり……………………………50
子どもとの日常生活を通して／養育者としての姿勢／施設としての取り組み／里親としての取り組み

2. 子どもの意見への適切・迅速な対応………………………………53
子どもへの対応／施設および里親家庭としての対応

3. 苦情解決の仕組み……………………………………………………55
苦情解決の仕組みの目的／苦情解決体制／苦情解決の手順

4. 苦情解決の仕組みの活用と留意点…………………………………58
苦情解決の仕組みの意味すること／活用のポイントと留意点

5. 苦情解決の実際………………………………………………………61

おわりに……………………………………………………………………63

[コラム] 子ども権利擁護委員会の設置と有効活用　64

第❹章 被措置児童等虐待の予防と対応………………………………66

1. 被措置児童等虐待とは………………………………………………66
社会的養護の中の子ども虐待／「被措置児童等虐待の防止等」の法制化／被措置児童等虐待の実態

2. 被措置児童等虐待が生じる要因……………………………………72
被措置児童等虐待の発生要因／社会的養護における専門性の養成／個人的要因——養育観や育ちにおける個人の積み残し課題／組織とシステムが抱える問題／子どもの権利を守るシステムが機能しているか

3. 被措置児童等虐待の早期発見・早期対応…………………………75
早期発見のための仕組み／早期発見のために必要な取り組み

4. 被措置児童等虐待の予防と支援……………………………………77
被措置児童等虐待を予防するために必要な取り組みと支援／職員養成，研修教育の充実／組織風土の検証，組織での見守りと支援体制の充実／子ども自身の権利意識を高める（エンパワーメントする）仕組みと取り組み

[コラム] 子ども権利擁護アンケートの実施　81

第**2**部　里親家庭・施設運営と養育者・支援者の育成

第**❺**章　里親家庭・ホーム・施設の生活環境づくりと運営管理················86

1. 運営指針··················86
運営指針の策定／運営指針の特徴と意義

2. 自施設の運営方針と養育・支援規程··················87
養育のいとなみ／自施設の運営方針（理念）／自施設の養育・支援規程

3. 安定（安心・安全）して生活できる環境づくり··················88
施設生活の環境づくり／背負わされた課題

4. 子どもの健康管理··················91
情報の収集／健康の維持管理／医療機関との連携

5. 子どもの衛生管理··················93
感染症を防ぐために／自立支援の視点

6. 子どもの安全・危機管理··················94
非常災害管理／安全管理／危機管理

7. 情報の共有化とその管理··················97
施設における情報の共有化／記録が適切に行われているか／情報の共有化のあり方／子どもの養育・支援に関する適切な記録／施設の記録の種類／ケース記録の書き方／施設の個人情報管理のあり方／記録者のための記録から，利用者のための記録へ

8. ホーム・施設の事業計画··················101
運営理念，基本方針の確立と周知／中・長期的なビジョンと計画の策定／事業計画の策定

9. 家計と会計・財務管理··················104
措置費による施設運営／予算制による施設運営／指導監査の実施／適正な予算執行のあり方

10. ホーム・施設の人事・労務管理··················108
施設の人事・労務管理の現状と課題／人事考課のねらい／これからの人事考課／キャリアパスの導入／職員の燃え尽き症候群

〔コラム〕　個人情報の開示　112

第6章　自立支援と生活形態 ……………………………………115

1. 自立支援と生活形態との関係 ………………………………115
ありのままの自己を表出する／受けとめ／依存体験

2. 社会的養護における生活形態とその現状 …………………117
社会的養護における生活形態／生活形態をめぐる現状

3. 生活形態の特徴 ………………………………………………120
人数からみた生活形態の特徴／地域化からみた生活形態の特徴／人（その属性）からみた生活形態の特徴

4. 自立支援と生活形態の今後の課題 …………………………124
子どものニーズに応じた生活形態の選択をめぐる課題／マネジメントにおける課題

コラム　地域小規模施設での支援のあり方と留意点　127

第7章　求められている養育者・支援者の資質と役割 ………129

はじめに …………………………………………………………129

1. 運営指針・養育指針における養育者・支援者の資質・役割 ……130
「児童養護施設運営指針」「里親及びファミリーホーム養育指針」における養育者・支援者の資質・役割／「児童養護施設運営指針」「里親及びファミリーホーム養育指針」から読み取る「求められている養育者・支援者の資質」

2. 施設養護の担い手に求められる資質と役割 ………………134
保育士・児童指導員の資質と役割／心理療法担当職員の資質と役割／家庭支援専門相談員の資質と役割／医療職（医師・看護師）の資質と役割／調理員・栄養士の資質と役割／施設長の資質とリーダーシップ

3. 家庭養護の担い手に求められる資質と役割 ………………140

むすびにかえて …………………………………………………140

コラム　施設職員の倫理綱領　142

第8章　チームアプローチによる支援 ……………………………144

1. 多分野協働におけるチームアプローチ ……………………144
チームアプローチの必要性／チームアプローチの難しさ

2. チームアプローチを検討する視点 …………………………147

3. チームアプローチのためのシステムの整備……………………148
　　　　──システム論的視点から

情報共有のシステム／ケースカンファレンス／重層的なサポート体制とスーパーバイズ体制

　　4. チームの力動とひずみの修復──力動論的視点から…………151

影響し合う3つの力動／ひずみが拡大するいくつかのパターン／解決に向けたカンファレンス／権力闘争と社会的属性

コラム　有効に機能する支援者間のコミュニケーションのあり方　155

第❾章　専門職トレーニングとスーパービジョン……………158

はじめに………………………………………………………………158
1.「スーパービジョン」の基礎理解………………………………159
2. スーパービジョンの目的と機能…………………………………160

スーパービジョンの目的と効果／スーパービジョンの構造・機能と形態／スーパービジョンスキル

3. 社会的養護の現場におけるスーパービジョンの実際…………167

子どもに「思い」が伝わらない──ゆっくりと1から10まで心の中で数えよう／人前で裸になった少女──コンサルテーションの活用

第❿章　養育者・支援者のメンタルヘルスとそのケア・支援…175

はじめに………………………………………………………………175
1. 養育者・支援者自身によるメンタルヘルスづくり……………176

養育者・支援者自身のメンタルヘルスについてのアセスメント／メンタルヘルスを保持するために日常生活で心がけること／メンタルヘルスを保持するために周囲にSOSを発信できること

2. 施設や家庭養護におけるメンタルヘルスづくり………………179

施設におけるメンタルヘルス／家庭養護におけるメンタルヘルスづくり

おわりに………………………………………………………………186

コラム　里親委託ガイドライン　187

第⓫章　養育者・支援者の人材養成および研修・研究のあり方…189

1. 社会的養護における人材養成の現状と課題……………………189

2. 社会的養護における人材養成のあり方……………………………190
3. 社会的養護における研修の現状と課題……………………………191
国の研修機関が行う研修の現状／民間研修機関が行う研修の現状／課題
4. 社会的養護における研修システム…………………………………195
問題意識，参加動機／研修委員会の設置／研修技法／職種間連携のための研修
5. OJT による研修のあり方……………………………………………196
新人研修／中堅職員（前期）研修
6. OFF-JT による研修のあり方…………………………………………197
共通の課題を確認する場／現在の取り組み方（知識，技術）を整理する場／今後取り組むべき方向指示を得る場／中堅職員（後期）研修／基幹的職員の役割／里親研修
7. 社会的養護における研究の動向……………………………………198
社会的養護に関する文献／里親に関する文献
8. 社会的養護における研究の課題……………………………………202
施設養護研究／里親研究

コラム　家庭養護の国際的団体（IFCO）とその活動　204

第12章　自己評価・第三者評価および監査……………………………206

1. 支援の質の向上のための自己評価と第三者評価の仕組み………206
社会的養護における利用者本位のサービス／社会的養護関係施設の第三者評価事業の義務化／第三者評価事業の仕組み／第三者評価の実施状況
2. 第三者評価事業とその活用…………………………………………210
第三者評価事業／第三者評価受審の流れ／第三者評価基準と評価細目／利用者調査と自己評価／ファミリーホームおよび自立援助ホームについての第三者評価
3. 支援の質の向上のための監査と運営改善…………………………220
行政監査と第三者評価／運営および支援内容の改善

資料：社会的養護の第三者評価基準―評価細目―　223
❶児童養護施設版／❷乳児院版／❸情緒障害児短期治療施設版／❹児童自立支援施設版／❺母子生活支援施設版

索引　253

第1部
子どもの権利擁護

第1章 社会的養護における子どもの権利擁護

Key Word 意見表明権／民法改正／包摂／第三者評価／ネットワーク

はじめに——子どもの最善の利益

　社会的養護のもとで生活する子どもは，私的養育に対する社会制度の介入によって，子どもの意向は尊重されるものの，選択の余地が少ないなかで日々を過ごしている。だからこそ，そうした子どもには，すべての子どもに保障されるべき最善の利益（子どもの権利条約第3条）を意図した支援が提供される必要がある。社会的養護を担う施設や里親が，この使命を達成するためには，子どもの権利の積極的実現と擁護を意識した実践が必要となる。本項では，社会的養護における子どもの権利擁護について，5つの視点から検討していくこととする。

1. 権利主体としての子どもと意見表明権

　子どもの権利「擁護」は，子ども自身が権利主体であることを確認することを基盤に検討する必要がある。子どもの権利については，児童の権利に関する条約（子どもの権利条約）が日本でも批准されている。子どもの権利条約は，1989年国際連合総会で承認された条約であり，日本も1994年4月に158番目の批准国となっている。この条約は，前文と54条で構成されており，締約国には条約に沿った国内法等の整備と国連が設置する委員会への定期的報告が義務づけられている。

　子どもの権利条約には，第6条の生命に対する権利など「生きる」ことに

関する権利を基盤として、社会的な権利も規定されており、第12条では意見を表明する権利が認められている。社会的養護実践にかかわって、この意見表明権に関して検討を加えておきたい。社会的養護において施設入所と里親による養育は行政による措置という方式をとっている。この措置を担う児童相談所の運営指針[1]では、支援方針の策定および決定から実施のプロセスのなかで、保護者のみならず、「子どもの意向を十分尊重する」「意見も聴き行う」必要が述べられている。また、これに関連して、保護者や子どもの意向と児童相談所の措置が一致しない場合、児童福祉審議会の意見を聞くことが求められているが、この場合も子どもの意向は審議会提出書類の書式に組み込まれ、口頭でも報告されることとなっている。子どもの意見表明が、児童相談所実践のなかで達成されているかは、子どもにかかわる児童福祉司や児童心理司の力量によるところが大きい。子どもの意見聴取が指針上は明記されていることは確認しておく必要がある。

2012年3月には、児童養護施設運営指針など社会的養護を担う施設や里親についても運営指針が厚生労働省より示されることとなった。運営指針策定の理由は、「社会的養護の現状では施設運営等の質の差が大きい」ことがあげられている[2]。この指摘は、社会的養護を担う施設や里親にとって十分留意すべきものであり、これから社会的養護を担おうとする者にとっても重要である。子どもにとって、入り口段階で想定された養護や養育が均等に保障されていないことの指摘にほかならないからである。2012年3月の運営指針策定により自動的にこの状況が解消されるわけではない。指針にそった運営や養育への組織的努力と担い手の資質向上が必要である。

これらの運営指針や養育指針では、子どもの意見表明権についてどのように記載されているか、児童養護施設運営指針を例にとってみてみよう。児童養護施設運営指針では、第二部各論の権利擁護の部分で「子どもの意向への配慮」や「子どもが意見や苦情を述べやすい環境」の整備の必要性が述べられている。ちなみに、施設という形態をとらない里親・ファミリーホームの養育指針でも、表現はやや異なるものの権利擁護のなかで同様の内容が記載されている。

児童養護施設運営指針を詳しくみていこう。子どもの意向への配慮に関す

る項目では，日常的な会話等で意向をくみ取るとともに，「改善課題については，子どもの参画のもとで検討会議等を設置して，改善にむけて具体的に取り組む」とされている。筆者は，児童相談所の一時保護所の外部評価に複数かかわった経験がある。この経験のなかで，ある一時保護所は，定期的に開催される子ども会議における改善要望を，それへの保護所側の対応も記載して掲示板で知らせていた。改善要望には実現できないものも含まれることや，児童養護施設も子どもが集団で生活していることから，個別対応で処理することが適切ではない場合も想定され，このような工夫は参考にできるであろう。子どもの意見や要望がすべて実現されるわけではない。子どもの成長発達という観点から異なった結論を出す場合もある。この場合には，十分な説明を行うことも権利擁護の一環として必要であり，子ども個人あるいは子ども集団への説明に関する技法なども研修のプログラムとして準備されると効果的であろう。

　子どもが意見や苦情を述べやすい環境の項目では，複数の相談方法や相談相手の中から「選択」できる環境整備があげられている。子どもの意見表明は子どもによる会議といった集団的な手法，相談などの個人的な手法——この場合には外部の第三者も含めて——とともに，匿名性が担保された意見表明方法も環境整備のなかで配慮される必要がある。従来，施設では意見箱などが設置されるケースが多いが，あまり活用されていないこともある。設置場所の工夫や対応を伝達する方法などいくつかの工夫の余地があると考えられる。また，児童自立支援施設運営指針および情緒障害児短期治療施設運営指針では，子どもが意見や苦情を述べやすい環境の項目について，児童養護施設との比較で特徴的な記述は見あたらないが[3]，情緒障害児短期治療施設の一部や児童自立支援施設の場合には，子どもの生活への規制が存在する特徴があることから，匿名による定期的なアンケートの実施など意見表明権保障には特段の配慮が必要である。また，外部委員などによるヒアリングも方法として採用できるが，この方法を実施する場合には，事前に日常的交流がなされ，秘密保持の徹底など，子どもが「本音」を語ることができるような環境作りが必要となる。

　子どもの声を聴くことは，施設におけるケアの基本であるとともに，それ

が権利主体としての子どもの意見表明権の保障であることも踏まえておく必要がある。

2. 社会的養護にかかわる新たな子どもの権利とその保護

　子どもの意見表明権の保障に関連して，関連法改正について論及しておこう。2011年5月に成立した民法等の一部を改正する法律（以下，改正法）は，親権の一時停止規定の新設や親権行使のあり方について改正法第820条に「子の利益のために」という文言が挿入されたことなどで，児童福祉関係者のみならず社会的な関心を集めた。この改正法について，親権の一時停止や行使のあり方と比較してあまり着目されなかった改正が2点ある。その一つは，子どもの意見表明権に関連する改正である。従来からの親権喪失と新設の親権の一時停止を請求できる者として，未成年後見人および未成年後見監督人が加えられるとともに，子本人も請求できるようになった点である。改正法については，法務省と厚生労働省がそれぞれ審議会をたちあげて論議がなされた。子ども自身が請求できるとすることについては，法務省法制審議会児童虐待防止関連親権制度部会でも意見が分かれた項目であった[4]。最終的には，子は「親権に係わる法律関係の当事者」であること，検察官や児童相談所の介入を待つのではなく，事案によっては「直接請求できた方が，迅速に子の利益を確保することにつながる」という理由から，子も請求できる内容での改正となった[5]。筆者も部会に参画し，子どもに請求権を認めるべきであるとの意見を述べている。

　法改正は，それが実践の場で展開されてはじめて実際的な子どもの権利擁護が実現する。子どもに請求権を認めたことは，子ども自身に判断や手続きをすべて委ねてしまうことではない。社会的養護にたずさわる者や弁護士，民間団体関係者による適切なサポートが必要である。部会でも，子ども自身の精神的負担が懸念意見として述べられた。また，この新設規定によって，児童相談所所長による請求が「回避」されることがあってはならない。あくまでも，検察官，児童相談所所長それぞれの立場での請求事例に加えて，子ども自身による請求もあるという想定である。社会的養護関連施設入所中の

子どもがこのような請求が必要となる場合には，施設職員のサポートがあり，児童相談所が請求するという場合が通例となるであろうが，請求した子どもが自身の生活の場として施設を選択し，入所することもありうる。子どもの精神的ケアや将来の方向性について子どもや児童相談所と検討することは施設職員の役割となる。この改正に関する実践例は今後の積み重ねを待ち，その支援内容を検討していくことになるが，子どもの意見表明権を含め，子どもの権利行使にあたっては適切なサポートが必要であることを確認しておきたい。

　改正法でいま一つ着目しておくべき点は，未成年後見人選任の選択肢が広がった点であり，特に法人の未成年後見人の選任が許容されたことである。この改正は，子どもが生活する施設を経営する社会福祉法人が未成年後見人となることを想定している。しかし，筆者はこの点には異論がある。子どもが施設に入所する場合で，親権者や当該施設を経営する法人以外の未成年後見人が存在する場合には，同意入所であれ，児童福祉法第28条による入所であれ，社会的養護を担う施設は，親権者あるいは未成年後見人との間に子どもの養育をめぐって一種の緊張関係が生じることになる。施設は子どもの養育やケアについて，彼らからの「チェック」を意識することになる。この緊張関係が施設で生活する子どもの権利擁護をより確実なものとすると考えている。そこで，未成年後見人は当該法人以外の個人あるいは法人であるべきであり，施設を経営する法人が未成年後見人に選任される場合には，今回の改正で実現した複数後見を提案したい。なお，未成年後見人については，対象が子どもであることから本人から報酬を得ることはほとんどのケースで期待することができない。子どもが入所している施設の法人が，このような社会的体制の不備を補完する意味で選任されることもあってはならないだろう。未成年後見人については，これを担う個人や法人への手当が社会的に準備され，後見人活動に見合うだけの報酬を担保することも課題である[6]。

　子どもの権利条約は前文および第18条で家族が社会の基礎的な子どもを養育する権利と責任を規定している。権利主体としての子どもの権利についても，その実現については，意見表明権も含め，家族がサポートし，必要な場合には擁護する役割を担う。しかし，社会的養護のもとにある子どもの場

合には，家族がその機能を十分に果たしていないか，むしろ権利を侵害している状況がある。改正法は，児童福祉法についてもいくつかの改正をもたらすことになった。従来，子どもが施設入所をする場合，児童福祉法では施設長あるいは里親は第47条で「監護，教育及び懲戒に関し，その児童の福祉のために必要な措置をとることができる」とされていたが，同第47条4項が新たに規定され，親権者等はこの措置を「不当に妨げてはならない」とされた。前述の親権者による施設ケア（措置）に対する「チェック」と「不当な妨げ」との関係では，これまで施設ケアにおいて現場が対親権者との関係で苦労してきた経験をくみ上げ，施設側を支援する方向での改正となっている。これは，子ども自身の主体的権利保障と矛盾するのではなく，むしろそれを強化する方向で実践において展開されていく必要がある。

　子どもの権利擁護は，侵害された権利を回復することだけではなく，権利主体としての子どもを尊重することからスタートすべきである。

3．権利侵害からの回復

　子どもの人としての権利を認め，尊重することは，子どもにかかわる大人たちにとって必須であり，それを前提に社会的養護を担う施設や里親がその機能の固有性が故に配慮すべき点について，子どもの意見表明権を手がかりに論じてきた。その上で，社会的養護における子どもの権利擁護については3つの課題が存在する。

1）施設入所あるいは里親委託までに受けてきた権利侵害からの回復と発達保障

　社会的養護に委ねられる子どもたちは，子どもの権利条約で認められた養育の基礎集団である家族から一時的にせよ分離される経験をした子どもである。この分離過程では，子どもに愛着関係の未形成や，親からの被虐待経験からくる精神的なダメージが及ぶ場合が多くある。また，家族から子ども全員が分離されるのではなく，きょうだいのなかの特定の子どもが分離される場合には，制度的にはその子どもは権利を擁護・回復される位置にありなが

ら，子ども自身は「なぜ自分だけが親や家族と生活できないのか」という気持ちにも陥りがちになる。子どもの権利侵害は，このような精神的なものだけではない。貧困による相対的剥奪による教育や地域集団からの排除を経験してきている子どももいる。これが，子どもの成長発達上，生活上の課題をもたらすことになる。

　谷口は，児童養護施設での子どもたちの生活過程を「排除」からの「脱出」という概念で調査・研究を行っている[7]。谷口は施設退所後の生活に視点をのばしながら，施設での生活過程を吟味する。そのなかで，「入所は社会的な次元において包摂であると捉えられるが，個人的な次元では必ずしも包摂として捉えきれない側面もある」として，子ども自身の発達課題，施設の抱える問題，地域社会との関係などから「望ましい」状態像として位置づけられない場合があるとしている。

　子どもが安定した生活環境を得ること，信頼できる職員あるいは里親との関係を構築維持できること，施設にあっては集団の肯定的力動を享受することができることが，子どもが入所まで経験してきた権利侵害を回復する中核的な支援となる。これらが確保されてこそ，必要な「治療的」かかわりも効果をあげることができる。子ども集団の力動は，集団を前提とする施設養護の長所として活用できる側面があるが，一方で施設内における子ども相互の権利侵害を引き起こす可能性も有している。集団構成への配慮も必要であり，また集団の力動がマイナスに転じないケアも子どもの権利擁護のうえで必要である。権利擁護の延長線上には，子どもが施設から就職，進学した後のケアも含まれる。

　プライバシーの保障も重要な点である。個室の提供や子どもの了解を得ない見学の排除など，この分野での権利擁護も子どもの声を聴くことからスタートする。

2）家族支援と子どもの権利擁護

　こんにち社会的養護のもとにある児童で家族が存在しない子どもは少ない。また，親子分離はすべてのケースで子どもが18歳まで生活することを意味しているわけではない。2009年に発表された厚生労働省の調査（児童養護施

設入所児童等調査）では，委託（入所）時に「両親又は一人親あり」の割合をみると，里親委託児で67.7％（前回67.8％），養護施設児で83.2％（前回91.5％），情緒障害児で87.3％（前回85.3％），自立施設児で87.7％（前回89.1％），乳児院児で89.0％（前回84.6％）となっており，最も低い里親委託児でも約3分の2は両親または一人親が存在する[8]。一方，同調査では，家族との交流関係についても調査している。その結果，「交流なし」の割合は，里親委託児で71.9％（前回75.7％），養護施設児で16.1％（前回16.6％），情緒障害児で9.0％（前回7.2％），自立施設児で7.3％（前回11.5％），乳児院児で20.2％（前回23.4％）となっており，里親委託児で「交流なし」が高くなっているものの，他種別では交流がある児童が大半であることが明らかにされている。児童養護施設の平均在所年数は，4.6年である。

　子どもが施設で生活することにより権利を擁護され，成長発達を達成できたとしても，復帰する家族の生活や状況が変化していなければ，子どもは再度権利侵害の状況に陥ることになる。もちろん，性的虐待ケースで加害者が家族内にとどまっている場合など，ある時点では家族再統合を展望できない子どももいるし，その状況が子どもが18歳まで継続することもありうる。里親をのぞいて社会的養護を担う施設は，児童相談所との連携のなかで，ファミリーソーシャルワーカーを中心にこの機能を果たしていくことになる。また，母子生活支援施設の場合には，日常的な実践のなかで家族全体への支援がなされることになる。「家族が第一」という「家族神話」をとることはできない。年長児の場合には，親権者からの経済的虐待から子どもを守る必要があるケースもある。一方で，子どもの権利擁護において家族を最初から排除しない実践が求められている。

3）地域社会における権利擁護

　児童養護施設をはじめとした社会的養護を担う施設は，地域社会にあって，社会資源として積極的に位置づけられてきていない傾向がある。最近では，施設機能を積極的に地域社会に提供する施設や，子どものプライバシーに配慮しつつ施設に関する情報公開を行っている施設も増えてきている。地域社会との関係で，子どもの権利擁護の焦点となる課題は，教育との関係であろ

う。社会的養護を担う施設では，児童自立支援施設と情緒障害児短期治療施設の一部を除いて，子どもたちは地域の幼稚園・学校に通学する。入所までの生活状況や子どもの成長発達課題によって，学校での行動が対応困難なものとなり，場合によっては，子どもが教育を受ける権利を侵害されかねない事例も報告されるようになった。日常的な学校との連携を基盤として，個々の子どもが学校・クラスに居場所を確保し，教育を享受することができるよう働きかけることが今日的な課題となっている。

この延長線上には，子どもの進路保障の課題もある。最近では，社会的養護のもとにある子どもの高校進学率も高くなってきているが，まだ全体的な進学率には追いついていない。また，大学進学の実現は緒に就いたばかりである。発達上の課題を抱えた子どもも増えてきているなかで，特別支援教育と連携しながら子どもの進路を検討する場合もある。いずれの場合にも，子どもの参加を前提に，子どもの個性や希望に応じた進路保障が必要である。

地域社会における権利擁護では，子どもを性的被害から守ることも大きな課題となっている。現代社会では，子ども全体が性的被害の危険性にさらされている。メディアの影響もあり，不正確な知識が氾濫するとともに，思春期に当然生起する性的関心が商業ベースに取り込まれる状況がある。施設内で居場所や信頼関係が十分に得られない場合に，子どもは擬似的な関係によりどころを求めてしまう危険性がある。施設内における性教育等も重要であり，性について子どもと話し合い，向き合うことが権利擁護のために必要である。それ以上に，家族も含め職員，子ども集団との人間関係形成が性的被害から子どもを守ることになる。

4. 社会的養護における権利侵害への対応

2000年に社会福祉事業法が社会福祉法に改正され，社会福祉サービスは措置から利用制度への移行が主流となった。そのなかで，社会的養護についてはニーズを表明し，利用に結びつくことが年齢や発達等の影響で困難である子どもが対象であること，虐待ケースなどのように親がニーズを否定し，支援を利用しない場合が想定されることなどを理由として，措置というシス

テムにとどまることとなった。しかし，社会福祉法成立を期に導入された利用者の権利擁護システムである苦情解決制度については，他の福祉サービスと並んで適用されるようになった。2012年に示された社会的養護を担う施設や里親の運営及び養育指針でも，前述した子どもが「意見や苦情を述べやすい環境整備」が権利擁護の項目で言及されている。実践場面では，入所時や委託時に子どもに措置した児童相談所宛のはがきを添付した「権利ノート」を渡すことなどが行われている。児童相談所あるいは行政の担当部局は，この権利ノートについて定期的に更新し，その都度，子どもに周知をはかることが必要である。施設でも権利ノートを利用した学習会が実施され，職員も含めて権利擁護の必要性を学ぶ機会を持つことが望ましい。乳児院は子どもの年齢が低いために，子ども自身が苦情を申し立てることができない。苦情解決制度に関する保護者への情報提供が入所時のみならず，入所中適宜なされるべきである。

　2008年の児童福祉法改正では，第33条の10から17で被措置児童等虐待の防止が規定された。法改正の経緯には，当時，施設内虐待の報道が相次いだことが存在する。被措置児童虐待とは，施設職員等が入所児童に対して，身体的虐待，心理的虐待，性的虐待，ネグレクトを行うことであり，ネグレクトには子ども相互の権利侵害を放置することも含まれている。これらの虐待を発見した者は速やかに児童相談所を設置する都道府県市に通告，届け出を行うことも義務づけられている。しかし，この改正によって，施設内虐待が払拭されたわけではない。2012年に厚生労働省が発表した2011年度の「被措置児童等虐待届出等制度の実施状況」では[9]，届け出・通告受理件数は193件であり，このうち46件については虐待の事実が認められた。虐待の内容は，身体的虐待37件，ネグレクト2件，心理的虐待6件，性的虐待1件であった。このように，社会的養護の枠組みのなかで，虐待が生じることから目を背けることはできない。

　今日，親からの被虐待経験の有無にかかわらず，施設に入所する子どもはさまざまな生活上あるいは発達上の課題を有している。児童養護施設等でもこれに対応すべく日々実践が展開されている。しかし，この一方で施設内虐待が根絶されていないこともまた事実である。虐待を受けてきた子どもに

とって，守られるべき施設で重ねて虐待を受けることは，成長発達にとって重大な影響を受けることであり，なによりも深刻な子どもの権利侵害となっていることは言を俟たない。

　措置制度は子どもの福祉を実現するために，改善すべき点は多く存在してはいても，安定的な収入を施設側に保障している。そのため，「事件」「事故」が表面化しない限り，改善努力をしなくとも決まった額の措置委託費が支弁される。その「安定感」と「大変な実践については外部の人間はわからない」という感覚等が，職員による子どもへの施設内虐待を「放置」してきたといえる。2008年の児童福祉法改正は，このような状況を変化させていく契機として位置づけられる必要がある。施設内虐待が起きる要因は，職員の過重労働，子どものケアに関する知識・技術の不足など多様である。施設を小規模化することは，外部からの目が届きにくいという危険性もあわせて有している。このような要因や危険性を一つひとつ解決していくためには，各施設での取り組みが基本ではあるが，職員研修など一法人一施設での取り組みでは限界がある。施設最低基準の底上げなど国や自治体による制度的な支援が必要である。

　被措置児童虐待を防止する制度的支援については，第三者評価受審の義務づけがある。第三者評価は，やはり社会福祉法改正によって，社会福祉施設に導入されたが，実施率は低く，社会的養護関係の施設でも同様であった。厚生労働省は，2012年度より，社会的養護を担う施設（ファミリーホームと自立援助事業は義務化されていないが，今後の課題とされた）について，3年に一度の第三者評価受審を義務づけた。その理由は，児童福祉法改正によって施設長の親権代行が強化されたこと，被虐待児童の入所増加により施設機能の強化が必要であることなど社会的責任の重さと，当事者である子どもが選択できないことがある。第三者評価については，利用にあたっての施設選択に資する情報提供の側面もあるが，措置制度の場合には，むしろ自己点検（毎年実施が義務づけられた）とその公表，外部者からの点検評価によるサービスの資質向上が主たる目的となる。この取り組みは，被措置児童虐待を防止するためにも有効であると考えられる。第三者評価を定着させるためには，受審費用の補助，実施機関の能力向上が必要である。前者については，国は3年

に一度の受審費用を措置費として認め，自治体によってはそれに一定額の上乗せをするところもある。また，後者については，都道府県独自の基準や養成について認めつつも，全国社会福祉協議会が全国共通の評価基準により評価者養成を行うこととなった。今後は，評価機関が実績を積み重ね，フォローアップ研修受講などを通じて，実際的な力量を向上させていくことが課題となるだろう。なお，費用の問題があるにせよ，3年に一度の受審が適切な間隔であるかは検討の余地がある。また，実施機関数が増加していかないと，評価機関の固定化によって，評価の視点や内容が慢性化し，相互の緊張感を失う懸念がある。緊張感の喪失は，「あたりさわりのない評価をしてくれる機関を選択する」という状況にもつながりかねない。実施機関の育成と評価内容に対する社会的評価も今後の課題である。

　第三者評価の受審や外部委員制度の導入については，「現場をわかってもらえない」という施設側の思いから抵抗感があることも否めない。一方的な関係では，このような抵抗感を払拭することは困難であろう。外部機関や委員は広い意味で社会的養護の担い手であり，彼らとともに，子どもの権利擁護，成長発達のためになにをすべきか，なにを改善すべきかを，子どもの参加を得ながら考えていくという考え方で運営がなされることが必要である。

5．権利擁護のためのネットワーク

　子どもの権利擁護は，子どもが抱える，あるいは家族の抱える課題が複雑多様化するなかで，単独の施設や職員だけでは実現が困難となっている。子どもの権利擁護は，施設における組織的な支援と，地域における社会資源とのネットワーク形成が必要である。被措置児童等の虐待の具体的事例については，前述の厚生労働省調査で一部を読み取ることができる。これらの事例の多くが特定の職員が単独で虐待を行ったものである。施設内において職員を孤立させない，また特定の個人にストレスを集中させない体制整備が必要である。施設内に心理職員が配置されるようになったことは，施設内ネットワークの形成にとっても意義がある。心理職員のみならず，今後は多様な専門職種のかかわりが必要である。施設内職員研修についても，保育士・児童

指導員だけではなく調理員や心理職員などすべての職種の参加を得ることが，権利擁護に関する施設内ネットワークを構築する基盤となる。

　多様な職種のネットワークは施設内だけではなく，地域社会のなかで形成されていく。地域における社会資源とのネットワークについては，前述した学校との連携を二者間連携にとどめず，学区の小中学校（管理職だけではなく，スクールカウンセラーやスクールソーシャルワーカーなども）すべてをネットワークのなかに網羅することや，このメンバーに加えて，民生委員や青少年指導員などの参加を求めることも工夫のひとつである。このようなメンバーで定期的なネットワーク・ミーティングが実施されていれば，個別の子どもの案件でも協力を迅速に達成することができる。市町村レベルでの要保護児童対策地域協議会への参加も，代表者会議だけではなく実務者会議でも実現しておきたい。里親に委託される，あるいは施設に入所する前の子どもの居住地は広範囲であるが，子どもが生活しているのは施設や里親が居住する地域である。地域社会への参画と協力が，子どもの権利擁護にとっても必要である。

　社会的養護の担い手のなかで，里親やファミリーホーム担当者は，施設形態をとらないために組織的な支援は内部で存在しないか，非常に得にくい状況にある。それだけに，里親会や里親支援機関，ファミリーホーム交流組織への参加が必須要件となる。今後は社会的養護を担う施設に順次配置されていく予定である里親支援専門相談員の支援も期待したい。現代社会にあって家族全般が地域社会から孤立して子育てができないのと同様に，里親やファミリーホームも熱意や子どもへの思いだけでは十分な養育を行うことはできない。社会的養護でありながら，子どもの養育が「密室化」することは容易に権利侵害に結びつく危険性がある。

　ネットワークは，子ども自身の育ちや課題解決のために有効であるとともに，子どもの支援者を支える意味でも有効である。子どもの養育にとまどいを感じたとき，権利擁護としつけの境界に悩んだときなどは，里親個人で解決するのではなく，当事者団体や各専門職などで構成されるネットワークからの支援を得ながら解決していくことで，子どもの権利も擁護され，担い手である里親も守られることになる。また，単独では実現できない支援方法の検討や子どもの養育に関するストレスの緩和にもつながる。ネットワークの

形成やその支援は自治体の責任であるが，ネットワークへの参画は施設や里親の責務である。支援者を支えるネットワークは施設にとっても重要である。

おわりに

　社会的養護のもとで生活する児童数は近年増加傾向にあり，児童養護施設・乳児院の設置数も増加してきている。一方で，被虐待児童の8割以上が家族のなかで継続されて養育されている。このことは，社会的養護のもとにおかれる子どもの状況の量的・質的深刻化を示しているといってよいだろう。子ども自身の権利擁護をはかるためには，社会的養護を担う人々の権利も擁護される必要がある。権利を擁護されているからこそ，他者の，子どもの権利も擁護できる。子どもへの情熱だけでは，権利擁護にも限界が訪れる。国・地方自治体は，社会的養護の担い手の労働条件の向上と，量的な拡大と質的向上をはかるべきであり，施設管理者はそこで働く人々の権利を守る運営管理を求められている。施設長の研修受講義務化は，この側面で活かされるべきだろう。権利を擁護された子どもは，他者の権利を守る市民として育っていくことになる。

（松原康雄）

■参考・引用文献

(1) 厚生労働省「児童相談所運営指針」19頁，56頁など
(2) 厚生労働省「施設運営指針及び里親等養育指針について（概要）」
　　http://www.mhlw.go.jp/bunya/kodomo/syakaiteki_yougo/dl/yougo_genjou_03.pdf
(3) 厚生労働省「児童自立支援施設運営指針」および「情緒障害児短期治療施設運営指針」
(4) 法制審議会　児童虐待防止関連親権制度部会第8・9回会議議事録参照
　　法務省ホームページ　http://www.moj.go.jp/shingi1/shingikai_jidougyakutai.html
(5) 飛澤知行「民法等の改正の概要」『法律のひろば』Vol.64 No.11，ぎょうせい，2011年，21頁
(6) 松原康雄「親権制度改正と児童福祉分野における実践の課題と展望」『法律のひろば』Vol.64 No.11，ぎょうせい，2011年，12-17頁

(7) 谷口由希子『児童養護施設の子どもたちの生活過程』明石書店，2011年
(8) 厚生労働省雇用均等・児童家庭局「平成19年度児童養護施設入所児童等調査結果の概要」より
(9) 厚生労働省「平成23年度における被措置児童等虐待届出等制度の実施状況」
　　http://www.mhlw.go.jp/bunya/kodomo/syakaiteki_yougo/dl/yougo04-04.pdf

コラム 権利擁護を推進する施設運営

　児童養護施設は，環境上養護を必要とする児童を，親権者または親に代わり養育する施設である。児童福祉法第2条において，国および地方公共団体は保護者と共に，子どもに対して養育上の責任つまり教育，監護，懲戒に関わる責任をもつことになっている。同法はいわば子どもに対して，国および地方公共団体が親に代わって社会の養育の責任を担うことを宣言しているのである。児童養護施設における権利擁護とは，そうした措置されてきた子どもに対して，親に代わり最善の利益をその子どもに提供することにある。

　しかし今日まで，社会が施設の子どもを陰に陽に，一種の偏見の目で見てきていることは否めない事実である。施設および里親による養育は社会的養護または家庭的養護として多くの政策の中で位置づけられているにもかかわらず，子どもの間には社会格差がある。児童相談所はその権限の中で子どもの長い人生に介入するが，法の定める年齢を超えると，その後の養育に関しては子ども自身や家族に委ねられ，道義的・社会的な支援に期待することで終結しているのである。

　施設で育ったある少年の事例である。中学卒業を間近にしたSは，自分の将来を模索しつつ工業高校へ入学した。高校時代の施設での生活では，学業にいそしむのみならず登山を趣味とし，時間がゆるす限り登山仲間と山登りに打ち込んでいた。卒業を間近にしたとき，学校側の推薦により，ある理系企業の研究部門への就職が内定した。自ら選んだ道が仕事として実現することにSは大きな期待を持っていた。企業の人事担当者は施設に園長を訪ねてきたが，園長に対して，このような先生方と生活していることを案じて是非とも協力したいと述べて，そして周囲もその人生を共有できる喜びを感じていたのである。しかし，最終面接を終えた数日後，内定は取り下げられた。本人はその理由について企業に問うた。その回答は明確でなく，本人はショックを隠し切れなかった。そうか，やっぱり施設出身であることが不採用の理由になるのかと，本人は言葉には出さないが，内心そう考えていたに違いない。その落胆ぶりは相当なもので，別の会社に応募しようとする気力もわかないでいた。

　そこで園長は決心をし，「それでは大学に行ったらどうだろう。好きな理系の勉強をさらに深めたらいいのではないか。みんな応援するよ」と提案した。

失望し，悩み，社会に不信を抱くSに対し，施設側は大学進学を勧めた。社会の偏見を乗り越えるためにも大卒という財産を身につけ，自信を取り戻してほしいと願ったのである。最近でこそ，数々の奨学金制度が用意され，大学進学も本人の能力と気力があれば実現する時代であるが，当時はまだそのようなこともなく，施設は大学進学への資金的な支援，衣食住をどう保障するのかなど，決心のつきがたいものがあった。

本人はその勧めに応じ，浪人してでも公立の大学に入るという約束のもとに，1年間受験勉強に専念した。その間，アルバイト等で資金も蓄え，公立の大学へみごと合格，入学したのである。

住居はボランティアとして施設を支援している大学生の実家が無償で部屋を提供してくださった。また経済的な面は，本人のアルバイトに加え，どうにか施設で支援するバックアップ体制もできあがった。

大学卒業後は，本人が希望する通りの研究を中心とする企業への就職が決まり，その後，時代の先端をいく研究に打ち込むことができたのである。その就職面接の際には，施設という存在は打ち消されていた。本人のもつ技術が会社の目的とする新たな研究となり，会社に貢献できるとアピールすることができたのである。彼は，施設育ちであること，そのレッテルは何年経っても消えないものだということをコンプレックスと考えていたが，そのコンプレックスは，大学を卒業して払拭された。

その後Sは結婚し，数年後長女が生まれた。長女が中学生の頃たまたま欠席している日に，体育大会で自分が不得意とする長距離種目のクラス代表に選ばれてしまった。本人が不得意なことを知るクラスのメンバーが，その種目を決めたのである。そのことを契機に，実は娘が学校でいじめにあっていることを父親は知らされた。

Sは娘の力になりたい一心で，自分が育った施設に隣接するグラウンドで娘と共に走ることを思い立った。400メートルのグラウンドを5周すれば，体育大会で走る2,000メートルを走りきることができる。その実感を体験させると共に，もう一つの目的が本人にはあった。未だ娘には知らせていなかった，かつて家庭の事情で自分が施設での生活を経験したことを告知することだった。自分の頭の中に描いていた2,000メートルを実際に，父親と走ることができた娘にとっては，2,000メートルなんて大したことではないんだと思えると同時に，父の体験を知ることで，学校でのいじめや，突然自分の身の回りに起こる作為

的な言動を乗り越える力がつくだろう，と彼は考えた．

　Sはグラウンドを走りきった長女を園長のところに連れて来て，自分の子ども時代の話をぜひ園長の口から聞かせてやってほしいと言った．父の新たな一面を知った長女は，自分の弱みを乗り越えることができたのではないだろうか．

　その後，彼は単身で園長を訪ね，「初めて娘に学園で暮らしていた自分の少年時代を語ることができた．施設で生活する中でいろいろな経験をさせてもらった．グラウンドで走ったことも含め，学園生活で得た自らの経験を自信を持って娘に提供できた」と語った．

　そして自分が家族に対して引け目に思い，伏せてきた施設での生活を我が娘にも知らせることで，自らの少年時代を初めて懐かしく思い出し，その経験を共有することで自分も娘も，新たな親子関係を発見したということである．施設で育ったことは，自らの大きな偏見でもあったが，いまようやく自分への誇りを見出すことができ，父親としての自信をつけ，偏見からも解放されたと彼は語った．

　施設で育ったことを子ども自身が弱みと考えるのであれば，それを乗り越えられる環境になるよう児童養護施設は努力をしていく必要がある．社会の施設に対する偏見は，そこで生活する子どもたちにも植え付けられてしまう．施設で生活する子どもの将来にわたる権利擁護を考えたとき，施設は子どもたちの自立を支援するための環境であらねばならない．そして連鎖する貧困・虐待を，施設側も子どもの目線から，勇気を持って断ち切ろうとする努力が必要である．

（高橋利一）

第2章……施設長・里親の権限と親権

Key Word 児童福祉施設／里親／親権／監護／医療

1. 施設長・里親の権限

1）概　論

　子どもを乳児院や児童養護施設等の児童福祉施設に入所させたり，里親や小規模住居型児童養育事業を行う者（ファミリーホーム。以下「里親等」という）に委託する場合，その根拠法令としては，児童福祉法第27条第1項3号の措置による場合と，児童福祉法第33条の一時保護委託による場合が考えられる。

　児童福祉法によって与えられる権限は施設長と里親では異なるが，一時保護委託の場合は，いずれも共通である。したがって，以下では，(1) 児童福祉法第27条第1項3号に基づき児童福祉施設に入所させる場合，(2) 児童福祉法第27条第1項3号に基づき里親等に委託する場合，(3) 一時保護委託によって児童福祉施設や里親等に入所させ，または委託する場合の3つに分けて解説する。また，それぞれについて，親権を行う者[*1]または未成年後見人がいる場合と，親権を行う者や未成年後見人がいない場合とで，権限の内容が異なるため，この点でも分けて解説することになる。

　親権を行う者がいないとは，親の死亡のみならず，親が成年被後見人となった場合，親権停止や親権喪失の審判があった場合，行方不明の場合，服役，

[*1] **親権を行う者**は，基本的に親である。子どもと養子縁組をしている養父母は含むが，養子縁組をしていない継父母は含まない。子の親が未成年者の場合は，同人が婚姻していない限り，親の親権者（通常は祖父母）が子（孫）に対する親権を行う。

心神喪失状態にある場合なども含まれるとされる。

> **▶▶▶実践上のヒント**
>
> 行方不明，重病，服役，心神喪失など微妙なケースについては，親権停止制度が設けられた現在では，親権停止審判を得た方が明確になるため望ましいと考えられる。たとえば，行方不明になったり、突然現れたりを繰り返す親の場合、施設長等の権限がその都度変わりかねないが、親権停止審判を得ておけば，その期間内は親権を行う者がいないとして対処することが可能となる。

なお，児童自立生活援助事業を行う者（自立援助ホーム）は児童福祉法第7条第1項の定める「児童福祉施設」に含まれておらず，児童福祉法上，ホーム長等の子の監護に関する権限を定めた規定はない。その正確な理由は必ずしも明らかではないが，おそらく社会的に自立するに近い成熟した子どもを対象としているため，あえて監護・教育・懲戒の権限を定める必要が薄いと考えられたからではないかと思われる。もっとも，法律上はいまだ親権に服する子どもであるうえ，現実的にも親権者と対立する場面も少なくないことから，将来的には自立援助ホームに関してもホーム長の権限と親権との関係について整理をするのが望ましいと思われる。

2) 児童福祉法第27条第1項3号に基づき児童福祉施設に入所させる場合

親権を行う者や未成年後見人がいない場合は，施設長は入所中の子どもに対し親権と同じ権限を持つことになる（しばしば**親権代行**という。児童福祉法第47条第1項）。

親権を行う者または未成年後見人がいる場合は，施設長は入所中の子どもに対し，「監護，教育及び懲戒に関し，その児童等の福祉のために必要な措置をとることができる」（以下「**監護等に関する権限**」という。児童福祉法第47条第3項）。

3) 児童福祉法第27条第1項3号に基づき里親等に委託する場合

親権を行う者や未成年後見人がいない場合は，措置をした児童相談所長が

図表2-1　措置の内容と施設長・里親の権限

	児童福祉法第27条第1項3号により施設等に入所	児童福祉法第27条第1項3号により里親等に委託	児童福祉法第33条により一時保護委託
親権者も未成年後見人もいない場合	施設長が親権代行	児相長が親権代行	児相長が親権代行
親権者または未成年後見人がいる場合	施設長に監護等に関する権限	里親等に監護等に関する権限	児相長に監護等に関する権限

委託中の子どもに対し親権を行う。

　親権を行う者または未成年後見人がいる場合は，里親等が監護等に関する権限を有する。

4) 一時保護委託の場合

　親権を行う者や未成年後見人がいない場合は，措置をした児童相談所長が子どもに対し親権を行う。

　親権を行う者または未成年後見人がいる場合は，措置をした児童相談所長が監護等に関する権限を行う。

　以上をまとめると，図表2-1のとおりとなる。

5) 親権代行

　親権代行については，行うべき親権は親の親権と同じであるから[2]，疑義が生じることは少ない。また，親権代行となる場面では，「親権を行う者……がいない」ことが前提となっているため，親権者との権限の対立に悩むこともない。

---

[2] もっとも，相違点もないではない。15歳未満の子どもに代わって養子縁組をする代諾養子縁組については別途，都道府県知事の許可が必要とされる。また，親権代行する施設長等が児童福祉法第27条1項3号の措置に反対しても，都道府県知事は同法第28条の承認を得なくても措置を実施することができる。具体的には，たとえば児童養護施設への入所措置から里親への委託措置へ切り替えることに，施設長が反対する場合などが想定される。

6) 監護等に関する権限に含まれる事項

　親権代行に比べて、監護等に関する権限については悩ましい問題が少なくない。というのは、そもそも監護等に関する権限にどういう事項が含まれるのか必ずしも明確でないうえ、別に親権を行使する親権者等がいるのであるから、監護等に関する権限と親の親権とが衝突した場合、その調整はどうなるのかも問題になる。

　まず、監護等に関する権限に含まれる事項について、この権限は概ね民法上の身上監護権[*3]（民法第820条）と同様の権限を含むものと考えられる。なぜなら、児童福祉法上の監護等に関する権限は、民法第820条の「監護及び教育」、同法第822条の「懲戒」の各文言を意識して定められていると思われるからである。この点、施設長等に過大な権限を委ねることへの懸念から、監護等に関する権限を日常生活の範囲内に限定する見解もみられるが、その意図は理解できなくはないものの、「日常生活の範囲」を明確に定義することは難しいし、法律上の根拠も見出しにくいという難点がある。

　子どもに対する医療行為への同意権（医療同意権）は、一般に民法の身上監護権に含まれると解されているが、これとの均衡から、児童福祉法上の監護等に関する権限にも医療同意権が含まれるものと解される。この点は、児童福祉法第47条第5項が、監護等に関する権限は「児童等の生命または身体の安全を確保するため緊急の必要があると認めるときは、その親権を行う者または未成年後見人の意に反しても、これをとることができる」と定めており、これは主に医療同意権に触れたものと解されるが、そもそも施設長等の権限に医療同意権が含まれていると解釈しなければ、ほとんど意味のない規定になってしまうことからも理解できる。

　もっとも、法令上、もっぱら「親権を行う者」の権限と定められているものについては、監護等に関する権限に含まれるかどうかは疑義があり、現時

　[*3] 民法の親権は、大きく身上監護権と財産管理権の2つに分けて理解されてきた。身上監護は、平易に言えば「育てる」ことであり、財産管理は文字通り子どもの財産を管理することだが、加えて子どもの契約などをサポートし、同意したり、取り消したり、代理したりすることも含む。これまでの児童福祉ではもっぱら身上監護ばかり注目されてきたが、子どもがもつ遺産や保険金を維持管理することや、子どもが自立するにあたり契約行為をサポートすることなども、実際の児童養護の現場では重要な課題となっている。

点では慎重な見解が強いようである。たとえば，精神保健及び精神障害者福祉に関する法律（精神保健福祉法）第20条の「保護者」について，「親権を行う者」は保護者となると定められており，施設長が親権代行をする場合に同人が保護者になることは明らかだが，監護等に関する権限しか持たない場合には，施設長は「親権を行う者」とは言いがたいから，「保護者」とはならないと解するのである。たしかに，積極説をとると，親である親権者も「保護者」となるから，無用の混乱を生じるおそれが否定できない。厚生労働省の発した2012年3月9日付「児童相談所長又は施設長等による監護措置と親権者等との関係に関するガイドライン」も，施設長等の権限のみでは医療保護入院をさせることはできないことを前提としている。

▶▶▶実践上のヒント

予防接種については，予防接種法には親権者の同意について特段の定めはないが，予防接種実施規則第5条の2に「予防接種を行うに当たっては，あらかじめ被接種者またはその保護者に対して，予防接種の効果および副反応について当該者の理解を得るよう，適切な説明を行い，文書により同意を得なければならない」と定められており，少なくとも意思能力がない子どもについては，保護者（予防接種法第2条第4項で「親権を行う者または後見人」と定められている）の同意を得ることが義務づけられていると解され，これについても精神保健福祉法の保護者について述べたところと同じ議論がなされている。

もっとも，予防接種法第8条第1項は，一定の者に対し一定の予防接種を受ける努力義務を課しているが，その者が16歳未満の子どもであるときは保護者に対し予防接種を受けさせることについて努力義務を課している。この点とパラレルに考えれば，16歳以上の子どもについては，特に意思能力がない場合などを除き，必ずしも親権者の同意がなくても，その子どもの同意があれば，予防接種をしても差し支えないように思われる。

もっとも，この点について，厚生労働省の上記ガイドラインでは，16歳未満と16歳以上を区別せず，保護者の同意が必要としている。

以上をまとめると、監護等に関する権限は、概ね民法第820条の身上監護権と同じであり、子どもに対する医療同意権も含まれるが、法令上「親権を行う者」の権限と定められている事項については疑義があり、基本的には監護等に関する権限に含まれないと解する立場が強いようである。

2. 施設長・里親の権限と親権の調整

1) 一般的な指針

次に、監護等に関する権限に含まれる事項について、施設長等と親権者との意見が対立した場合にどうするかを解説する。

まず、次の2種類の規定を確認しておきたい。なお、児童福祉施設に入所させる場合のみならず、里親等に委託する場合、一時保護委託の場合も内容はほぼ同じであるが、権限の主体を便宜上「施設長等」と記す。

(A) 親権者等は、監護等に関する施設長等の権限を「**不当に妨げてはならない**」。(児童福祉法第33条の2第3項、同法第47条第4項)
(B) 子どもの**生命または身体の安全**を確保するため**緊急の必要**があると認めるときは、施設長等は親権者等の意に反しても監護等に関する権限を行使することができる。(児童福祉法第33条の2第4項、同法第47条第5項。太字は筆者による)

これらの規定の読み方は必ずしも明白とは言いがたいが、概ね次のように理解するのが妥当であると考える。

(A) について、「不当に妨げてはならない」の意味は、親権者等の守るべき行為規範を述べたのにとどまらず、**親権行使が子どもの利益に反し、不当であるときは、施設長等は親権者の意に反してでも権限を行使することができる**ことを示したものと解する。

その理由は、次のとおりである。

施設長等が監護等に関する権限を行使する際、別に親権者がいるのであるから、原則としてその親権者の意向を尊重する義務を負うものと考えられる。

41

そのように解するのが，わが国が批准する児童の権利に関する条約第18条第1項が，「締約国は，児童の養育および発達について父母が共同の責任を有するという原則についての認識を確保するために最善の努力を払う。父母または場合により法定保護者は，児童の養育および発達についての第一義的な責任（primary responsibility）を有する」としていることとも整合的である。

施設長等が親権者の意向を尊重しなかったとしても，そのとった措置の効力が直ちに失われるわけではない。施設長等の権限には，児童福祉法第27条第4項のように親権者の意に反してはならないとの記載はなく，親権者の意に反していようといまいと，その効力に影響はないと考えられるからである。しかし，親権者の意を無視して措置をとった場合，施設長等は後に権限の濫用と指弾され，責任を負わされるおそれがある。

もっとも，施設長等は常に親権者の意思を尊重しなければならないわけではない。なぜなら，親権者としても恣に親権を行使してよいものではなく，「子の利益のために」（民法第820条）行使しなければならないからである。なお，親権のうち身上監護権について定める民法第820条に「子の利益のために」という文言が加えられたのは2011年改正によるが，実務では改正前から当然のこととされてきた。とはいえ，改正法が明文で「子の利益のために」と書いた意義は小さくないと思われる。

そうすると，親権者の親権行使が子どもの利益に反する場合は，そもそも法はそのような親権行使を認めていないのであるから，施設長等が親権者の意にかかわらず措置をとったとしても，それだけで権限の濫用にはならず，責任を負わされることはないものと解されるのである。

「不当に妨げてはならない」は，結局，親権行使が子どもの利益に反し，不当であるときは，施設長等は親権者の意に反してでも権限を行使することができることを示したものと解されるのである。

この点，厚生労働省の上記ガイドラインでは，冒頭で，「施設長等は，自らがとる監護措置について親権者等から不当に妨げる行為があった場合には，当該行為にかかわらず，児童の利益を保護するために必要な監護措置をとることができる」と述べており，私見と同旨と考えられる。

以上の見解に対しては，（B）を反対解釈すれば，子どもの生命または身体

の安全を確保するため緊急の必要があるとはいえない場合は,施設長等は親権者等の意に反して権限を行使することはできないのではないかとの疑問が示されるかもしれない。しかし,(B) の規範はそのように読むべきでない。(B) は,子どもの生命等の安全確保の要がある場合には,一律に親権者等の意に反してよいと述べているにとどまり,かかる要がない場合には,何も言っておらず,ケースごとに親権者の意向の当不当,すなわち子どもの利益に反していないかどうかを判断すべきとする趣旨と読めるのである。

最後に,親権制限規定との関係をどう考えるべきだろうか。つまり,親権者が不当な主張をしている場合は,親権停止等の審判を求めて家庭裁判所に申し立てて親権の制限をはかるべきか,それともその必要はないか,という問題であるが,これについては,どちらもありうると考える。まず,裁判所が親権停止を認めれば,施設長等としては安心して権限を行使することができるだろうが,裁判手続には時間がかかるうえ,比較的些末な事項についていちいち家庭裁判所の判断を求めるのも現実的ではない。よって,子どもの利益にとって重大な事項だったり,親権者の意の当不当について見解が分かれるような事案において,裁判手続を行うだけの時間的余裕がある場合には,親権停止等の審判を求めることが考えられるであろう。なお,施設長等には親権停止等の審判を求める権限がないため,実際には,児童相談所長が申し立てをすることになる。

以上をまとめると,施設長等は監護等に関する権限を行使するにあたり,原則として親権者の意向を尊重すべきであるが,その意向が子どもの利益に反する不当なものであるときは,親権者の意向にかかわらず権限を行使して差し支えない。ただし,親権停止等の申立てをすることで,家庭裁判所の判断を仰ぐという選択肢もある。

2)個別的な課題と対処

施設長等の監護等に関する権限と親権との調整に関して,実務上,しばしば遭遇する個別的な課題を整理し,対処方法を検討してみたい。

(1) 医療行為

日常的な風邪等に対する投薬などについては,実務上,いちいち親権者の

同意をとってはいないと思われ，問題になるのは，ある程度リスクを伴う医療行為であると思われる。

それを前提とすると，まず子どもの生命または身体の安全を守るために緊急の必要がある医療行為については，施設長や里親等は児童福祉法第47条第5項に基づき，親権者の意に反しても必要な対処を行う（一時保護委託の場合は，児童相談所長が対処する）。

これには該当しないが，なお医療行為が必要だと思われる場合は，親権者が反対する理由をよく聞き，それが子どもの利益に反するかどうかを検討する必要がある。その際，医療行為の効果，リスクの程度，実施しなかった場合の不利益，親権者が反対する理由などを考慮し，親権者の反対が子どもの利益に反することが明らかであれば，医療行為を実施しても，後に施設長等の権限の濫用とされる可能性は低いだろう。

▶▶▶実践上のヒント

もっとも，その判断は微妙にならざるを得ない。措置権者である児童相談所と十分に協議することは当然として，苦情解決のための第三者委員会などで第三者の意見を聴くことも有益と思われる。また，裁判所に対し親権停止等の審判を求めることで，裁判所の判断に委ねることも考えられる。

医療機関が施設長等の同意のみでは医療行為の実施を渋ることがしばしばみられる。児童相談所や施設長等が法律の趣旨を医療機関によく説明することも重要であるが，このような場合も裁判所に親権停止等の審判を申し立てて，施設長等の権限を明確にすることも検討してよい。

子どもの年齢が高い場合には，子どものみの同意によって医療行為を実施することもあり得るだろう。日本輸血・細胞治療学会外による宗教的輸血拒否に関する合同委員会が取りまとめた2008年2月28日「宗教的輸血拒否に関するガイドライン」は，18歳以上の子どもには完全な自己決定権を認め，15歳以上の子どもで医療に関する判断能力がある子どもについても，実質的に自己決定権を認めているものと解される。子どもの同意能力は，もとより子どもの成熟度や問題となる医療行為の内容等によって個別に判断せざる

を得ないが，基本的には子ども自身が客観的に必要な医療行為を求めているときは，その意思はなるべく尊重されるべきことは言うまでもない（逆に，必要な医療行為を拒否している場合には，その意思は慎重に検討されるべきであると考える）。

精神科医療のうち医療保護入院については，厚生労働省のガイドラインにおいても親権者の同意が必要であるとされているから，施設長等の同意によっては実施できないと解するのが穏当であろう（子どもに同意能力が認められるほど成熟していれば，子どもの同意による任意入院は可能であると考えられる）。そうすると，親権者が必要な入院を拒絶する結果，入院できないときは，親権停止等の審判を申し立てることになる[*4]。

(2) 教 育

しばしば問題になるのは，子どもが特別支援学校の小学部または中学部に進学することが適当であるにもかかわらず，親が反対するケースである。

特別支援学校は，視覚障害者，聴覚障害者，知的障害者，肢体不自由者または病弱者（身体虚弱者を含む。以下，視覚障害者等）を対象としており（学校教育法第72条），障害の程度についても学校教育法施行令第22条の3において規定されている。ただし，視覚障害者等のうち，市町村の教育委員会が，その者の障害の状態に照らして，当該市町村の設置する小学校または中学校において適切な教育を受けることができる特別の事情があると認める者については（認定就学者），小学校または中学校へ進学させることが可能とされている（この点について，市町村教委の裁量を認めるものとして，大阪地裁2008年7月18日決定・判例地方自治316号37頁）。

市町村教委は，その区域内に住所を有する子どもについて就学すべき学校

[*4] 親権停止等の審判を申し立てる場合，暫定的に親の親権を停止し，代わりに親権を行使する者を決める必要があるときは，審判前の保全処分を申し立てることができる。審判前の保全処分の内容は，親権者の職務執行停止（親権者の親権行使を暫定的に止める）と，職務代行者の選任（その間，代わりに親権を行使する者を決める）の2つからなるが，児童福祉法第27条第1項3号の措置中または一時保護中であれば，職務代行者を決めなくても施設長または児相長が親権を代行すれば足りるから，職務代行者を選任しないことも許される。したがって，児童養護施設入所中に審判前の保全処分があって親権者の職務執行が停止され，職務代行者が選任されなければ，その間，施設長が親権を代行することになる。

として小学校，中学校，特別支援学校を指定した上で，保護者（親権者または未成年後見人）に入学期日を通知するが（小学校及び中学校については学校教育法施行令第5条第1項，第6条。特別支援学校については同令第14条第1項により都道府県教委が通知する）。この通知は，公法上の在学関係を成立させるとともに，保護者に対し子どもをその学校に就学させる義務を負わせる行政処分である。なお，視覚障害者等の子どもについて小学校，中学校，特別支援学校に就学させるにあたっては，市町村教委は，「その保護者及び教育学，医学，心理学その他の障害のある児童生徒等の就学に関する専門的知識を有する者の意見を聴く」ものとされている（学校教育法施行令第18条の2）。

つまり，市町村教委は，就学先として特別支援学校を指定する場合，保護者の意見を聴かなければならないとしても，保護者の同意を得なければならないわけではなく，最終的には市町村教委の判断によると解される。そうすると，子どもに親権者がいない場合は施設長が親権を行うから，学校教育法上も保護者に該当するものと考えられ，市町村教委は施設長の意見を聴いた上で就学先を判断することとなると思われる。一方，子どもに親権者がいる場合は市町村教委は親の意見を聴いた上で就学先を判断することになるが，親権は子どもの利益のために行使されなければならないことに鑑みると（改正後の民法第820条），市町村教委は子どもの利益を主に考慮して判断すべきであると思われる。

特別支援学級の利用については，法律上明文の規定は見当たらないが，校務をつかさどる校長の判断によるものと考えられる。よって，この利用についても，保護者の意見を聴くべきであるといえても，保護者の意見が絶対的なものではないと思われる。

(3) 日常生活の範囲に属する事項

先に，施設長等の権限を日常生活の範囲に限定することについては否定的に解したが，施設長等の権限と親権との調整という場面においては，もとより個別具体的に判断せざるを得ないものであるから，日常生活の範囲というやや曖昧な概念を用いても害悪は小さく，むしろある程度カテゴリカルに検討するうえで有益であると思われる。

そして，いったん子どもが児童福祉施設に入所したり，里親等に委託され

た以上，日常生活については施設等に委ねられたと解するのが相当であり（逆に，親権者が施設や養育家庭の日常生活に事細かに口を出すことを認めれば，制度そのものが成り立たなくなり，結局，子どもの利益を害することになると思われるからである），施設等としてはいちいち親権者の意向を確認したり，それを尊重する必要性は小さいと考えるべきである（一方，施設等の人的限界に鑑みても，過度に細かい対応は施設の運営を破綻させかねない。また，里親等は一般家庭で養育することに本質があり，親権者の口出しが過ぎると，家庭生活そのものに支障を来すおそれがある）。

日常生活の範囲としては，たとえば，子どもの頭髪を切るか否か，子どもの服装，子どもの食生活，子どもの持ち物，少額の小遣いの使い道，子どもに対する日常的な指導，子どもと第三者との交流などが想定されよう。このような事項については，特段の事情がない限り，施設や里親等の判断に委ねられると解するのが相当と思われる。

(4) 財産的行為

施設長等の監護等に関する権限には，基本的に子どもの財産の管理や子どもの法律行為に対する同意や代理は含まれない。したがって，これらの点については親権者の意向に従わざるを得ない（もっとも，子どもがアルバイトで稼ぐ程度の僅少な財産については，監護等に関する権限が及ぶと解する余地もあろう）。

親権者の財産管理に問題があるときは，措置権者である児童相談所と協議する。児童相談所が親権者の財産管理が困難または不適当であり，子どもの利益を害すると考えれば，裁判所に対し親権停止または管理権喪失の審判を求めることが考えられる。　　　　　　　　　　　　　　　　　　（磯谷文明）

コラム　パーマネンシープランニング

　パーマネンシープランニングとは，要保護児童に対する援助計画の基本方針を示す概念で，すべての子どもへの適切で永続的な家庭・家族関係（永続的養育環境＝子どものパーマネンス）の保証を優先し立てられる援助計画である。これは1970年代に，里親委託児童に対する家庭復帰の促進と子どものパーマネンスを保証する取り組みをめざすオレゴン・プロジェクト（Oregon Project in Permanency Planning）によって提唱されたもので，その背景には，明確なケースプランもないまま長期にわたり社会的養護を受ける子どもの状況があった。

　1909年，第1回児童福祉白亜館会議（ホワイトハウスカンファレンス）で家庭尊重の原理が打ち出されて以降，アメリカでは施設の廃止・縮小化が進み，里親によるケアが拡大していった。その一方で1950年代後半頃から，里親から里親への措置変更を繰り返す（drift）子どもの状況が問題となり，たび重なる分離・非連続的な養育によって，愛着関係の形成やアイデンティティの確立など，子どもの発達に多くの支障があると指摘されるようになった。子どもの権利擁護・最善の利益の保障といった意識・関心の高まりから，こうした状況の改善に向けて行われたプロジェクト活動の一つがオレゴン・プロジェクトである。

　パーマネンシープランニングが提唱され始めた頃は，社会的養護を受けている子どもへのケアのあり方に焦点があてられ，できる限り短期間のうちに子どもを家庭復帰させること，家庭復帰できないときには養子縁組を推進することが強調され，里親をはじめとする代替的養護は「一時的で短期的なサービス」と位置づけられた。やがて，この概念は親子分離を最小限にとどめるための予防的支援も含む概念としてとらえられるようになっていく。

　国連による「児童の代替的養護に関する指針」（2009年）では，まず子どもが家族のもとで適切で安定した養育を受けられるような支援・予防的対応が行われ，それらの対応では子どもの最善の利益が護られない場合，以下の方法で代替的養護が提供される，としている。

　①子どもを保護し，子ども・家族が抱える課題の解決に向けた支援を行って，再び家族による養育を受けられるようにする。子どもと家族の分離は最終手段とみなされるべきで，可能な限り短期間のうちに子どもの養育環境を大きく変えることなく問題解決を図る。

②家族・家庭環境上の課題を解決できない場合，養子縁組・イスラム法のカファーラ（養子縁組に代わるイスラム法による制度）などにより，子どもに実家族に代わる永続性・不変性のある養育環境を提供する。
③この永続性のある養育環境を提供するまでの過程，あるいは永続性のある養育環境の提供が子どもの最善の利益に沿わないと判断される場合には，最も適切な形式での代替的養護が提供される。幼い子ども（とくに3歳未満）への代替的養護は，きょうだい分離の防止・緊急・短期などの例外を除き，家庭養護が提供されるべきである。

こうしたパーマネンシープランニングにもとづく社会的養護の実践では，子育て家庭に対するさまざまな支援活動を充実させ，子育ての危機的状況を最小限にとどめる予防的な施策と，子どもと家族に対する適切なアセスメントの実施，親の生活課題，ことに子どもの養育に支障をきたす課題を解決に導く有効的な支援が不可欠となる。さらに，子どもが養子縁組などの方法で実親に代わる永続的な養育環境におかれた際には，その永続性を保証するための養育者（養親など）と子どもに対する継続的支援も重要である。言い換えれば，子どもが家庭で育つことを支える地域資源の充実なくして，パーマネンシープランニングを実践することは困難である。

（櫻井奈津子）

■参考・引用文献

Joyce E. Everett, 'Child Foster Care' *19th Encyclopedia of Social Work* vol.1, 1995, pp.375-389

野澤正子「児童福祉の方法原理——子どもの権利条約及びパーマネンシープランニングの意義と特質」『社会問題研究』第49巻第2号，大阪府立大学，2000年，59-81頁

United Nations, *64/142. Guidelines for the Alternative Care of Children*, 2010（厚生労働省雇用均等・児童家庭局仮訳『64/142. 児童の代替的養護に関する指針』2010年）

第3章……子どもの意見表明および苦情解決の仕組みとその活用

Key Word　環境づくり／苦情解決／第三者委員

1．子どもが意見表明しやすい環境づくり

1）子どもとの日常生活を通して

　児童養護施設等において，子どもが意見や苦情を養育者に訴えてくるということは，その養育者とのこれまでの経験や体験において，「この養育者ならば私の気持ちを受け止めてくれる。そして，何とか改善するために動いてくれる」という信頼関係ができているからである。そのように考えると，意見もない，苦情もない，提案すらもないということは，今の生活に満足しているからというよりも，子どもたちはこれまでの経験や体験の中で，「何を言っても変わらない。無駄なこと」という「あきらめ」の境地に至っていると解すことができる。施設や里親家庭において養育者と子どもとの間に，信頼関係が形成されていないと考えることができる。

　子どもたちは，自分の声がきちんと受け止められたという経験や体験，守ってもらえるという安心感を抱けることによって，日々の生活の中で何か伝えたいと思ったとき，苦しくて助けてもらいたいと思ったとき，困っていて何とかしてほしいと思ったときに，声に出して言える，または手紙に書いて伝えることができるようになる。そういった意味でも，普段の生活の中で，このような経験や体験を積み上げていくことが，子どもが意見表明しやすい環境づくりとなる。たとえば日常生活の中で，帰宅したときに子どもに「お帰りなさい」と声をかけ，「今日の給食おいしかった？」とか，「汗びっしょりね，冷蔵庫に麦茶が入っているよ」とか，「顔色悪いけど大丈夫？　熱

は？」と尋ね，額に手を当てるなど，子どもとの何気ない会話やスキンシップが大切で，子どもに「いつもあなたのことを見守っているよ。気にかけているよ」というメッセージを伝えていくことが重要である。

また，日課のルール，行事（外出），洋服の購入，献立などを決めるときに，子どもたちの意見を聞き，時には子どもたちに企画させるなど，自分たちの生活は一方的に大人から与えられているものではなく，自らも生活を作り上げているという実感を持たせることが重要である。そして，子どもたちに「参加している」「参画している」という喜びを感じさせるとともに，自己決定の場とすることも大切である。

2）養育者としての姿勢

養育者として，子どもからの本音としての不満・不服の訴えは，子どもの成長にとって重要であるとの認識を持ち，訴えてきた子どもの気持ちをまず受け止めることが大切である。そのような養育者の姿勢を通して，子どもたちは「この施設（養育者）・里親等は，話をきちんと聴いてくれるところ（人）なんだ」という認識を持つことになり，そのことが自由に意見を表明できることを保障することにつながっていくのである。さらに，発達段階や能力によって十分に意思を表明することができない子どもに，子どもからのメッセージ（表現行動・SOS）である「泣く」「怒る」「すねる」「表情がこわばる」「夜泣きする」「物を壊す」「不登校になる」「万引きをする」「友だちを殴る」などが見られた場合，養育者は子どもの言動の背景をくみ取り，代弁者としての役割を果たすことが求められる。

子どもは話を聴いてもらえると安心し，自ら解決策を探るようにもなり，養育者（大人）に自分の気持ちがわかってもらえた，ということで嬉しくなるものである。そのことが，子どもに自信と安心感を抱かせることにつながっていくのである。また，養育者は子どもから相談を受けたときは，その子のペースに合わせて，ゆっくりと話を聴く姿勢が大切である。

このように，養育者として「子どもの話を聴く」ことは，けっして子どもの言いなりになることではなく，子どもの気持ちを受け止めるという姿勢や態度にほかならない。

また、子ども一人ひとりが集団生活の中で、「自分だけの養育者」「自分がこの子ども集団の中で一番愛されている」という感情を抱けるように、いかに集団生活の中で個別化された対応ができるかということが養育者に求められる。これは、子どもから養育者に対する感情であって、養育者から特定の子どもへのえこひいきとは異なるものである。

　一方、施設全体として、職種を問わず、全職員が意見等を受け付ける役割を持っていると認識し、業務にあたるという自覚も必要である。

3）施設としての取り組み

　子どもたちが特定の職員や日常的に接する職員に相談したり、意見を述べたりすることも大切であるが、それと並行して、それ以外の方法も整備しておくことが施設の取り組みとして必要である。たとえば意見箱の設置、職員組織としての担当者の配置、施設職員以外（第三者委員など）の相談受付者の配置、児童相談所での担当福祉司の周知および児童相談所の連絡先など、専門的な相談や施設職員には直接相談しにくい内容の相談など、相談内容によって複数の相談方法や相談相手が用意されていることが求められる。

　また、これらは組織されていることだけではなく、子どもたち一人ひとりが理解できるように、パンフレットを作成して具体的に説明することが大切である。と同時に、施設内の掲示板にポスターを貼るなどして、周知することも必要である。

　さらに、学期ごとに、担当職員との面談を実施し、その折に相談できるような環境を作ることも大切である。

▶▶▶実践上のヒント

ある施設では、年2回、管理職（副施設長）が子どもとの面談を行い、子どもたちの声（思い）を聴く取り組みをしている。その中でよく子どもたちから出る声は、「お小遣いを上げてほしい」というものであるが、そのときに、子どもに施設の運営にかかる経費（措置費）について、子どもたちの生活（外出の行事、誕生会、おやつなど）を例に挙げ説明すると、ほとんどの子どもは納得してくれる。

また，相談する環境に配慮することも大切である。相談しているところを他の子どもに見られない，聞かれないようなスペース（相談室）を設け，子どもたちのプライバシーを守る施設側の姿勢を見せ，安心してもらうことも大切な取り組みである。これら，一つひとつの取り組みが，子どもたちにとって「大切にされている実感」となっていくものと思われる。

4）里親としての取り組み

　里親としての取り組みは，施設および職員と同様である。しかし，里親家庭の場合，家庭内にいる大人は限られており，さらに物理的環境も閉鎖的になりがちであり，里親にはより高い倫理観が求められる。その一方で，里親以外に苦情を訴えられるシステムと，具体的な方法および人物を里子に知らせておく必要がある。まず委託時に，児童相談所の連絡先と担当福祉司名を「権利ノート」に記載し，里子が理解しておくことが必要である。また，地域の中の相談受付者として，主任児童委員や民生委員・児童委員にお願いし，委託後には里子にその役割を説明し，顔合わせをしておくことも大切である。その際，名前と連絡先が書かれているカード等を手渡しておくようにする。
　いずれにしても，地域の中で，里親以外に相談できる人物を里子に紹介し，里子が安心して生活できる環境を整えておく必要がある。

2．子どもの意見への適切・迅速な対応

1）子どもへの対応

　子どもたちにとって，訴えた問題が解決されるのと同等に，訴えた問題に対して，養育者（施設・里親家庭）がどのように対応してくれるのかがきちんと説明されることも大切な取り組みである。そのためにも，「対応マニュアル」を整備しておくことが求められる。子どもが訴えてきたときに，子どもに対応マニュアルを提示し，「あなたから訴えられた問題は，このような手続きを経て，いつ頃に結果が示されるよ」と，きちんと丁寧に説明することが，子どもとの関係において重要である。さらに，時間がかかるような場合には，途中での経過報告をすることも，子どもとの関係において大切なこと

である。また，子どもの訴えに対して，子どもの希望に応えられない場合には，子ども自身が納得できるように，その理由を丁寧に説明することも必要である。このような組織としての対応と，**養育者が自分を一人の人間とみなして，真摯に対応してくれたという経験や体験**が，その後の子どもの成長，発達にとって大きな意味を持つ。さらに，自分たちの意見や苦情が受け入れられ，または子どもの提案が取り入れられ，改善につなげられているという実感や経験が，子どもたちに希望を与えることとなる。

2) 施設および里親家庭としての対応

　施設や里親家庭としてはまず，子どもからの意見や苦情等に対する「対応マニュアル」を整備（里親等は作成されているものを活用）し，迅速に対応することが重要である。苦情のみならず子どもからの意見や提案への対応について，子どもに具体的でわかりやすい形（いつ頃までに，どのような取り組みをしていくのかなど）で，迅速な対応の体制を整えることが，子どもからの信頼を高めることになる。また子どもたちの生活の質を高めるという施設や里親家庭の取り組みが，子どもたちに生活の主体者であるという実感を持たせることにもなる。

　一方，職員（施設）・里親等には，子どもからの直接的な訴えのみならず，ボランティア，実習生，隣近所の住人など外部からの意見や提案にも耳を傾け，組織や里親養育の改善課題を発見し，養育を向上させていく姿勢が求められる。

　対応マニュアルには，子どもからの訴えを受け付けた後の手順，施設内・里親家庭でどのように検討し対応するのか，どのような様式のものに記録するのか，どのように子どもへの対応の経過と結果を報告するのか，どのようにその結果を公表するのかなどを具体的に記載し，子どもたちに説明できることが必要である。また，対応マニュアルに不具合が生じた場合やより効果的な仕組みが考えられた場合には，対応マニュアルの見直しを適宜行うことが必要である。

3. 苦情解決の仕組み

1）苦情解決の仕組みの目的

　社会福祉法第82条によって，社会福祉事業の経営者は，利用者等からの苦情の適切な解決に努めることが求められている。また，各福祉施設の設置基準等においては，利用者等からの苦情への対応が規定されている。

　苦情解決の仕組みの目的は，厚生労働省（当時，厚生省）からの指針（「社会福祉事業の経営者による福祉サービスに関する苦情解決の仕組みの指針について」2000年6月7日付）によると，①苦情への適切な対応により，福祉サービスに対する利用者の満足感を高めることや早急な虐待防止対策が講じられ，利用者個人の権利を擁護するとともに，利用者が福祉サービスを適切に利用することができるように支援する，②苦情を密室化せず，社会性や客観性を確保し，一定のルールに沿った方法で解決を進めることにより，円滑・円満な解決の促進や事業者の信頼や適正性の確保を図る，とされている。

2）苦情解決体制

　苦情解決の体制について，厚生労働省（当時，厚生省）の指針において，次のように示されている。

（1）苦情解決責任者

　苦情解決の責任主体を明確にするため，施設長，理事長等を苦情解決責任者とする。

（2）苦情受付担当者

　サービス利用者が苦情の申し出をしやすい環境を整えるため，職員の中から苦情受付担当者を任命する。その職務は，①利用者からの苦情の受付，②苦情内容，利用者の意向等の確認と記録，③受け付けた苦情およびその改善状況等の苦情解決責任者および第三者委員への報告である。

（3）第三者委員

　苦情解決に社会性や客観性を確保し，利用者の立場や特性に配慮した適切な対応を推進するため，第三者委員を設置する。その設置形態は，①事業者

は，自らが経営するすべての事業所・施設の利用者が第三者委員を活用できる体制を整備する。②苦情解決の実効性が確保され客観性が増すのであれば，複数事業者や複数法人が共同で設置することも可能である。また，第三者委員の要件では，①苦情解決を円滑・円満に図ることができる者であること。②世間からの信頼性を有する者であること。例示として，評議員（理事は除く），監事，社会福祉士，民生委員・児童委員，大学教授，弁護士などが挙げられている。

人数は，中立・公正性の確保のため，複数であることが望ましい。その際に，即応性を確保するため個々に職務に当たることが原則であるが，委員相互の情報交換等連携が重要である。選任方法は，経営者の責任において選任する。職務として，①苦情受付担当者からの受け付けた苦情内容の報告聴取，②苦情内容の報告を受けた旨の苦情申し出人への通知，③利用者からの苦情の直接受付，④苦情申出人への助言，⑤事業者への助言，⑥苦情申出人と苦情解決責任者の話し合いへの立ち会い，助言，⑦苦情解決責任者からの苦情に係る事案の改善状況等の報告聴取，⑧日常的な状況把握と意見聴取などである。

3）苦情解決の手順

（1）利用者への周知

施設内への掲示，パンフレットの配布等により，苦情解決責任者は，利用者に対して，苦情解決責任者，苦情受付担当者および第三者委員の氏名・連絡先や，苦情解決の仕組みについて周知する。

（2）苦情の受付

苦情受付担当者は，利用者等からの苦情を随時受け付ける。なお，第三者委員も直接苦情を受け付けることができる。また，苦情受付担当者は，利用者からの苦情受付に際し，苦情の内容，苦情申出人の希望等，第三者委員への報告の要否，苦情申出人と苦情解決責任者の話し合いへの第三者委員の助言，立ち会いの要否を苦情申出人に確認する。また，第三者委員への報告や助言，立ち会いが不要な場合は，苦情申出人と苦情解決責任者の話し合いによる解決を図る。

(3) 苦情受付の報告・確認

　苦情受付担当者は，受け付けた苦情はすべて苦情解決責任者および第三者委員に報告する。ただし，苦情申出人が第三者委員への報告を明確に拒否する意思表示をした場合を除く。また，投書など匿名の苦情については，第三者委員に報告し，必要な対応を行う。第三者委員は，苦情受付担当者から苦情内容の報告を受けた場合，内容を確認するとともに，苦情申出人に対して報告を受けた旨を通知する。

(4) 苦情解決に向けての話し合い

　苦情解決責任者は苦情申出人との話し合いによる解決に努める。その際，苦情申出人または苦情解決責任者は，必要に応じて第三者委員の助言を求めることができる。また，第三者委員の立ち会いによる苦情申出人と苦情解決責任者の話し合いでは，①第三者委員による苦情内容の確認，②第三者委員による解決案の調整，助言，③話し合いの結果や改善事項等の書面での記録と確認を行う。なお，苦情解決責任者も第三者委員の立ち会いを要請することができる。

(5) 苦情解決の記録，報告

　苦情解決や改善を重ねることにより，サービスの質が高まり，運営の適正化が確保される。これらを実効あるものとするため，記録と報告を積み重ねるようにする。①苦情受付担当者は，苦情受付から解決・改善までの経過と結果について書面に記録する。②苦情解決責任者は，一定期間毎に苦情解決結果について第三者委員に報告し，必要な助言を受ける。③苦情解決責任者は，苦情申出人に改善を約束した事項について，苦情申出人および第三者委員に対して，一定期間経過後，報告する。

(6) 解決結果の公表

　利用者によるサービスの選択や事業者によるサービスの質や信頼性の向上を図るため，個人情報に関するものを除き「事業報告書」や「広報誌」等に実績を掲載し，公表する。

4. 苦情解決の仕組みの活用と留意点

1) 苦情解決の仕組みの意味すること

　現在，規定により施設では苦情解決の仕組みが作られている。しかし，有効に機能し，活用されている施設はどれくらいあるのだろうか。多くの施設では，苦情解決に関する取り組みが掲示板に掲示され，利用者のみならず来訪者にも目に見えるように，よくわかるようになっている。時には，受付窓口周辺に「意見箱」が置かれている施設も見受けられるが，ほとんど投書もないと聞く。これでは「絵に描いた餅」である。苦情解決の仕組みは，どんなに立派なシステムやパンフレットを作っても，活用されなければ意味がない。そのためには，子どもたちが活用しやすいような環境を整えていく必要がある。また，苦情解決は，子どもを主体とした，子どもの最善の利益を保障する取り組みの一つであるとの認識を持つことが求められる。

2) 活用のポイントと留意点

　図表3-1は「苦情解決の仕組みの概要（手順）」である。ここでは，①の苦情を受け付ける担当者を誰にするかということが重要なポイントとなる。子どもたちが相談しやすい，そして子どもたちから頼りにされている職員を担当者に据えることで，子どもたちの中で何とか解決してくれる組織と認識され，活用されることになる。また，担当者は一人ではなく，信頼されている男女の職員を配置することが望まれる。一方，「意見箱」の活用は，担当者によって左右されるものでもある。たとえば，自分たちの意見を聞いてくれる職員が担当者であったときは意見箱を活用しようと思うが，その一方で，意見箱に入れたところで何も動いてくれないと思われている職員が担当になっている場合は，子どもたちは意見箱に意見を入れようとは思わない。

　匿名で言いたい子どもや，担当者に直接言えない子どももおり，また，担当者が不在の場合もある。意見箱はそのようなときに有効である。子どもたちには，入所時や年度初めに，苦情解決の仕組みのマニュアルおよびパンフレットを示し，説明をし，子どもたちに周知徹底を図ることが求められる。

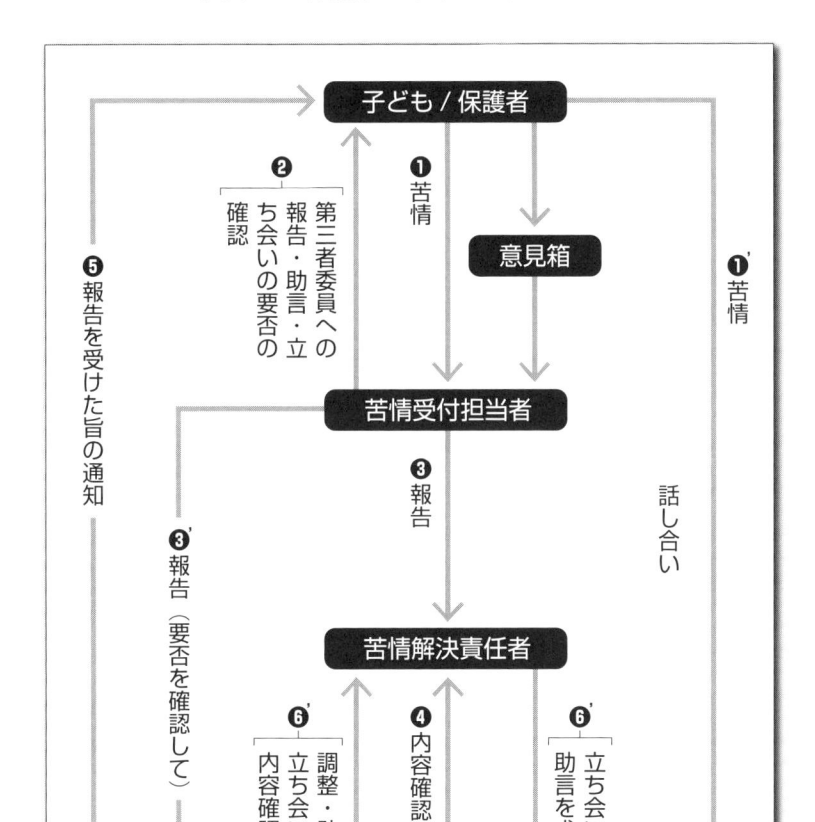

第3章　子どもの意見表明および苦情解決の仕組みとその活用

図表3-1　苦情解決の仕組みの概要（手順）

```
                        子ども/保護者
           ┌──────────────┬────────────┬──────────────┐
           │              │ ❶苦情      │              │
           │ ❷第三者委員へ │            ↓              │ ❶'苦情
           │   の報告・助言 │         意見箱            │
           │   ・立ち会い   │            │              │
 ❺報告を   │   の要否の確認 │            ↓              │
 受けた旨   │              苦情受付担当者            話し合い
 の通知    │                  │                        │
           │              ❸報告                        │
           │                  ↓                        │
           │              苦情解決責任者               │
           │  ❸'報告    ❻'    ❹内容   ❻'              │
           │ （要否を   調整・  確認   立ち会い要請     │
           │  確認して）助言          助言を求める     │
           │           立ち会い                         │
           │           内容確認                         │
           └──────────→ 第三者委員 ←──────────────────┘
                            │
                            ↓
              ❼解決結果の公表（個人情報は除く）
```

またマニュアルの中に「苦情記入カード」などを入れておくことも有効である。このようなことから，複数の職員配置と意見箱の中のチェックは毎日行うことが求められる。

▶▶▶実践上のヒント

意見箱の設置については，子どもたちが自分の意見や苦情などを書いた用紙をポストに入れやすくする工夫が必要である。ある施設では，「キクゾウ」と書かれた，耳の大きなゾウの形をしたポストを作って設置したり，また，意見箱の設置場所についても，トイレやお風呂の脱衣室に意見箱を置くなど，人から見られないで投函できる場所に設置するといった工夫をしている。

さらに子どもたちには，中立・公平な立場であり，時にはアドボケーター（代弁者）ともなる「第三者委員」の存在と活用についても説明をしておくことが必要である。第三者委員には，迅速かつ適切な解決を導くために，地元の住人で，人権意識の高い人（たとえば，主任児童委員や子どもの権利擁護委員など）を任命することがポイントである。さらに，第三者委員には，行事などの出席だけではなく，日頃から施設を訪問し，子どもたちとコミュニケーションをとるなど，子どもたちから顔のわかる，信頼される人，頼りになる人となるように努めてもらうことも必要である。また，特に重要なことは，子どもたちのプライバシーの保護に努めることである。

そして，苦情解決の受け付けから終結に至るまでの経過を，施設で作成した様式に沿って記録にとどめ，「事業報告者」「広報誌」「通信（便り）」「掲示板」を通じて，⑦にある解決結果を公表することが求められる。それと同時に，苦情を申し出た子どもには，経過や結果を理解できるようにきちんと説明しなければならない。また，子どもたちへの報告や立ち会い，公表など，一つひとつ丁寧な確認作業を通して，子どもたちが不利にならない配慮をし，相談を進めていくことが大切である。

一方，苦情を受け付けたときの正確な記録と苦情解決責任者への報告を行うこと，および記録の保管についても，プライバシーの保護に配慮し，人目につかない場所で，鍵のかかるロッカーなどに入れておくことも必要である。

これらの取り組みとあわせて，普段の生活の中で，子どもたちとコミュニケーションを図り，子どもたちの気持ちを把握しておくことも重要である。また，児童自立支援計画策定時に児童との面談を通して子どもの気持ちを聴くこともポイントである。さらに，各学期の終了時に，匿名のアンケートを実施し，子どもたちの声を聞く取り組みも必要である。内容によっては施設全体の問題として取り上げ，職員会議や子どもたちとの話し合いを企画し，その結果として改善につなげていくような，施設・大人の姿勢を子どもたちに示すことも重要である。

5．苦情解決の実際

　児童養護施設の苦情受付担当者がある朝，トイレのドアの脇に設置してある意見箱を開けると，子どもたちに配布している苦情カードが入っていた。カードを入れたのは小学5年生のA男（在籍期間1年）であった。その内容は，「B男（小5，在籍期間9年）に傷つく言葉やいじわるをされているので部屋替えをしてほしい」というものだった。
　苦情受付担当者は，A男を相談室に呼び，具体的な状況を聞いた。そして，解決に向けた施設の取り組みの流れを，パンフレットを提示しながら説明した。その後，A男に，今回の訴えについて，話を聞くだけで良いのか，B男に言動を改めてほしいのか，すぐに部屋替えをしてほしいのか尋ねると，「言動を改めてほしいし，その様子で部屋替えの回答もほしい」，そして「B男に直接，気持ちを伝えたい」ということだった。また，第三者委員（主任児童委員，A男が通っている小学校の元校長）に報告することと，話し合いのときに立ち会ってもらうこともできること，施設長（苦情解決責任者）にも立ち会ってもらえるがどうしたいのか尋ねると，「2人の委員にも立ち会ってもらいたい。一緒に，施設長（苦情解決責任者）にもいてほしい」ということだった。苦情受付担当者はこの内容を施設長（苦情解決責任者）に報告し，その後，第三者委員にも連絡をし，面談を実施した。並行して，苦情受付担当者はA男の了解を得て，施設長（苦情解決責任者）と一緒にB男にも話を聞き，そのときにA男の気持ちも伝えた。するとB男は，「A男は親の面会や親と

の外出があってうらやましかった」とポツリと言った。

　面談の当日，担当者はA男が話しやすい席の配置にするなど，リラックスした中で話ができるように配慮した。そして，面談ではA男の気持ちを受け止めながら，改めて事情を聴いた。話が終わった後，施設長（苦情解決責任者）からA男に「担当者の先生には，B男に言動を改めてほしいし，部屋替えをしてほしいということだったけど，今の気持ちはどうかな？」と尋ねると，A男は「いろいろな人が親身になって，きちんと話を聞いてくれたこと，B男が僕の気持ちをわかってくれ，謝ってくれたこと，そしてもう嫌だと思われることはしないと約束してくれたことが嬉しい。だから部屋替えはしなくても大丈夫」とのことだった。

　苦情受付担当者は，受付から結果を含め，これまでの経過を施設が定めた様式にまとめ，ファイリングした。また，2ヵ月後に結果を個人情報の保護に留意し，掲示板と「施設便り」に公表した。

> **Episode**
>
> 　ある日意見箱に，C子（小4）から「D男（小4）がたびたびバ〜カ，バ〜カと言ってくるので嫌なのでやめさせてほしい」と書かれたカードが入っていた。職員（苦情受付担当者）はC子を呼んで話を聴いた。そして，職員（苦情受付担当者）から「それは嫌だったよね。つらかったね」とB子の気持ちを受けとめ，そして「私があなたの話を聴くだけでいいの？」「私からD男にそのことを話してほしいの？」と聞くと，C子は「私からD男に直接話したい。そのときに，先生には立ち会ってほしい」ということだった。そして，職員（苦情受付担当者）は面談室にD男を呼んできて，C子からの訴えの事実確認をした。するとD男は「言ったことがある」とのことだった。そこで，隣の部屋に待機させていたC子を面談室に連れてきて，C子から言われたときの気持ちを直接D男に伝えてもらった。するとD男は「そうだったのか。ごめん。これから気をつけるよ」とC子に話した。C子は「あ〜スッキリした。先生，ありがとう」と言って，元気に面談室を出て行った。その後もD男はときどき言っていたようだが，C子はその場で「嫌だから，やめて！」とD男に伝えていた。

おわりに

　子どもの最善の利益は，まず子どもの声に耳を傾け，聴くことから始まる。子どもにとって，安心で安全な日常生活を提供し，信頼できる養育者との出会いが求められている。そして，養育者が子どもとの日常生活の中で，このような養育実践をしていたならば，改まって子どもの意見表明や苦情解決の仕組みは不要となる。しかし，有資格者で専門職である施設職員や，研修を受け都道府県知事から認定され里親登録をした里親であっても，時として施設内や里親家庭における虐待が発生していることも事実である。その意味で，子どもが意見表明できる環境づくりや苦情解決の仕組みづくりは，子どもの最善の利益を保障するシステムとして，子どもに安心・安全な環境を提供するシステムとして構築しておかなければならないものである。　　（大竹　智）

■参考文献

厚生労働省雇用均等・児童家庭局家庭福祉課監修『子どもの権利を擁護するために』財団法人日本児童福祉協会，2002年
井上仁『子どもの権利ノート』明石書店，2002年
北川清一編著『児童福祉施設と実践方法』中央法規，2007年
荒牧重人・吉永省三・吉田恒雄・半田勝久『子ども支援の相談・救済』日本評論社，2008年
長谷川眞人編著『子どもの権利ノートの検証』三学出版，2010年
中田基昭編著『家族と暮らせない子どもたち』新曜社，2011年
田中康雄編『児童生活臨床と社会的養護』金剛出版，2012年
施設で育った子どもたちの語り編集委員会『施設で育った子どもたちの語り』明石書店，2012年

コラム　子ども権利擁護委員会の設置と有効活用

　残念なことに、2008年の児童福祉法改正により実施された被措置児童等虐待の通報制度や、「被措置児童等虐待対応ガイドライン」に基づき、施設職員や里親による虐待の防止の徹底を図っているにもかかわらず、施設内虐待が後を絶たない。子どもの権利擁護を推進して施設内での虐待を未然に防止することが肝要である。そのためにも、具体的な対策を講じていく必要がある。

　その具体策の一つが、施設における「子ども権利擁護委員会」の設置である。施設内に苦情解決のための第三者委員（弁護士、学識経験者など）をメンバーとする子ども権利擁護委員会を設置し、苦情解決のみならず、施設内の権利擁護のあり方について助言・指導を受けることによって、権利擁護の推進を図るといったシステムを導入することも有効な対策の一つである。

　具体的には、子ども権利擁護委員会を設置・開催して、子どもの生活状況や学習状況および子どもの権利擁護に関するアンケート調査結果などについて説明し、具体的な養育・支援内容について助言・指導を受ける仕組みである。

　すでに、国立児童自立支援施設においては、子ども権利擁護委員会を設置し、定期的（年2回）かつ必要に応じて開催して、具体的な支援のあり方について助言・指導を受けている。職員の判断しにくい内容などについて客観的な判断を得ることができたこと、解決のための有効な具体的方法についての提案を得られたことなど、養育・支援の強化・改善を図ることにつながっている。

　たとえば、子どもが養育・支援を拒否した場合に施設が行った対応のしかた、子どもが行動上の問題を行った場合の特別支援日課のあり方や一時的な行動上の制限のしかたなどについて、より専門的・客観的な意見や判断をもらうことによって、施設としても、子どもや保護者に対してわかりやすい説明をしやすくなるし、実際に行うこともできるようになる。

　利用者である子どもや保護者と支援者である施設との二者関係のみであると、トラブルに発展しやすい事項でも、両者が相談・助言・指導を受けることのできる第三者としての存在があることによって、無駄なトラブルを回避することができ、解決が図られる場合が多い。このような権利擁護委員会を施設内に設置することも権利擁護を推進するための方策の一つとして有効であり、制度化していくことも必要ではないだろうか。

（相澤　仁）

【参考】

国立武蔵野学院子どもの権利擁護委員会規程

（目的）
第1条　本委員会は，本学院に入所している子どもの権利擁護を推進するとともに，子どもからの苦情の解決に向けた助言などを行い，施設での安心した生活を営めるよう子どもの自立支援を図ることを目的とする。

（委員会の設置等）
第2条　本学院は，入所している子どもの権利擁護を推進する機関として，子どもの権利擁護委員会を置く。

（委員会の組織）
第3条　委員会は複数（3～5人）をもって組織する。
　2　委員は，子どもの権利擁護及び児童福祉に精通した者のうちから院長が委嘱する。
　3　委員の任期は2年とする。ただし再任は妨げない。
　4　委員は，児童福祉施設最低基準第14条の3第2項（苦情への対応）に基づく第三者委員を兼ねる。
　5　院長は，委員が健康上の理由等で職務が遂行できないと認めるときは，これを解任することができる。

（委員会の職務）
第4条　委員会は次に掲げる職務を行う。
　一　子どもからの意見や苦情の内容を吟味し，院長に対し必要な助言・支援を行うこと。
　二　子どもの生活状況や学習状況及び子どもの権利擁護に関するアンケート調査に基づき，必要な助言・支援を行うこと。
　三　その他子どもの権利擁護に関する相談に応ずること。

（委員の責務）
第5条　委員は，公正かつ適切にその職務を遂行しなければならない。
　2　委員は，職務上知り得た秘密を漏らしてはならない。その職を退いた後も同様である。

第1部　子どもの権利擁護

第4章……被措置児童等虐待の予防と対応

Key Word　被措置児童等虐待防止ガイドライン／里親と職員の専門性／養育観／施設風土（養育風土）／育ちの中の積み残し課題

1. 被措置児童等虐待とは

1) 社会的養護の中の子ども虐待

　里親，小規模住居型児童養育事業（ファミリーホーム），乳児院，児童養護施設，知的障害児施設等，児童自立支援施設，指定医療機関，一時保護所などの社会的養護のもとで生活する子どものことを，被措置児童という。これらの社会的養護の施設等では，当然のことながら体罰は禁止されている。身体的暴力はもとより，言葉による暴力，子ども間の暴力的行為の放置，無視・脅迫等の心理的虐待，セクシャルハラスメント等，不適切なかかわりは絶対に許されることではない。児童虐待やさまざまな理由により，家庭において子どもが健やかに育つための養育環境が整えられなかった子どもたちにとって，里親家庭や施設などは，社会が子どもを大切にはぐくみ育てる最後の砦となるはずである。そのような観点からみれば，こうした社会的養護のもとで，代替的養育者となる里親や職員などの大人から暴力を受けることは，社会や大人に対する子どもの信頼を決定的に打ち砕き，絶望を深めることとなる。社会の一員として，そして社会的養護に携わるものとしては，そのようなことが起こらないよう最大限の努力をすべきであるといえよう。

　しかしながら残念なことに，一部に不適切なかかわりが生じていることも事実である。これらは「施設内虐待」「施設内暴力」「（職員による）マルトリートメント」「里子虐待」などといわれ，社会的養護の分野ではかねてから問題とされてきた。

図表4-1　被措置児童等虐待の具体例

身体的虐待	打撲傷，あざ（内出血），骨折，頭部外傷，たばこによる火傷など外見的に明らかな傷害を生じさせる行為を指すとともに，首を絞める，殴る，蹴る，投げ落とす，熱湯をかける，布団蒸しにする，溺れさせる，逆さ吊りにする，異物を飲ませる，冬に戸外に締め出す，縄などにより身体的に拘束するなどの外傷を生じさせるおそれのある行為
性的虐待	・被措置児童等への性交，性的暴行，性的行為の強要・教唆を行うなど ・性器や性交を見せる ・ポルノグラフィーの被写体などを強要する又はポルノグラフィー等を見せる
ネグレクト	・適切な食事を与えない，下着などを長時間ひどく不潔なままにする，適切に入浴をさせない，極端に不潔な環境の中で生活をさせるなど ・同居人や生活を共にする他の被措置児童等による身体的虐待や性的虐待，心理的虐待を放置する ・泣き続ける乳幼児に長時間かかわらず放置する ・視線を合わせ，声をかけ，抱き上げるなどのコミュニケーションをとらずに授乳や食事介助を行う
心理的虐待	・ことばや態度による脅かし，脅迫を行うなど ・被措置児童等を無視したり，拒否的な態度を示すなど ・被措置児童等の心を傷つけることを繰り返し言う ・被措置児童等の自尊心を傷つけるような言動を行うなど ・他の被措置児童等とは著しく差別的な扱いをする ・適正な手続き（強制的措置）をすることなく子どもを特定の場所に閉じ込め隔離する ・他の児童と接触させないなどの孤立的な扱いを行う ・感情のままに，大声で指示したり，叱責したりする

2）「被措置児童等虐待の防止等」の法制化

　こうした社会的養護の中の虐待をなくすことをめざして，2009年4月，児童福祉法改正により，被措置児童等虐待の防止等が法制化された。里親や施設職員等による被措置児童等虐待について，明確に防止規定が置かれるとともに，それを発見した者の通告義務，都道府県市等が子ども本人からの届け出や周囲の人からの通告を受けて調査等の対応を行う制度が法定化された。児童福祉法第33条10において，「被措置児童等虐待」とは，以下のような行為であると定義されている（図表4-1）。

　①身体に外傷が生じ，又は生じるおそれのある暴行を加えること（身体的虐待）

②わいせつな行為をすること又はわいせつな行為をさせること（性的虐待）
③心身の正常な発達を妨げるような著しい減食又は長時間の放置等を行うこと（ネグレクト）
④著しい心理的外傷を与えること（心理的虐待）

また，法文上に「被措置児童等虐待防止規定」が置かれたことを受け，それを実際にどのように理解し防止していくかが詳説された具体的な「被措置児童等虐待防止ガイドライン」[1]も示されている。

3）被措置児童等虐待の実態

児童福祉施設内や里親による暴力や虐待は昨今に始まったものではなく，古くは昭和の時代にみられた里親による一連の「貰い子殺人」があり，近年では栃木県，東京都でも里子が死亡する事件があった。児童福祉施設でも1995年の千葉県の児童養護施設での職員による虐待事件や2009年の児童自立支援施設での事件など，施設職員によるさまざまな暴力事件が報告されている。こうした新聞等で公的に報道された事件がある一方で，公にはならなかったものも数多くあると思われ，私たちが知ることができた事件は氷山の一角であったとみることもできよう。

2009年度に「被措置児童等虐待の防止等」が法制化されて以後，都道府県に被措置児童等虐待として届出または通告がなされたのは，2011年度までの3年間で583件であった。[2]-[4] そのうち，都道府県の調査を経て，被措置児童等虐待として事実が確認されたのは，144件であった。被措置児童等虐待が行われた委託先は，児童養護施設が最も多く，全体の約6割を占めていた（図表4-2）。しかしながらこの数字だけをみて，「児童養護施設の職員が虐待をしやすい」とはいえない。社会的養護関連施設の中では，児童養護施設に最も多くの子どもが入所しており，2011年度の委託児童数との比較で被措置児童等虐待の発生率をみると，最も高いのが児童自立支援施設であり，次に里親／ファミリーホーム，児童養護施設は3番目となっている（図表4-3）。[2][5] いずれの施設においても，被措置児童等虐待発生の防止に努めなくてはならないが，この状況を見ると，児童自立支援施設や里親／ファミリーホームへの支援がより喫緊の課題であるといえよう。単に発生件数のみで社

第4章　被措置児童等虐待の予防と対応

図表4-2　被措置児童等虐待防止が発生した施設種別

	乳児院	児童養護施設	情緒障害児短期治療施設	児童自立支援施設	里親・ファミリーホーム	知的障害児施設	児童相談所一時保護所	合計（件）
2009年	2	29	2	9	9	4	4	59
2010年	0	27	0	1	8	1	2	39
2011年	1	28	0	4	6	4	3	46
合　計	3	84	2	14	23	9	9	144
構成割合	2%	58%	1%	10%	16%	6%	6%	100%

図表4-3　被措置児童等虐待の施設種別ごとの発生率（2011年）

	乳児院	児童養護施設	情緒障害児短期治療施設	児童自立支援施設	里親・ファミリーホーム	合計
発生件数（件）	1	28	0	4	6	39
委託児童数（人）	2,843	28,533	1,140	1,331	4,112	37,959
発生率	0.04%	0.10%	0.00%	0.30%	0.15%	0.10%

図表4-4　被措置児童等虐待の種別・類型

	身体的虐待	ネグレクト	心理的虐待	性的虐待	合計（件）
2009年	41	4	7	7	59
2010年	23	3	4	9	39
2011年	37	2	6	1	46
合　計	101	9	17	17	144
構成割合	70%	6%	12%	12%	100%

図表4-5　被措置児童等虐待における職員の状況について

	5年未満	5-9年	10-19年	20-29年	30年以上	合計（人）
2009年	44	19	10	5	3	81
2010年	31	11	14	5	3	64
2011年	31	16	18	11	3	79
合　計	106	46	42	21	9	224
構成割合	47%	21%	19%	9%	4%	100%

図表4-6　被措置児童等虐待具体例

身体的虐待

- 施設で2名の児童間で喧嘩となり，暴力を振るって興奮している児童に対して，仲裁に入った職員が頬を叩いた。打撲有り。[児童養護施設]
- 児童に対し指導を行っていたところ，職員に対して殴る蹴る等の暴力が始まったため，職員が平手で児童を叩いた。[児童養護施設]
- 児童の度重なる問題行動を口頭で指導していた際に，本児が言葉に耳をかさず，横柄な態度をとったため，職員が児童の左ほほを平手で1回殴打した。[児童養護施設]
- 入所中の姉妹に対して，職員の言うことを聞かないときに，怒鳴って威圧したり，児童が座っている椅子を蹴飛ばすなどした。[児童養護施設]
- 帰園が遅かったことを理由に，職員が児童Aの髪を引っ張り，児童Bの頭を平手で1回叩いた。翌日，児童Aを別の件で職員が指導する際，平手で頬を叩いた。また，就寝時刻が遅い児童Cに対し，平手で頭を叩き，髪を引っ張った。[児童養護施設]
- 担当児童福祉司との面接を設定していた日にもかかわらず児童が外出しようとしたため，職員ともみ合いとなった。暴力等により抵抗した児童を抑えるため，止むを得ず，職員が両足を縛った。[児童養護施設]
- 里親に委託されている児童が行き先も告げずに遊びに行くことが何度もあったため，本児を発見した里父が本児を殴り，児童は口の中を切り，多少出血した。また他の委託児童に対して，言葉で言ってもわからない時は，お尻を叩くこと等があった。[里親]
- 決まりごとを守らない児童に対し，職員が児童の顔を叩き，あざができた。また，就寝時間を過ぎてトイレから戻らなかった児童に対しライターの火を見せて「(部屋に戻らないと)火傷するぞ」と脅した。[知的障害児施設]

性的虐待

- 男性職員が女児の了解を得ないで，女児が着替えている部屋のドアを開けた(閉めてと求めても，すぐに閉めなかった)。[児童養護施設]
- 寮で暮らす幼稚園児や小学校低学年の男児ら(14名)を夜寝かしつけたり遊んでいた際，職員が腹部を触るなどの行為を繰り返していた。[児童養護施設]
- 深夜，児童居室において，女性職員が17歳男児に性的な行為を行った。[児童養護施設]
- 施設からのホームステイ事業として里親宅に滞在していた女児Aより，里父から胸を触られた等の訴えがあった。また，当該里親への委託女児Bも，里父から身体を触られた等の証言があった。委託女児Cは叩かれて，臀部に青あざ有り。委託女児Dは，里父から里母へのDVを目撃したと証言。[里親]
- 18歳女児に対し，養育に関わっていない同居の実子(男性)が性的な行為を行った。[ファミリーホーム]
- 宿直担当の男性非常勤指導員が，居室で就寝しようと横になっていた男児Aの下腹部を触る等した。また，男児Bや男児Cにも同様の行為を行った。[児童相談所一時保護所]

ネグレクト

- 数年にわたり居室や風呂場等において，入所している児童間での性加害・性被害が行われたが，職員が適切に対応せず，加害児童の問題として捉え，施設職員の対応の問題と捉えていなかった。[児童養護施設]
- 里親委託児童Aの体に複数のあざが有り。過去に受け入れていた児童B，Cについても，同居者からの暴力を見過ごしていた。[里親]
- 里親委託されている9歳女児に対し，同じ里親に委託されている12歳男児が，身体を触ったり叩くなどの暴力を行っていた。また，両児童ともに，里親宅では入浴や衣服着替えについて，十分な面倒がみられていなかった。[里親]

心理的虐待

- 受験勉強に向けた指導中に，職員が「バカ」と言ったり，胸ぐらや首根っこをつかむなど威圧的な言動をした。[児童養護施設]
- 職員が，スリッパで児童を叩くようなまねをしたり，スリッパを壁に叩きつけて脅すような威圧的な行為が日常的にあった。他の児童からの聴き取りの結果，頭やお尻を叩かれたなどの訴えもあった。[児童養護施設]
- 指しゃぶりが治らない児童に対し，養育補助者が指の壊死画像を見せ，「指を切ることができる」と言いながら，はさみを見せた。また，別の児童もその場面を目撃した。[ファミリーホーム]

出所：厚生労働省「平成22年度における被措置児童等虐待届出等制度の実施状況」より一部抜粋

会的養護のケアや職員の質を論じるべきではなく，発生要因の分析と支援体制とを合わせたより詳細な検討が必要である。後に述べるように，被措置児童等虐待が生じる背景には，施設全体のシステムや組織体制，施設風土などの組織的課題と，職員の教育や支援体制の有無等が複雑に絡み合って起きていると思われる。里親，児童自立支援施設，児童養護施設など，それぞれの施設種別の特性をふまえた発生要因の分析と防止策を検討していくことが求められよう。

虐待の種別・類型は身体的虐待が最も多く，70％を占めた（図表4-4）。また，職員の状況をみると，5年未満が約半数を占めており（図表4-5），職員としての経験が少ないものほど，被措置児童等虐待を起こしやすいことがわかる。

公表された被措置児童等虐待の具体例を見ると（図表4-6），身体的虐待では，子ども同士や職員に対する暴力などの行動上の問題への仲裁に入る中で職員自身が制止のために暴力を用いてしまったり，指導の過程で子どもがいうことを聞かなかったりしたため，里親や職員が暴力に至ってしまった事例が目立つ。これらは子どもが起こす行動上の問題の難しさがある一方で，**里親や職員の養育力やかかわりの技術の未熟さ，一部に子育てや指導の方法として体罰を容認する文化**などの影響があるといえるだろう。

身体的虐待が，その方法は肯定できないまでも，子どもへの指導やかかわりの中で起きることが多い一方で，**性的虐待は意図的に加害行為が行われている**ことが多い。子どもの人権やプライバシーへの無配慮から結果的に性的虐待が起きている事例もあるが，里親や施設職員が自らの性的欲求をコントロールできずに，被措置児童である子どもをその欲求充足の対象にしている事例が目立つ。

ネグレクトでは，衣食住に関わる十分な養育が里親や職員によりなされていないという事例もあるが，**子ども間の暴力行為や性加害を見過ごし，放置していたという事例も社会的養護のもとではネグレクトとみなされる**。子どもが暴力におびえる生活をしていることは，社会的養護の下においてもなお虐待が継続しているということになる。安心して生活できる環境をつくることは，社会的養護の名の下で子どもを養育する最低限の義務であるともいえ，こうした環境を保持できないことがネグレクトとして明確に認識されたこと

は，子どもへのケアを前進させることにつながるといえよう。
　心理的虐待は，身体的虐待と同様，直接的な暴力にまでは至っていないものの，指導やしつけの過程で子どもを心理的に脅かすような言動を用いている点が目立つ。

2．被措置児童等虐待が生じる要因

1）被措置児童等虐待の発生要因
　こうした被措置児童等虐待が生じる要因としては，以下のようなことが指摘されている[6]。
　①意識や基本的資質の問題
　②職員の専門性の不足
　③組織の問題
　④権利擁護制度の機能不全
　これらは児童福祉施設を念頭において述べられたものだが，里親やファミリーホームなどでも，同様のことがいえるだろう。

2）社会的養護における専門性の養成
　具体的な事例から読み取ることができる被措置児童等虐待が生じる要因としては，②職員の専門性の不足に表されるような，専門的技術および知識の不足が目立つ。しかしながら，里親家庭や施設に委託されるさまざまな心理的社会的困難を抱える子どもを適切に理解し対応する方法や，養育の技術などの専門的な学習は，通常の大学等の養成課程では十分に教えられていない。実際に里親や施設職員として子どもの養育に携わるようになってからも，教育・訓練の場やそのシステムが豊富に用意されているとはいいがたい。つまり，養成課程の教育や就業後の研修などを通して，必要な知識や技術を持つ機会に十分に恵まれないまま，難しい子どもへの対応に取り組まねばならないのが現状である。このことが，子どもを支援する志をもち社会的養護に携わりながらも，はからずも子どもの福祉に反する不適切な対応を行ってしまう一因ともなっており，養育者と子ども双方にとって不幸な事態であるとい

えよう。

3）個人的要因──養育観や育ちにおける個人の積み残し課題

　また，専門性の不足の背景には，①意識や基本的資質の問題に含まれるような，社会的養護に携わるものとしての意識と自覚の不足，子育てや指導方法において体罰を容認する意識や，子どもが思うようにならない場面に直面したときの里親や職員自身の「怒り」などの感情コントロールの問題，養育者としての未熟さなどの問題もある。

　たとえば，里親や職員自身がしつけと称して体罰を容認する家庭で育ち，自分自身も体罰を受けてきた場合，自らの親とそれに耐えてきた自分と育ちの歴史を肯定するために，「愛情があれば」「やりすぎなければ」「言ってもわからなければ」子どもへの指導のために体罰を用いてもしかたがない，という考えに安易に傾きがちになる。また，支援者自身の「育ちの中での傷つき体験」や「育ちの中の積み残し課題」の問題もある。

　たとえば，支援者が整理整頓を厳しくしつけられ，きちんとできていないと強く叱責される環境の中，そうした親の子育て方針に頑張って適応し，「よい子」として育ってきたような場合，「だらしない」「片付けるように言ってもきかない」などの子どもの振る舞いは，他のことよりもいっそう支援者自身をいらだたせるできごととなる。そうした支援者は，これまでの育ちの中で整理整頓は重要であるという考えを強く持つようにはなったが，それを受け入れる過程での親の厳しい振る舞いに対する怒りや悲しみ，それを「頑張って受け入れてきた」という自負などのしつけにまつわる親子関係の中での傷つきを抱えることとなる。その傷が目の前にいる過去の自分とは異なる振る舞いをする子どもの前で，再びよみがえる。こうした支援者自身の傷つきや育ちの中での積み残し課題を背景にして起きる子どもへの感情は，支援者自身でコントロールすることが非常に難しいものとなる。

　就業後の教育や研修のあり方とも関連することであるが，ケア理念（子どもをどのように育てるべきか）や人権意識が十分に浸透していない等の問題も，意識や基本的資質の問題として，被措置児童等虐待の発生に影響している。

4) 組織とシステムが抱える問題

　しかしながら，こうした里親や職員などの個人にのみ，被措置児童等虐待を起こす原因があるとみなすことは，問題の根本的な解決にはつながらない。一部の意図的な性的虐待などの事例をのぞけば，むしろ，個々の里親や職員など個人を取り巻く，施設などの組織や社会的養護システム，文化のありようが，里親や職員個人に大きく影響し，被措置児童虐待を引き起こす大きな要因となっていることが考えられる。組織の問題は個人に大きく影響を及ぼす強い力を持っており，被措置児童等虐待がなぜ起きるのかを考える際に，最も重要となる観点であるといえるだろう。

　たとえば，「言ってもわからなければ叩いてもしょうがない」などの暴力を容認する風土が施設全体にある場合，たとえ個人的にはそのような考えを持っていなくても，それに抗うことは難しい。新人職員など，立場が弱く職員としての技術や自信を十分に持ち合わせていない場合はなおさらである。やがて全体が持つ雰囲気にのみこまれ，やむをえない場合の養育手法の一つとして体罰を容認するようになる。あるいは，そのような考え方には賛成できなくとも，組織の中での評価や同僚との関係の中で，「役に立たない」「つかえない」「弱い」職員だと自分が低く評価されることを恐れ，他者の目を気にして，不本意ながらも不適切な対応をしてしまうことも起こりうる。こうした**施設風土**との関係の中で，関係性や状況を背景として個人に圧力がかかり，そのことが個人を追い詰め被措置児童等虐待へとつながることが生じる。

　また，対応できる職員が自分一人しかいない場面で子どもが暴れるなどの行動上の問題を起こし，「自分が何とかしなければ」と強く気負う結果，子どもに対して過剰に威圧的になったり，力をふるったりすることにつながる場合もある。これは職員個人の状況のとらえ方や性格傾向などの問題だけでなく，**勤務体制や職員配置**とも関係する。

　同じような状況は，**職員関係やチームワーク**との影響でも起きる。職員関係が円滑でなく，他の職員に頼れなかったり，心を許すことができなかったりするような場合にも，孤立無援の心境で一人頑張らざるを得ず，それが不適切な対応へとつながりやすくなる。あるいは，「受けとめるのは女性職員

の役割」「厳しく対応するのは男性職員の役割」など，固定化した職員間の役割意識のありようや組織の中での暗黙の了解が影響する場合もある[(7)]。

　施設長など管理者が権威的であったり，世襲制などにより組織全体が硬直していたり，職員が自由に自分の意見を表明できない，あるいは言っても無駄だというような無力感を組織に対して抱いている場合，施設全体の風土が「強いものが弱いものを力で制する」という状況になりやすく，不適切な対応が放置される危険性が高くなる。

　里親家庭においても施設と同様の事態が考えられ，片方がもつ養育観に他方が無縁でいることは難しい。家庭というのはより閉鎖的で，外部の目が届きにくい場であり，両者の間に力関係の差がある場合は，なおさらである。

5）子どもの権利を守るシステムが機能しているか

　施設においては，理事会が十分に機能していない，施設自体が閉鎖的で外部のチェック機能が働かない，第三者委員会などの権利擁護システムが機能していない，というような場合も，被措置児童等虐待だけでなく，職場のモラルをはじめ，職員の勤労意欲，適切な養育技術を学ぼうとする姿勢など，子どもへの養育の質全般が低下する遠因となる。

3．被措置児童等虐待の早期発見・早期対応

1）早期発見のための仕組み

　被措置児童等虐待はあってはならないことだが，万一そうした事態が起きてしまった場合，子どもの被害を少なくとどめ，再発を防止するためにも，早期に発見することが必要となる。被措置児童等虐待を受けたと思われる子どもを発見した者については通告義務が課せられており，発見した者は速やかに都道府県の児童相談所や児童福祉審議会などの通告受理機関へ通告しなければならない。同じ施設で働く施設職員や里親等の場合であっても同じである。また，虐待を受けた被措置児童等本人も届け出をすることができ，それを目撃した他の子どもや，それを知りえた子どもの保護者，教師や担当児童福祉司等の他機関の職員も同様である。

被措置児童本人からの届け出や通告受理機関からの通知を受けた都道府県の担当部署は，調査を行い，都道府県の児童福祉審議会へ報告，同審議会からの意見聴取を行い，施設等に対する必要な指導等を実施しなければならない。

2）早期発見のために必要な取り組み

こうした仕組みが有効に働き，早期に被措置児童等虐待が発見されるためには，まずは被措置児童等虐待に関する窓口の周知徹底が重要となる。子ども自身やそれを目撃した者が，起きていることが被措置児童虐待という，あってはならない事態であるということを理解し，それを届け出たり通告したりしやすい方法を用意しなくてはならない。

▶▶▶実践上のヒント

都道府県（担当部署）や児童相談所においては，はがきを添付した「子どもの権利ノート」を活用したり，夜間休日でも対応できる電話相談をもうけたり，メールなどによる届け出方法を工夫したり，さまざまな方法で届け出ができるよう配慮する。施設の中においては，窓口となる職員の周知や第三者委員の周知などを，顔写真を添えた文書を掲示したり，直接交流を持つ機会を設けて行うことも有効である。

また，被措置児童等虐待の早期発見・早期対応を図るためには，虐待が起こる前から，関係者の連携と対応の態勢を整え，被虐待児童等も地域の子どもと同様，地域で見守るという共通認識をつくっておく必要がある。

▶▶▶実践上のヒント

子どもを守る地域ネットワーク（要保護児童対策地域協議会）などを活用し，被措置児童等の状況についての認識の共有を働きかけるほか，子どもの通う学校と児童相談所が普段から連絡をとり合うなど，子どもの変化に関係者がすぐに気づくことができるような態勢を整えておく。また，都道府県（担当部署）や児童相談所は，被措置児童等の措置・委託先である里親家庭や施設等ともよく連絡・コミュニケーションを図り，被措置児童等の状況や，施設等における養育の体制等について把握する。

こうした取り組みを通じて，被措置児童等虐待がどのような場合に起こりやすいか，被措置児童等虐待を受けた子どもがどのようなシグナルを発するのか，虐待に気づいた場合にはどのような対応が必要か等について，関係者間で共有することが必要である。それとともに，それぞれの役割分担や対応方法についてルールを定め，具体的な対応のシミュレーションをしておくことが，早期対応に役立つと考えられる。

4．被措置児童等虐待の予防と支援

1）被措置児童等虐待を予防するために必要な取り組みと支援
　被措置児童等虐待の発生を予防するためには，被措置児童等の養育について組織として対応し，常日頃から複数の関係者で子どもの様子を見守りコミュニケーションをとっていくことが第一に重要である。さらには，研修や日常業務におけるスーパービジョンを通して職員の専門性と子どもの権利意識を向上させるとともに，養育の質の向上をはかる態勢をつくること，個人を取り巻く組織とシステムのありようを検証し，風通しのよい組織運営や，里親や職員個々の子どもへのかかわりを支援する態勢をつくることが求められる。

2）職員養成，研修教育の充実
　被措置児童等虐待を防止するためには，子どもの権利擁護意識の向上と共に，何が被措置児童等虐待に当たるのかを周知徹底することが必要となる。
　そして，里親や職員個人の主観としては，「子どものため」に行っていることであっても，子どもに対する対応方法が未熟であったり，支援者が子どもを抱え込むことが要因で被措置児童等虐待が起こることがある。こうしたことを防止するために，自治体や関連団体，または施設独自で，援助技術向上のための研修を実施することが必要である。また，研修だけでなく，日々の業務や養育を実践する中で，スーパーバイザー（基幹的職員）や児童相談所の里親担当職員などから，日々のかかわりや養育の内容を振り返り，助言を受ける機会やシステムを用意することが必要である。それにより，里親や

施設職員等が、一人で被措置児童等を抱え込まず、複数の関係者や機関で被措置児童等にかかわる態勢が作られることになる。

▶▶▶**実践上のヒント**

年に数回、あるいは月に１回など、研修会の実施を年度計画に盛り込み、養育実践や権利擁護について学ぶことを業務の一つに位置づける。半期に一度、管理者やスーパーバイザー（基幹的職員）が業務の振り返りと指導を目的に、面接を行う。養育実践において負担を感じている職員や経験の浅い職員に対し、施設内でアドバイスすることや、必要であれば外部のスーパーバイザーに相談できるシステムを作る。里親に対し、里親支援機関や里親会がかかわり、定期的に相談できるシステムを作る。

なかには、里親や職員の抱える傷つきや育ちの中の積み残し課題が原因となり、被措置児童等虐待が生じやすい状態になっていることもありうる。そのような場合には、管理者等がこうした危険性について十分に認識し、外部のスーパーバイザーの指導を受ける機会を提供するなど、職員と子どもの双方を守り支援する対応をとることが必要である。

▶▶▶**実践上のヒント**

研修や個人スーパービジョンを活用して、自分自身の親子関係や育ちを振り返る機会を持ち、その経験がどのように現在の養育のありように影響を与えているか見直してみよう。どのような養育観を持っているか、どんな場面で感情的になりやすいか、自分の特徴を知ることで、よりよい養育を行うことや被措置児童等虐待を防止することに役立つ。

3）組織風土の検証、組織での見守りと支援体制の充実

施設においては、必ずチームを組んで複数の体制で臨むこととし、担当者一人で抱え込むことがないようにしなければならない。そのためには、直接子どもの生活支援をする職員だけでなく、管理者、スーパーバイザー、ファミリーソーシャルワーカー、施設心理士など、さまざまな職種がチームとなって一人の子どもに対応する養育体制を構築し、自立支援計画等の見直しや対応方法の検討が必要な場合には、チームで検討することが求められる。

▶▶▶実践上のヒント

施設内で，チームによる事例検討を業務の一環として定例化する。

　法人の理事会や第三者委員会が十分機能していなかったり，施設長に職員が意見を言えない雰囲気があったり，子どもに対する不適切な対応が日常的に行われておりそれが当然という雰囲気があるなどの，組織全体の課題がある場合，時として深刻な虐待につながる可能性がある。

　こうした組織的課題を変えていくためには，施設の管理者の意識と役割がことさら重要である。組織を構成する職員それぞれの意思疎通・意見交換が活発に進められる風通しのよい組織づくりが，被措置児童等虐待を防止することに貢献する。

> **Episode**
> 外部スーパーバイザーに依頼し，子どもへの養育方針や方法などの養育のあり方の検討や子どもを理解するための事例検討だけでなく，子どもを直接養育する寮舎やチームごとの職員集団の状況やチームワークを検討するグループスーパービジョンを受ける機会を定期的に設けた。また，「共感疲労尺度」や「施設風土尺度」「養育態度尺度」など，施設全体の風土や職員集団の養育に対する意識や態度を客観的に理解するツールを用いて，施設と職員集団の現状と特徴を理解し，養育内容を見直した。

4）子ども自身の権利意識を高める（エンパワーメントする）仕組みと取り組み

　子ども自身が自らの権利や必要なルールについて理解できるよう知らせることにより，子ども自身が自分を守る力を強くしていくことも，被措置児童等虐待を防止する重要なポイントとなる。

　子どもの持つ一般的な権利に加え，自分の置かれた状況の説明を受けたり，今後についての希望を表明する権利など，子どもが自らの権利を十分に理解できるような取り組みを常日頃からしていることが大切である。それに加え，被措置児童等虐待とはどのようなことを指し，万が一そうしたことに遭遇したときにはどのような対処がとれるかを，具体的な届け出先と方法と合わせて理解していることが重要である。

> ▶▶▶実践上のヒント
>
> 定期的に個別に子どもと話をする機会を設け，子どもの状況を理解すると共に，子ども自身が現在置かれている状況を理解し，それに関する意見や疑問等に応える。また，「子どもの権利ノート」等を活用し，子どもが自らの権利を理解するための学習を進めることや，ポスター等で子どもの目に身近に触れるようなところに，第三者委員の連絡先や被措置児童等虐待の届け出先を掲示しておく。第三者委員との交流が持てる機会を定期的に設ける。

(加藤尚子)

■引用・参考文献
(1) 厚生労働省「被措置児童等虐待ガイドラインについて」2009年
　　http://www.mhlw.go.jp/bunya/kodomo/syakaiteki_yougo/dl/yougo04-01.pdf
(2) 厚生労働省「平成23年度における被措置児童等虐待届出等制度の実施状況」
　　2012年　http://www.mhlw.go.jp/bunya/kodomo/syakaiteki_yougo/dl/yougo04-04.pdf
(3) 厚生労働省「平成22年度における被措置児童等虐待届出等制度の実施状況」
　　2012年　http://www.mhlw.go.jp/bunya/kodomo/syakaiteki_yougo/dl/yougo04-03.pdf
(4) 厚生労働省「平成21年度における被措置児童等虐待届出等制度の実施状況」
　　2011年　http://www.mhlw.go.jp/bunya/kodomo/syakaiteki_yougo/dl/yougo04-02.pdf
(5) 厚生労働省「社会的養護の現状について（参考資料）」2012年11月　(http://www.mhlw.go.jp/bunya/kodomo/syakaiteki_yougo/dl/yougo_genjou_01.pdf)
(6) 全国社会福祉協議会「子どもの営みの本質と実践　社会的養護を必要とする児童の発達・養育家庭におけるケアと自立支援の拡充のための調査研究事業調査研究報告書」2009年
(7) 加藤尚子・益子洋人「児童養護施設職員のバーンアウトに関する研究――職員支援にもとづく被措置児童等虐待防止の観点から」『明治大学心理社会学研究』第8号，2013年

コラム　子ども権利擁護アンケートの実施

　不信感や不安感が強い入所児童は，苦情を申し出ること自体がハイリスクであり，なかなか苦情を申し出ることができないといった点を留意し，工夫した対応をしていくことが重要である。

　そのため，国立児童自立支援施設では，子どもの権利擁護に関して，図表1のように，年に2回，厚生労働省児童家庭局職員，学院の苦情（意見）受付担当者の立ち会いの下，下記のような内容についてアンケート（【参考】を参照）を行っている。そのときには，直接支援を行っている職員（寮担当者等）は同

図表1　意見箱・アンケート等への対応

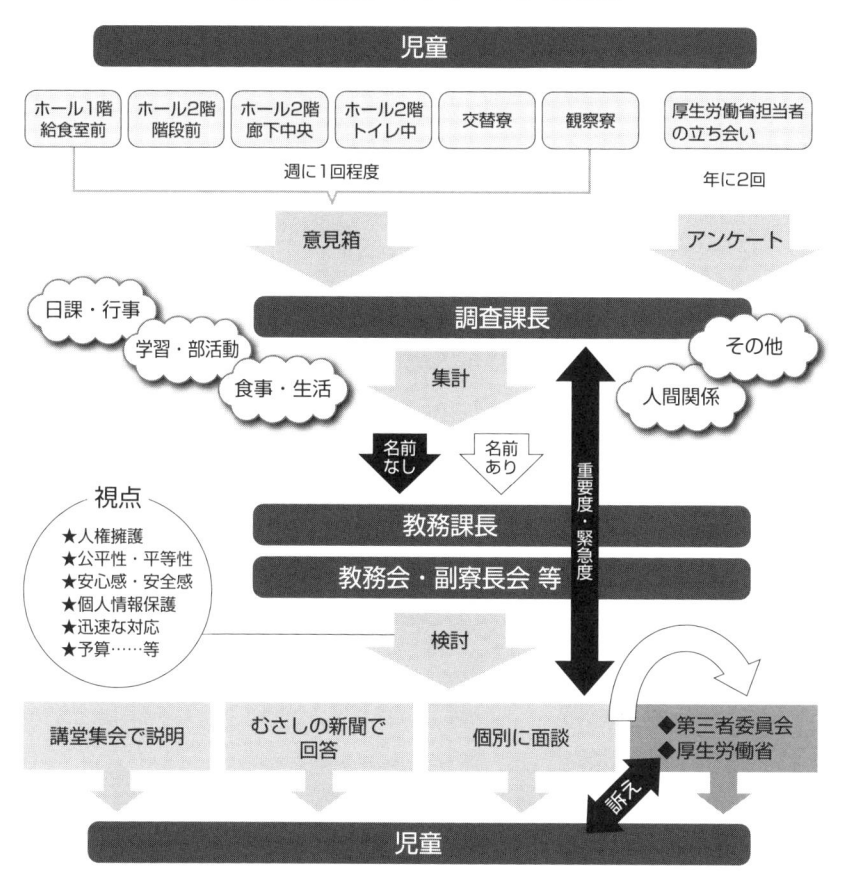

児童

| ホール1階
給食室前 | ホール2階
階段前 | ホール2階
廊下中央 | ホール2階
トイレ中 | 交替寮 | 観察寮 | 厚生労働省担当者
の立ち会い |

週に1回程度　　　　　　　　　　　　　　　　　　　　　年に2回

意見箱　　　　　　　　　　　　　　　　　　　　　アンケート

- 日課・行事
- 学習・部活動
- 食事・生活
- その他
- 人間関係

調査課長
↓
集計

名前なし　名前あり

教務課長

教務会・副寮長会 等

重要度・緊急度

検討

視点
★人権擁護
★公平性・平等性
★安心感・安全感
★個人情報保護
★迅速な対応
★予算……等

| 講堂集会で説明 | むさしの新聞で回答 | 個別に面談 | ◆第三者委員会
◆厚生労働省 |

訴え

児童

席しないようにしている。職員がアンケート内容を読み上げ，子どもに「はい，いいえ，わからない」の中から1つを選択してもらう。また質問内容によっては自由に記載してもらっている。

なお，その際には，厚生労働省児童家庭局職員が子どもに被措置児童等虐待対応の説明をしている。

アンケート実施後に厚生労働省児童家庭局職員と苦情（意見）受付担当者とで，権利擁護に抵触する内容の点検をし，早急な対応が必要なもの，重要度・緊急度のあるものは個別に子どもとの面談や関係者への事実を確認調査し，対応を図っている。その後，苦情（意見）受付担当者がアンケート結果をまとめ，施設内で情報を共有し，年2回行われる「国立武蔵野学院における子どもの権利擁護委員会」にて，対応状況を報告し，権利擁護委員等から助言・支援を受け，対応している。

（奥山　隆）

【参考】
〈学院生活についてのアンケート〉の主な内容

1　学院は、あなたのことを考えてくれる所だと思いますか。
　　　ア　はい　　　イ　いいえ　　　ウ　わからない
2　学院の生活は、あなたにとってプラスになると思いますか。
3　あなたが生活する寮は、あなたのことを考えてくれる所だと思いますか。
4　あなたが生活する寮の生活は、あなたにとってプラスになると思いますか。
5　あなたが生活する寮は、生活しやすいですか。
6　あなたが取り組むべき課題や退院にむけての計画について寮の先生に相談したら、寮の先生はわかるように話し合いをしてくれますか。
7　あなたは、先生から一人の人間として大切にされていると感じますか。
8　あなたは、寮の先生に自分の気持ちや考えをいいやすいですか。
9　寮の先生は、あなたの考えや訴えに対して納得のいくように説明してくれますか。
10　先生が間違ったことやミスをした時、先生は謝りますか。
11　先生は、あなたのプライバシー（他の人に知られたくないこと）を守ってくれますか。
12　家族との面会や手紙を制限されたことがありますか。
13　あなたは自分の行動が制限された場合、その理由をきちんと教えてもらっていますか。
14-1　あなたは先生から体罰を受けたことがありますか。
14-2　あなたは先生からセクシャルハラスメント（性的嫌がらせ）を受けたことがありますか。

コラム

14-3 あなたは先生から差別を受けたことがありますか。
14-4 友人・仲間は先生から体罰を受けたことがありますか。
14-5 友人・仲間は先生からセクシャルハラスメント（性的嫌がらせ）を受けたことがありますか。
14-6 友人・仲間は先生から差別を受けたことがありますか。
15 あなたは自分自身を良くしようとがんばっていますか。
16 あなたは自分の取り組むべき課題について理解し、よくなるように生活していますか。
17 あなたは、生活をともにしている人たちのことを考えて生活していますか。
18 あなたは、学院生活のきまりを守って生活するようにしていますか。
19 あなたは、集団生活の中で、自分の役割や責任をしっかり果たすようにしていますか。
20-1 あなたは、つまずいたり失敗したことがありますか。
21-1 あなたは、学院生活において、規則違反をしたことがありますか。
22 あなたは、学院生活において、弱い者いじめをしたり、相手のプライバシーを侵したりしないようにしていますか。
23-1 あなたは、学院生活において、仲間からいじめられたり脅されたりした経験などがありますか。
23-2 あなたは、学院生活において、仲間からセクシャルハラスメント（性的嫌がらせ）を受けたことがありますか。
24 あなたは、学院生活において、仲間をいじめたり脅したりした経験などがありますか。
25 あなたは、悩んでいる仲間を知っていますか。
26 あなたは、学院の中で弱い者いじめを見たり、聞いたりしたことがありますか。
27 あなたは、学院の中で生徒の規則違反について見たり、聞いたりしたことがありますか。
28-1 あなたは、苦情や不満について、先生に言ったことがありますか。
28-2 苦情や不満について、指定の紙に書いて「意見箱」に入れた事がありますか。
29-1 苦情や不満は寮長先生に言いやすいですか。
29-2 苦情や不満は寮母先生に言いやすいですか。
29-4 苦情や不満は学校の先生に言いやすいですか。
29-5 苦情や不満は他の先生に言いやすいですか。
30-1 「意見箱」は入れやすいですか。
31 楽しかったこと、嬉しかったことはどんなことがありましたか。
32 学院生活や先生に対して、望むこと、不満に思っていること、良いところ、直してほしいところなど何でもいいですから、言いたいことがあったら、書いて下さい。

第2部
里親家庭・施設運営と養育者・支援者の育成

第5章 里親家庭・ホーム・施設の生活環境づくりと運営管理

Key Word 運営指針／養育のいとなみ／健康・衛生管理／安全・危機管理／情報管理／施設運営

1. 運営指針

1) 運営指針の策定

社会的養護施設等の運営には一定水準の質が求められるとして,国は「児童養護施設等の社会的養護の課題に関する検討委員会」「社会保障審議会児童部会社会的養護専門委員会」において「社会的養護の課題と将来像」をとりまとめた(2011年7月)。それにより,施設運営の質の向上を図るために各種別に運営理念等を示す「指針」の策定と運営の「自己点検(自己評価)」,そして社会的養護の専門性を踏まえた外部の目を入れる「第三者評価」を義務付ける,としたのである。それを受けて社会的養護を担う児童養護施設,乳児院,情緒障害児短期治療施設,児童自立支援施設,母子生活支援施設,里親・ファミリーホームの6つの種別ごとに運営指針が策定された(2012年3月)。

2) 運営指針の特徴と意義

この運営指針の特徴は「社会的養護の基本理念と原理」が6つの種別共通のものとなっていることである。短期間で集中的に作業が行われたが,社会的養護を担う各種別が運営指針策定に向けて取り組んだことは,戦後の社会的養護の歴史の中で画期的なことであるといえる。各種別の役割や設置目的は必ずしも同じではないが,基本理念と原理においては各種別に共通するものであることを確認し文章化したことに大きな意義があったと思う。各種別

が子どもの発達保障の観点から，必要によっては相互に養育をつなぎあう役割と責任を確認できたのである。社会的養護が新たなスタート地点に立ったといえよう。

2. 自施設の運営方針と養育・支援規程

1）養育のいとなみ

　運営指針には社会的養護の役割が「養育のいとなみ」であるとされ，そのためには子どもたちの発達権の保障が必須条件であるという旨が記されている。実は児童養護施設の運営指針は，全国児童養護施設協議会（以下，全養協）に設置された児童養護における養育のあり方に関する特別委員会報告書『この子を受けとめて，育むために――育てる・育ちあういとなみ』（2008年）が下敷きとなっている。

　本報告書から養育についてのメッセージを以下に引用する。

　　養育とは，子どもが自分の存在について「生まれてきて良かった」と意識的・無意識的に思い，自信をもてるようになることを目的とする。そのために，安心して自分を委ねられるおとなの存在（養育者の存在）が必要となる。子どもはその養育者によって，まず生きていることそのものを尊い，自分を大切と受けとめられていくことによって，自分や世界（自分のまわりの人，もの，こと，ひいては世の中）を受け入れ，それらに関心を向け，関係をもつようになる。子どもはこうした関係を形成していく過程をとおして，生きる力を培っていく。（中略）児童養護施設における養育とは，一見，何気ない日々のいとなみのなかに絶え間なく24時間を通しておこなわれている。それは日常的な衣・食・住にまつわること，例えば，衣服をどう整え，着るのか，（中略）こころのこもる食事の提供，質素でも大切に手入れされ，調和を考えられた住環境，さりげなくも相手に配慮した言葉かけや振る舞い，こうした一つ一つは些細で平凡ともみえるが，それこそ実は自然によく考えられた日常生活の積み重ねと安定した継続をとおして「養育」がおこなわれている，と言えよう。

2) 自施設の運営方針（理念）

　前述は運営指針の中に出てくる〈あたりまえの生活〉に通じるものである。これからの社会的養護は「養育のいとなみ」をどのように進めていくかを命題としている。権利擁護の視座をそなえた養育理念の下に自施設の運営方針を示していくことが不可欠であるといえる。さらに，描かれた自施設の運営方針は携わる大人や子どもたちに理解できるものであることが肝要である。養育の質を豊かなものにするためには，示された方針のもとに職種間のチームとしてのいとなみと感性を磨く日常が求められるといえる。こうした姿勢の継続は従事者や子どもたちに理解と安心感をもたらすだけでなく，質を備えた養育力を醸成していくのである。

3) 自施設の養育・支援規程

　また，施設は，法令（基準第13条）に基づき，①入所者の援助に関する事項，②その他施設の管理に関する重要事項について規程を設けなければならない。したがって，施設においては，法令・通知や運営指針及び自施設の運営方針に基づき，入所者の養育・支援や施設の重要な管理事項について，規程をつくることになる。その際，留意すべきことは，前述した平凡でなにげないあたりまえの生活を通して，生きる・育つ・守られる・参加するという4つの権利を保障できるような養育・支援規程を定めることである。

▶▶▶実践上のヒント

規程は，子どもをはじめ，職員，関係者の意見を十分に踏まえて，定めること。また，施設は，規程について定期的かつ必要に応じて検討を行い，改定し，養育・支援の質の向上を図る。

3．安定（安心・安全）して生活できる環境づくり

1) 施設生活の環境づくり

　子どもたちにとって，施設生活は良質なものであることが必要である。初めて施設の門をくぐったときの第一印象（物的・人的）は，とても大事であ

る。小規模化が進んでも，施設では子ども集団との出会いから生活は始まる。運営指針にも示されたように，入所前・入所時の不安を解消しておくことは大事な要素になるのである。緊急な場合はともかく，あらかじめ時間があれば，事前の施設見学や児童相談所（一時保護所）に担当職員が出向いて，直接会いに行くことも考えられる。そして入所当日は，その職員が宿直業務に就くことや，受け入れる子どもたちからの歓迎を示すメッセージなどを用意する等の入所時の配慮は不安に揺れる子どもにとって大変心強いものとなるだろう。

全養協の調査では施設生活の平均が約4年半余といわれている。長期になると子ども時代のすべてが施設生活という場合もある。それだけに子どもにとっての施設は安心できて安全に守られる場所でなければならない。そして自分が大事にされているという実感の持てる良質な生活体験のできる場であり，これからの人生につながるものでなければならないのである。画一化されたプログラムのみの生活であってはならない。育まれるという〈養育のいとなみ〉は，子ども自身が主体的に体験できるものであり人生に希望のもてるものにする必要がある。人的・物的に良質な環境が用意された生活空間における〈養育のいとなみ〉は，生活のあらゆる場面に治療的要素がちりばめられていることを私たちに教えてくれるだろう。だからこそ養育に携わる私たちには，配慮に裏打ちされた質を追求する姿勢が求められるのである。

2) 背負わされた課題

さて，社会的養護を利用する当事者にとって個々の課題はたくさんある。私たちは子どもたちを通してその課題に気づかされることも少なくない。以下の事例を通して考えてみる。

（1）事例：家族の勉強

Y子は小学4年生の時に弟と一緒に児童養護施設にやってきた。朝起きたら両親がいなくなっていたのである。以後，Y子は高校卒業まで施設で生活をすることになるのだが，中学2年生になったときに〈家族の勉強〉という作文を書いた。「今まで，家族という言葉を信じたのは小学3年生までだった。かげで親は何をしていたかわからない。つくづく思うことは，何でここ

におらなければあかんの, ということで考えた。私は親と別れる原因は作っていない。親だけの問題を私たちに押しつけている。今思っていることは, 大人は勝手だということだ。今, 親の代わりに学園の先生がいる。いろんなことを教えてくれる。今, 親に望みはないけど, いるなら出てきてほしい。もう一度家族の勉強をしよう。親しか教えてくれない家族の勉強を教えて下さい。私は自立しなければならない。支えになる人は学園の先生しかいない。それまでに会いに来てくれるかな, 家族の勉強できるかな。ずっと待とう。自分が作る家族ができるまで。きっと親より立派な人間になってみせる。いずれ私が, 家族の勉強を教える人になる。」

その後, Y子は高校を卒業して短期大学に進学した。そして保育士の資格を取得し, 卒業後は福祉の仕事に就いている。Y子の文中にあった家族の勉強が社会的養護の場でできるだろうか。できるとすればどういったことがいえるだろう。筆者は形態論では片づけられないと思っている。これからの社会的養護のあり方に一石を投じるものとしてY子のメッセージを重く受け止めている。

(2) 事例:生い立ちの整理

M子の子ども時代は乳児院・児童養護施設がすべてである。母親の胎内にいたとき, 家族は自動車事故に遭い, 母親は危篤状態となってしまった。そのままでは胎児の生命も守れないと医師の判断で帝王切開で誕生したのがM子である。間もなくして母親は他界した。ある日突然起こった出来事が原因でM子の人生は一般のそれではなくなったのであるが, 乳児院から児童養護施設の生活を通して, 年齢相応に順調に成長を遂げていった。思春期に入りM子は「自分が生まれたことが原因で母親はなくなってしまった」と思い込み, 悩み, 揺れた。それを知った施設は, わかっているとばかり思っていた入所理由の説明とその後の施設生活が配慮に欠けていたことを反省した。そして当時の記録などから, 本児に伝えられていない大事なことがあることがわかり, M子に伝える機会を持ったのである。

それはこういうことであった。出産後も母親は危篤状態が続いていたのだが, 奇跡的に一度だけ意識が戻ったというのである。医師はそのとき, 生まれたばかりのM子の写真を見せて, 「あなたの赤ちゃんですよ」と無事に生

まれたことを伝えた。すると母親は微笑んで，その後息を引き取ったというのである。事故後の状況と母の最期の場面を伝えた施設側は，成長した姿を亡き母に報告するためM子に墓参を提案した。新幹線を乗り継いで数日がかりの墓参であったが，その後のM子から母親のことで揺れる姿は消えた。今は，大学進学をめざして受験勉強に励んでいる。

　なぜ施設で生活しているのか，自分の生い立ちさえわからないままで，自己肯定感は持てない。子どもたちが生まれてきて良かったといえる人生の土台づくりと，その生に寄り添う社会的養護の役割に終わりはないが，希望に向かって歩むいとなみであることだけは確かである。　　　（桑原教修）

4．子どもの健康管理

1）情報の収集

　身体の健康は，子どもの健全な発達の基本となるもので，第一に保障しなければならないものである。

　通常の家庭であれば，子どもがどんな場合に体調を崩しやすいとか，どのような状態だと心配であるとか，このくらいなら大丈夫だとかなど，親は子どもの健康面の特性を体験的に知っているものである。

　社会的養護の始まりにあっては，入所に際して健康診断が義務付けられているが，その結果に頼ることなく，前の養育者から持病も含めて子どもの健康上の問題そしてその対応について十分な引き継ぎを受けておく必要がある。たとえば，病歴や服薬歴，受診していた医療機関，医師からの指示内容など。また家族には母子健康手帳の提出を求め，周産期の状況，発達診断の結果，予防接種の有無など，これから養育していく上での必要な情報をできる限り収集することが大切である。保護者が子どもの健康に無関心であったり，離婚や拘禁，貧困など混乱した養育環境であった場合では，養育していくうえでの必要な情報が得られないこともある（母子健康手帳を紛失している例も多々ある）。そんな場合であっても，健康に関する情報はその子の「命」に直結するものであるから，居住していた地域の行政機関に問い合わせるなどして情報収集に努めることが大切である。

2) 健康の維持管理

　入所に際しての健康診断や家族からの情報で健康面での問題がない場合であっても、子どもの身体の発育や健康については強い関心をもって養育にあたっていかなければならない。家族から離れて暮らすことによるさまざまな影響を考えれば、入所から一定期間（たとえば乳幼児なら1年、小学低学年なら6ヵ月、それ以上なら3ヵ月など）は、身長・体重を定期的に計測したり、食事の量や夜尿の有無などに関心をもったりするなどが必要であろう。

　さて、家庭養護を除く社会的養護の場は、養育する者にとっては職場である。特定の大人が継続してその子にかかわり続けるわけではない。1日の中でも、勤務ローテーションによって対応するケアワーカーが交替するのは日常である。子どもの健康状態についても当然引き継ぎが行われるが、その際に重要となるのが記録である。

　幼児であれば自身の不調を言葉で訴えることが困難であるし、幼児でなくとも自身の体調を適切に表現できる子どもは多くない。ケアワーカーは子どもの異常に気づいたのなら、体温・食事摂取・排泄等の状況、過ごし方などを記録にとどめて、次の勤務者に引き継ぐ必要がある。また、前の勤務者から引き継いだことについては継続して記録にとどめ、様子を見守っていることが必要である。

　子どもの健康管理についてもっとも重要なことは、ケアワーカーが子どもの健康状態について常に代弁できることである。担当者だけではなくその子にかかわるすべてのケアワーカーが代弁できることが大切である。そのためにも、平素より子どもの健康状態や発育・発達状態についての情報を共有している必要がある。

3) 医療機関との連携

　近年、社会的養護の施設では、アレルギー、喘息、慢性疾患等、健康上特別な配慮を要する子どもの入所が目立っており、医療機関との連携が重要となっている。とりわけ乳児院では、低出生体重児、慢性疾患児、発達の遅れのある子どもなど、医療・療育の必要な子どもが増加しており、リハビリ等の医療・療育と連携した専門的養育機能の充実が必要とされている。また、

ADHDなどの発達障害を有する子ども，虐待などの影響で不安定な精神状態にある子どもも多数入所しており，服薬の管理を含めて医療面でのケアの充実が求められている。

児童養護施設などでも2006年から予算上でも看護師の配置が可能となったが，医療の専門家である看護師を積極的に活用し，医療機関との連携を深めていく必要がある。

5．子どもの衛生管理

1）感染症を防ぐために

施設養護において，いかに小規模化が進んでいるとはいえ，多くの子どもが一つの建物の中で，あるいは一つの区域で生活していることを考えれば，感染症については日ごろから注意が必要である。一人の子どもに発症した感染症が，一気に施設内に蔓延する可能性もある。そうしたことがないように，実際に発症した場合を想定して，対応のあり方について文書化した「感染症対応マニュアル」を備えておく必要がある。また，万が一のときに迅速に対応できるためにもマニュアルの内容を定期的に確認しておくことが大切である。

感染症については発症した場合の対応もさることながら，予防はもっと重要なことである。手洗いやうがいの励行など予防のための対策を確実に実践していくことが求められる。

2）自立支援の視点

施設養護において感染症対策の重要性は前述した通りであるが，健康管理や衛生管理を徹底するあまり，子どもへの対応が過保護になってしまうことには注意が必要である。

> Episode
> 児童養護施設を退所した子どもの例。高校を卒業し就職してアパート暮らしを始めて間もないころ，深夜12時過ぎに「腹が痛くて，痛くて……」と施設に電話をかけてきた。原因に想像がつかず，常備薬もない

という。施設の職員は「しばらく安静して様子をみて、どうしても耐えられないようなら救急車を呼びなさい」とアドバイスした。結局、朝までに腹痛はおさまり事なきを得た。

　同様なことが施設であれば、ケアワーカーは、原因の追究、検温、さらには看護師やベテランケアワーカーに対処についてのアドバイスを求めたり、場合によっては緊急医療を利用したりもするであろう。施設では自身の健康面での特性を知らなくても不調を訴えれば、看護師もいるしケアワーカーが何とかしてくれる。衛生管理についても消毒薬は常備されているし清潔が保てるよういろいろな配慮がなされているし、ケアワーカーも何かとおせっかいを焼いてくれる。こうした施設生活を送りながら、退所すると一人で健康管理していくことが求められる。子どもはこの大きなギャップに苦しむこともある。

　子どもが社会的養護にある期間だけ、良好な健康状態が保持できればそれでよしというわけにはいかない。社会的養護を離れた後も自ら健康および衛生管理ができるよう、発達段階に応じた支援が必要である。

▶▶▶実践上のヒント

たとえば、清潔を保つことの必要性について話し合ったり、感染症について学習する機会を設けたり、高校生となれば一人で医療機関を受診することがあってもよいであろう。

6. 子どもの安全・危機管理

1) 非常災害管理

　非常災害管理について、施設設備運営基準では「軽便消火器等の消火用具、非常口その他非常災害に必要な設備を設けるとともに、非常災害に対する具体的計画を立て、これに対する不断の注意と訓練をするように努めなければならない」(第6条第1項)とし、「避難及び消火に対する訓練は、毎月1回は、これを行わなければならない」(同条第2項)となっている。

そこで，施設では，防火管理者を選任し，自衛消防隊を編成して，防災計画に基づき毎月訓練を実施している。訓練には，通報，避難，消火などがあるが，年に1度は所轄の消防署の指導を受けて総合訓練を実施することが望ましい。避難及び消火訓練は，あらゆる可能性を想定して行われることが大切である。たとえば，職員が手薄な夜間の火災を想定した場合，職員だけで避難誘導することは困難である。そのようなときには，年長児の助けを借りることも必要となる。その際，年長児がどのような役割を担うのか事前に決めておき，訓練を実施することも考えられる。

2）安全管理

安全管理については，防ぐことができたはずの事故が起こらないように，建物や設備については，常に保守・点検を行い，危険な箇所が見つかれば速やかに改善していかなければならない。とくに屋外遊具については，大きな事故につながる可能性があるので，その安全性について十分な点検が必要である。

建物や設備ばかりでなく，「人」への警戒も重要である。接触を禁じられている保護者，あるいは施設として承知していない人物が，子どもへの面会を求めて突然施設を訪問してくることもある。また，最近では不審者・変質者が侵入することへの警戒も必要である。こうした訪問者への対応については，マニュアル化するとともに，警察などの指導の下，ロールプレイによる訓練が必要となっている。

▶▶▶実践上のヒント

「人」への警戒は訪問者ばかりではない。引き取り要求の強い保護者が子どもの外出を見計らって接触し強引に連れ帰ってしまうこともある。こうしたことが予想される子どもについては，外出や登下校に際して一人になることがないように配慮しなければならない。

3）危機管理
（1）リスクマネジメント

今日の社会的養護は，家庭的養護の推進の下，ケアの小規模化および分散

化が進んでいる。

　家庭的養護では，大人が身近にいる環境の中で子ども個々のニーズに対応できるようになった反面，より家庭に近い環境で生活することによって，子どもは抱え込んでいた「怒り」の感情を表出するようになってきた。また，家庭的養護においては火や調理器具等なども身近なものとなり，怪我などの日常生活上の事故が起こるリスクが高くなっている。こうした暴力や事故が起こらないように管理体制を強めれば，家庭的養護で大切にしたい「あたりまえの生活」が損なわれることにもなってしまう。

　施設における危機管理は，単なる事故防止策ではない。職員が100％ミスを犯さないということはないし，生活している以上，事故はつきものである。こうした前提に立って，事故防止策を講じることがリスクマネジメントの考え方である。

(2) 暴力の防止

　施設内での暴力というと，ケアワーカーから子どもへのものが問題とされてきたが，最近では子ども間暴力やケアワーカーへの暴力が多く見られるようになっている。とりわけいじめをはじめとする子ども間暴力は，養育の現場において克服すべき最重要課題の一つである。

　多くの子どもが共に生活する空間では子ども間のトラブルは必ず起こりうるものであり，その際，安易な解決の手段として（身体的あるいは精神的なものを含めて）暴力が用いられることも少なくない。被虐待体験によって暴力にさらされてきた子どもが多く生活する施設にあってはなおさらであろう。子どもはトラブルをいかに解決していくかを通して人間関係のとりかたを学んでいくものである。暴力に頼ることなくトラブルを解決できるようになるプロセスこそ，子どもの成長そのものといえよう。

　施設において暴力という事象にことさら注目して，子ども同士のトラブルがないように徹底していくと，子ども同士の関係は表面的なものとなり，そこから人間関係のとりかたを学ぶことはなくなってしまう。大切なことは，起こったときにケアワーカーが適切に対応することで，どうして暴力に訴えてしまったのか，暴力以外の解決の方法はなかったのかなどを考えさせ，次の暴力を予防していくことである。

(3) 事故防止

　家庭的養護が進展するにつれ，生活上の事故のリスクが高くなっている。キッチンがそばにある生活があたりまえとなり火や刃物は身近なものとなった。冷蔵庫もあり食べ物はいつも手の届くところにあるようになった。そうした生活では，火傷，怪我，誤飲，喉にものを詰まらせるなどの事故が起こりやすくなっている。

　施設ではあらゆる事故を想定して，初期対応をはじめとする対応のあり方を文書化した「危機管理マニュアル」を備えておく必要がある。とりわけ初期対応は重要である。事故が重篤なものとならないためにも，すべての職員が初期対応については理解しておく必要がある。

　また，一つの事故を教訓として，同じ状況で同じ事故が起こらないようにしなければならない。事故に至らないまでも，ヒヤリとすること，ハッとすることは多々あるものである。場合によっては「ヒヤリハット集」を作成して，ケアワーカーは事故が起こりやすい状況を知るとともに危険を察知する感性を磨いていくことが大切である。

（福田雅章）

7．情報の共有化とその管理

1）施設における情報の共有化

　施設における養育には，「人とのかかわりをもとにした営み」のなかで，その始まりからアフターケアまでの継続した支援と，できる限り特定の養育者による一貫性のある養育が望まれる。

　また，施設内では，複数の職員が連携して支援に取り組んだり，支援を引き継いだりしながら，養育の一貫性・継続性・連続性というトータルなプロセスを確保していくことが求められる。支援の必要な子どもとその家族に対して，児童相談所等の行政機関，各種の施設，里親等の様々な社会的養護の担い手が，それぞれの専門性を発揮しながら，社会的養護の連携アプローチでつながっている。その連携のための相互間の情報の共有化は，ソーシャルワークを行ううえでの要である。

2）記録が適切に行われているか

　なぜ施設で記録が必要であるのか。一般的に家庭では，親が子どもに一貫してかかわって養育しているため，他の人に子どもの様子を伝達するための記録をとる必要がない。わが子が病気になり医者にかかったとしても医者からの問診に即座に親は答えることができる。なぜなら，わが子の成育歴はすべて親の記憶の中に納められているからである。

　しかし，社会的養護に託された子どもは，一時保護所から施設へと生活環境が一変していく中で，かかわる大人も替わり，施設入所後も複数の大人によって養育が引き継がれていく。そのため，ある期間その子どもにかかわった大人はそのときの様子を記録に書き留めておき，次にその子どもにかかわる大人へ記録を引き継がなければならない。**親はわが子の生育歴を記憶に留めるが，社会的養護に託された子どもたちは特定の大人の記憶ではなく，複数の大人，機関が情報を共有化するために記録に書き留めなければならない。**

3）情報の共有化のあり方

　施設運営における情報の共有化において最も大事なことは「報・連・相」の実施である。「報・連・相」とは，「報告」「連絡」「相談」のことである。施設の小規模化が進む中で，職員が分散されればされるほど，「報・連・相」の徹底した実践が必要となる。職員間の情報の共有化が疎かになると，やがて職員の養育は我流になり，不適切なかかわりになる危険性が高まる。だからこそ「報・連・相」を通して職員が今何を考え，何を行っているのか把握し適切な養育ができているか，常に職員チームで子どもを養育するという姿勢が必要である。常に職員間の許容レベルの共有化ができないと，施設内のトラブル等に適切に対応できなくなってしまう。常に施設内において「報・連・相」が実施されていれば，自分が間違ったことを行っていたとしても，報告した時点で他の職員が間違いを指摘することができる。とくに悪い報告や事故報告などは，まず職員間にその情報を伝えることが最優先であることを忘れてはならない。

4) 子どもの養育・支援に関する適切な記録

　施設では，子ども一人ひとりの養育・支援の実施状況を適切に記録する必要がある。入所からアフターケアまでの養育・支援の実施状況，家族及び関係機関とのやりとり等を適切に記録し，職員間での事実理解にバラツキが生じないように記録しなければならない（第3巻第9章を参照）。

　子どもや保護者等に関する記録の管理については，個人情報保護の観点から規程を定めるなど管理体制を確立し，守秘義務の遵守を職員に徹底し適切に管理を行う必要がある。

5) 施設の記録の種類

　施設では，さまざまな記録がある。まず，新規入所してきた子どもにはアセスメントに基づいて子ども一人ひとりの自立支援計画を策定する。自立支援計画策定の責任者（基幹的職員等）を設置し，児童相談所の援助方針等を自立支援計画に反映させながら，策定責任者と共に，施設でその子どもを担当する職員や必要に応じて心理療法担当職員などを交えてケース会議を行い，自立支援計画を策定する。策定した自立支援計画は，児童相談所に提出して子どもの援助計画を共有し，協働して取り組んでいく。

　自立支援計画には，支援上の課題と，課題解決のための支援目標と，目標達成のための具体的な支援内容・方法を定める。支援目標は，子どもに理解できる目標として表現し，努力目標として子どもに説明することが望ましい。

　策定された自立支援計画は，全職員で共有し，養育・支援を統一かつ統合させなければならない。

6) ケース記録の書き方

　日々の生活の営みにおいては，ケース記録を作成しなければならない。ケース記録とは，ケースワークの支援内容を記す個別記録をいう。支援の向上，スーパービジョンへの活用等を目的としている。ケース記録は一般的には，利用者に関する情報をまとめた「フェイスシート」と，時間の経過に伴う入所児童の変化や支援の内容を記す「育成記録」とがある。

　ケース記録を書くためには，観察力，自分を客観視できる能力，主観的内

容と客観的内容の使い分けが必要とされる。記録の書き方としては,
- 簡潔に——一つの文章を短く。
- 簡単な表現を——誰が見てもわかる言葉を選ぶ。略語は避け,専門用語を使う場合は解説を加える。
- 事実を具体的に——感情を入れずにあったことをそのまま書く。場面が伝わるように具体的な表現を盛り込む。
- 客観的に——自分の感情や憶測を入れない。
- 公的な記録であることを意識する——内部で利用するにとどまらず,関係機関や本人とその家族にも閲覧されることを意識する。
- 個人情報の保持——不必要な個人情報を入れない。判断に迷うときは上司に相談をする。
- 5W1Hが基本——いつ,どこで,誰が,何を,どのように,なぜ,を文章に組み込む。

等に留意しながら,作成できるとよい。情報開示の時代にあって記録は,客観的事実に基づいた書き方が求められている。

7) 施設の個人情報管理のあり方

　施設職員は,常に入所児童とその家族のプライバシーと背中合わせの所で仕事をしている。従来,施設職員には秘密保持義務があったが,個人情報保護に関する法律が2003年5月に施行され,それを受けて2004年11月に,厚生労働省より「社会福祉従事者における個人情報の適正な取り扱いのためのガイドライン」が示された。

　施設では,記録の管理だけでなく,日々の暮らしの中で,通信,面会に関する生活場面等のプライバシー保護について,子どもや保護者等の状況等に関する情報を職員が共有するために具体的に施設における情報の流れを明確にし,情報の分別や必要な情報が的確に届く仕組みを整備しなければならない。これら個人情報や記録の管理方法は,子どもの権利擁護と深く結びつく事柄であることを認識して施設全体でコンプライアンスに基づいたプライバシー保護に努めなくてはならない。

　昨今,IT時代と言われ,情報管理システムとしてコンピュータが活用され

る時代となった。コンピュータは，情報管理という点ではすぐれた道具であるが，その操作は人の手で行われるものであることを認識しなければならない。

8）記録者のための記録から，利用者のための記録へ

社会的養護における「育ち」「育て」を考える研究会は，各関係団体が協働・連携のもと，「育てノート」「育ちアルバム」[*1]を作成した。これは，社会的養護の下で暮らすすべての子どもの，つながりのある健やかな「育ち」「育て」を目指して，ケア・支援の質の向上を図るためのものである。「育てノート」は社会的養護において引き継がれていく養育の連続性・一貫性・継続性を保障していくために記録するものであり，「育ちアルバム」は，子どもが生きてきた証としてつくるアルバムである（第3巻コラム「育てノート 育ちアルバムの活用」参照）。

施設で生活する多くの子どもたちが，自らの生い立ちがわからないことで苦しい思いをし，誰もが自分の生い立ちを大切に扱ってほしいと願っている。ゆえにこうした取り組みは施設における「記録」のパラダイム転換であり，記録者のための記録から，利用者のための記録への転換である。

8．ホーム・施設の事業計画

1）運営理念，基本方針の確立と周知

施設の運営理念や基本方針は，施設がどのようにして設立されたかという

---

*1 「**育てノート**」は，今までのいわゆる養育記録や生活記録ではなく，その子どもが健やかに成長するライフヒストリーについて，客観的な内容のみならず，かかわった人々の思いや願い，あるいはその子どもの気持ちや主張など主観的な内容についても記録するものである。その子どもの成長過程での重要なエピソードやイベント，子どもにとって大切な人・物・場所・思い出，かかわった人々との交流，自由に活動した様子，その子どもらしさについて記していく。

「**育ちアルバム**」は，子どもの意思を尊重し，子どもが主体となって作成する，子どものための生い立ちの記録である。写真を保存するための一般的なアルバムとは異なり，子どもが歩んできた道すじを子ども自身が再確認または実感できるよう，子どもにとって大きなイベント・思い出・エピソードや大切な人・場所，活動の様子，またその子らしさ（強み，良さなど）を，子どもが養育者（施設や里親家庭などの養育者，可能な限り保護者）とともに記録するものである。

その施設が持つ歴史と大きなかかわりがある。民設民営の施設の場合は，その創設者の思いや信念が理念にあげられていることが多い。また，聖書などの一文を採用しているところもある。一方で，公設公営の施設の場合には，児童憲章や児童福祉法の条文を施設の理念としている場合もある。いずれにせよ，運営理念や基本方針は，施設の設立の経緯の中で策定されたものであり，その精神は尊ばれなければならない。

運営理念や基本方針は，法人および施設の方向性や将来へ向けて目指していくものを表記したものであり，運営やさまざまな事業を進めていくうえで基盤となるものである。その実現へ向けて法人役員をはじめ施設職員全員がこれを周知していなければならない。

その運営理念の遂行が入所児童の安心安全な生活を保障することになり，施設職員は自分の施設がどこへ向いて何を目標に日々取り組んでいるかということを明確に理解し，その方針に基づいて日々の支援に携わることが求められる。

運営理念や基本方針は，施設の職員室に掲示したり，施設のパンフレットや事業計画書の冒頭に掲げるなどし，広く周知を図り，定期的に施設内研修や新任職員研修等で直接説明することで理解を促す機会を設けることが大切である。そうした取り組みによって，各職員への浸透度が増し，職員一人ひとりの支援の姿勢に一貫性と継続性が確立されていくことになる。また，子どもや保護者に対しては施設のパンフレットや「子どものしおり」などに施設が大切にしていることを明示し，配布することで安心で安全な生活を保障することを伝え，理解を得る機会とする。

その他に事業計画には，職員の倫理要綱や体罰防止規程を組み入れ定期的に職員会議などで周知徹底する機会を設けるなどし，職員の倫理観の構築に取り組む必要がある。

2) 中・長期的なビジョンと計画の策定

法人や施設では，運営理念や基本方針を具現化するために施設の中・長期計画を策定する。

「中・長期計画」とは，組織の理念や基本方針の実現に向けた具体的な取

り組みを示すものである。社会的養護のさらなる充実，課題の解決等のほか，地域ニーズに基づいた新たな社会的養護の養育・支援といったことも含めた将来像や目標を明確にし，その実現のために組織体制や設備の整備，職員体制，人材育成等に関する具体的な計画を立てるものである。

中・長期的なビジョン策定のためには理念や基本方針の実現に向けた目標（ビジョン）を明確にし，養育・支援の内容や組織体制等の現状分析を行うことから始める必要がある。たとえば，施設の小規模化と地域分散化による家庭的養護の推進を図るため，本体施設は小規模グループケア化するとともに小規模化し，あわせて，家庭的養護の推進に向け，施設機能を地域に分散させるグループホームやファミリーホームへの転換を行う移行計画を策定する等，今すぐにはできないがプロジェクトを実現させるために中・長期ビジョンを策定し計画的に取り組んでいく必要がある。

中・長期ビジョンは施設整備計画のみではなく施設の社会的使命である地域支援等を取り込んだ計画等も策定する。たとえば，本体施設は，専門的ケアや地域支援の拠点機能を強化し，地域の里親支援や家庭支援を行う体制を充実させる等の施設の機能強化に向けた取り組みを具体的に計画，表記し組織決定しておくことが大切である。

3）事業計画の策定

施設の事業計画は，法人・施設の運営理念や基本方針を達成させるためにある。事業計画は，当該施設の入所児童等に対する支援計画や地域とのかかわり方，あるいは施設が有する機能等を具体的に示し，事業を推進するための指針であり年度ごとに作成されるものである。

事業計画は，職員等の参画のもとで策定するとともに，実施状況の把握や評価見直しを組織的に行うことが大切である。事業計画の実施状況については，子どもからも意見を聴取し子どもの声を反映させた評価を行う必要がある。事業計画をすべての職員に配布し，会議や研修において説明し，子どもや保護者への周知の方法についても工夫や配慮をすることが大切である。事業計画が明確にされることによって，職員は自らの業務に対する意識づけや子ども等への接し方，社会的養護への取り組みを具体的に知ることができる

ようになる。

　また，対外的にも，実施する社会的養護に対する基本的な考え方を示すものとなり，当該施設に対する安心感や信頼を得ることにもつながる。事業計画は法人や施設の運営理念との整合性があり，職員の行動規範となるような具体的な内容が望ましく，子どもの権利擁護や家庭的養護の推進の視点が盛り込まれて，施設の使命や方向，考え方が反映されていることが望ましい。

　単年度の事業計画には，小規模化，専門的支援，人材育成，地域支援等，中・長期計画の内容を反映した各年度における事業内容が具体的に示されている。事業計画は，実行可能かどうか，具体的な活動や数値目標等を設定することによって実施状況の評価を行えるとよりわかりやすく取り組みやすくなる。事業計画は，年度の終了時に実施状況について施設全体で評価をし，次年度の事業計画の策定につなげていく必要がある。

9. 家計と会計・財務管理

1）措置費による施設運営

　施設の運営費，つまり家計は「措置費」（保育所の場合は「措置費」と言わず「保育所運営費」という）によって成り立っている。この「措置」という言葉は，一般的には，何らかの支援，配慮，人に対して何かを取りはからうことを意味している。社会福祉の領域における「措置」という言葉は，要支援者のために法律上の施策を具体化する行政行為を意味する。それにかかる経費は「措置費」といわれ，公費（税金と徴収金）で賄われている。つまり措置費とは，社会福祉施設が地方公共団体からの措置または措置委託を受け，都道府県（指定都市），市町村などの措置権者が要援助者に対して社会福祉施設への入所等の措置をとった場合に応じて，施設の運営に必要な費用が，公費（税金）から施設に支払われる。その措置費の負担率は国が2分の1で，措置権者である都道府県（指定都市），市および福祉事務所を管理する町村が2分の1を負担することになっている（図表5-1を参照）。

　措置費は，施設の職員の人件費と施設運営に必要な経費で，旅費，嘱託医手当，被服手当，補修費，保健衛生費，職員研修費，職員健康管理費，施設

図表5-1 措置費等の負担区分

経費の種別	措置等主体の区分	児童等の入所先等の区分	措置費等の負担区分		
			市町村	都道府県	国
母子生活支援施設および助産施設の措置費等	市および福祉事務所を管理する町村	市町村立施設および私立施設	1/4	1/4	1/2
		都道府県立施設		1/2	1/2
	都道府県,指定都市,中核市	都道府県立施設,市町村立施設および私立施設		1/2	1/2
その他の施設,里親の措置費等	都道府県,指定都市,児童相談所設置市	都道府県立施設,市町村立施設および私立施設		1/2	1/2
一時保護所の措置費等	都道府県,指定都市,児童相談所設置市	児童相談所（一時保護施設）		1/2	1/2

機能強化推進費などの管理費および民間施設給与等改善費からなる「事務費」と，入所者が施設で生活するのに必要な経費である「事業費」とに区分され，事業費は一般生活費，教育諸費，その他の諸費に分けられている（図表5-2）。

一般生活費は，子どもの給食に必要な材料費や日常生活に必要な諸経費にあてられ，各月の初日の在籍児童数に月額単価をかけて支弁される。教育諸費は，学校教育を受けるために必要となる費用（教育費，見学旅行費，入進学支度金）であり，その他の諸費は，施設に入所中に不定期的に必要となる経費（医療費，就職支度金，児童用採暖費など）である。

前述の民間施設給与等改善費とは，主として公立施設の職員給与との格差の是正，すなわち，給与の公私格差の是正を図る観点から特別な財源措置という趣旨で，1972年度に創設されたものである。措置費以外にも各都道府県や市町村から単独で，人件費などの運営費に対する補助金，建物や設備の改修費などの整備補助金が支給される場合がある。

措置費の支払い方法（保育所は除外）は，事務費については施設の利用定員をもとに支弁額を決定する「定員払い方式」，事業費については現在委託している者をもとに支弁額を決定する「現員払い方式」となっている。

図表5-2　事業費の支弁費目の一覧表

1	生活諸費	一般生活費：給食に要する材料費等及び日常生活に必要な経常的諸経費
2	教育諸費	(1)教育費：義務教育用の学用品費，教材代等 (2)学校給食費：学校から徴収される実費 (3)見学旅行費：小学6年生，中学3年生，高等学校3年生の修学旅行の交通費，宿泊費等 (4)入進学支度金：小学1年生，中学1年生への入進学に必要な学用品等の購入費 (5)特別育成費：高等学校等教育用の学校納付金，教科書代，学用品費，通学費等 (6)夏季等特別行事費：夏季等に行われる臨海，林間学校等に出席するために必要な交通費等 (7)幼稚園費：幼稚園就園に必要な入学金，保育料，制服代等
3	その他の諸費	(1)期末一時扶助費：年末の被服費等の購入費 (2)医療費：診察，治療，投薬，手術等のいわゆる医療費 (3)職業補導費：義務教育終了児が職業補導機関に通う交通費 (4)児童用採暖費：冬期の採暖に必要な燃料費 (5)就職支度費：退所児の就職に伴い必要な寝具類，被服類等の購入費等 (6)大学進学等自立生活支援費：退所児の大学進学等に伴い必要な住居費等 (7)葬祭費：死亡児の火葬又は埋葬，納骨費等

　一方，里親の場合には，「里親手当」および「里親受託支度費」が支弁される。里親といってもいくつかの種類があり，里親の種類によって支弁される額は違う。しかし，「親族里親」にはその性格上，手当は支給されない[*2]。里親委託されている子どもの養育にかかる費用として生活諸費や教育諸費が支弁され，これにより子どもを養育する。

　また里親に委託された子どもは，一定の条件のもとで，里親の「扶養家族」として扱われ，税制面での優遇を受けられることがある。また，進学等で一時的に月々の委託費では賄えない出費がある場合などには，入進学支度金や見学旅行費などが別途支弁されることになっている。

[*2]　東日本大震災のあと，2011年9月，厚生労働省は，扶養義務者でないおじ・おば等については，養育里親制度を適用し，里親手当を支給できるよう改正した。

2）予算制による施設運営

　施設の運営は，年度予算によって計画的に執行される。予算案は，法人の理事長の責任において策定され，理事会の承認を得て執行される。また，年度途中において，科目別の予算額を執行額が上回る場合は，事前に補正予算を作成し理事会の承認を得なければならない。このように常に予算に基づいて施設は運営されている。

3）指導監査の実施

　また，施設の運営は「措置費」によって賄われていることから，施設は行政指導監査を受ける。児童福祉施設に対する指導監査は，入所者の支援，職員の配置および勤務条件，経理状況，設備の状況等施設の運営全般にわたって施設の運営が適正に行われているか否かについて実施されるものである。あわせてこれと密接に関連する施設の組織・機構，施設入所関係事務，措置費の関連予算の編成・執行およびその他の事務処理状況等について実施される。児童福祉施設への指導監査は，児童福祉法施行令第38条の規定により年1回以上の実施が義務づけられており，その監査結果については，講評および必要な助言・勧告または指示が行われる。

4）適正な予算執行のあり方

　施設の運営主体のほとんどは，社会福祉法人である。社会福祉法人の経営の原則は，社会福祉法第24条に，以下のように示されている。「社会福祉法人は，社会福祉事業の主たる担い手としてふさわしい事業を確実，効果的かつ適正に行うため，自主的にその経営基盤の強化を図るとともに，その提供する福祉サービスの質の向上及び事業経営の透明性の確保を図らなければならない。」つまり，施設には公益性，先駆性，透明性，継続性等が求められる。よって施設の運営は，自らの理念や基本方針のもとに，法令遵守，社会的責任，説明責任の自覚のもとに施設運営がなされなければならない。

　施設の運営費すなわち「措置費」は，国と地方自治体から交付される補助金であり，その原資のほとんどは税金である。措置費は，最低基準をもとにしたものであり，最低限度の生活保障の中で，子どもの最善の利益を保障す

るための生活水準が保たれなければならない。近年，社会的養護に投入される措置費は，893億円（2012年度予算）に上る。それだけに公費によって運営される施設は，その予算執行にあたってはしっかりとコスト意識を持ち，内部牽制を確立し外部監査などを積極的に導入するなどし，厳正かつ適正に執行されなければならない。

10. ホーム・施設の人事・労務管理

1）施設の人事・労務管理の現状と課題

　児童福祉施設の職員の労働時間は，他の社会福祉施設と比較して長く，加えて断続勤務など特殊な勤務形態のところが多い。世界と比較してみても，同じ児童福祉施設職員の労働時間はドイツやフランスと比べ倍以上の労働時間である。また，児童養護施設に入所している子どもの53.4％が被虐待児で，23.4％が何らかの障害を抱える子どもである。こうした現状下において施設職員は，献身的に子どもと向き合っているが，施設職員の52.3％が5年以内に離職しているのが現状である。それゆえに施設職員の福利厚生を含めた労働環境の改善が早急に求められている。

　児童福祉施設は，戦後，篤志家によって創設された歴史の古い施設が少なくない。そうした背景から施設の規模も小さく，一法人一施設の運営体のところが多い。職員の構成人員も，国の定めた基準に基づいて配置されているために少なく，家内工業的な形態が色濃く残る組織体である。しかし，今日，児童福祉施設の社会的責任は重く，コンプライアンスに基づいた現代的な施設経営が求められている。職員の自己実現に配慮した，個々の能力を発揮できる職場環境を作り上げていくことが早急の課題であろう。

2）人事考課のねらい

　施設が目標とする養育・支援の質の確保をするためには，必要な人材や人員体制に関する具体的なプランを立て，それに基づいた人事管理を遂行していくことが求められる。プランは，単に「質の高い人材確保」という抽象的な表現にとどまらず，組織としての基本方針や各計画に基づいて組織を適切

に機能させることが必要である。施設が求める必要な人員や人材確保が，安定した施設運営と入所児童の安心安全な生活の保障につながる。そのためには，職員一人ひとりの能力を活用し存在感を高め，能力開発により仕事に希望を与え，納得性のある公正な処遇によって職員個々の充実感・満足感につながる人事管理が求められる。

　それらの基礎となるのが，管理者による公平な職員の評価であり，評価者の個人的な価値観でなく，一定のルールに則った人事考課が必要とされる。人事考課が公平にできれば，職員の能力把握が的確になり，活用や育成が効果的にできる。また，職員間においては公正な処遇により職員のやる気が高まり，職員にとって納得性が得られ管理者と職員との相互信頼にもつながり，やりがいのある職場環境となる。

3）これからの人事考課

　施設における人事考課の目的は人材育成に重点をおいたものでなければならない。すなわち，基準に照らし合わせ，一人ひとりの行動を観察し，その人のどこが優れ，どこが劣っているかを分析的に評価していくことである。決して他人と比較するのではなく，あらかじめ決められた基準と比較し，その結果をフィードバックすることで，職員の自己能力開発意欲を刺激し，育成に生かすことができる。昨今，人事考課で重視されるのは，経験年数とか性格とか人柄などではなく，職務遂行能力である。仕事上で発揮された行動事実によって評価する職務遂行能力給を採用する施設が増え，児童福祉施設の給与体系も，経験から職能給へとスライドしている。

　また，基本的修得能力と精神的習熟能力を保有能力というが，この保有能力が高ければいつも良いかかわりができるというものではなく，子どもたちのためにがんばろうという意欲がなければ，せっかくの能力も発揮されず，良い結果にはつながらないので，常に子どもとの良好な関係構築が求められる。

　管理職にある者は，客観的な基準に基づき，定期的な人事考課を行い，職員の就業状況や意向を定期的に把握し，必要があれば改善に取り組む仕組みを構築しなければならない。また，職員個々の勤務時間，健康状況を把握し，

職員が常に仕事に対して意欲的にのぞめるような環境を整えるように努めなければならない。職員の経験値や特性を見極め，困難ケースの抱え込みの防止や休息の確保などに配慮し，特に，職員の心身の健康には日々のコミュニケーションを大切にし，定期的に健康診断を実施する等，職員の福利厚生や健康を維持するための取り組みを積極的に行うことが必要である。また，精神的に疲労を感じている職員には，臨床心理士や精神科医などに職員が相談できる窓口を施設内外に確保するなど，職員のメンタルヘルスに留意しなければならない。

4) キャリアパスの導入

施設は，各種加算職員の配置に積極的に取り組み，人員体制の充実に努めなければならない。職員が，各職種の専門性や役割を理解し合い，互いに専門職として養育・支援に取り組む体制を確立できるような環境づくりが求められる。専門職が配置されることで，今後はスーパーバイザー（基幹的職員），ファミリーソーシャルワーカー（家庭支援専門相談員），心理療法担当職員，里親支援専門相談員等の専門職の機能を活かすためのマネジメントが必要となる。

キャリアパスは，個人の自己啓発で自らのキャリアを磨いていくために活用するものであると同時に，企業の人事部門などが大勢の雇用者の適性を的確に把握し，各雇用者に最適な職務を与えるための判断材料として活用されるものでもある。今後，児童福祉施設にもこうした制度を導入し，職員の福利厚生を含めた高度な人事管理が求められる。

5) 職員の燃え尽き症候群

施設では，入所児童が複雑多様化する中で，今まで熱心に仕事などに打ち込んでいた人が突然ガス欠をしてしまったかのように無気力状態になってしまうことがある。これを燃え尽き（バーンアウト）症候群という。

希望に燃えて施設に就職した人が，当初は一生懸命仕事をし，子どものためにとがんばっても，大人から痛めつけられて施設に入所してくる子どもの心を埋めることができず，自分のやっている仕事に対して空しさを感じるよ

うになる。誰に相談することもなくやがて身も心も疲れ果ててしまい，仕事へのやる気を失い，ついには，燃え尽き離職する。このような燃え尽き症候群は看護職や福祉職，教師などの対人援助職に多く見られる。燃え尽き症候群とは，これまで最善の方法と考えて献身的に努力してきた仕事や生き方，対人関係などが，まったく期待はずれな結果に終わってしまうことによって，期待していた結果や報酬が得られなかったことによって起こる，疲労感あるいは欲求不満の状態をいう。

　燃え尽き症候群の予防としては，まず十分な休養を取ることが重要である。職場の人に気兼ねなく長期休暇を取り，仕事を忘れて気分転換できる環境があることが重要である。趣味やスポーツ，友達とのおしゃべりなど仕事から離れている時間を大切にすることで，仕事とプライベートな時間をバランスよく保つことができる。また，仕事のことを相談できる上司や同僚がいることも大切であり，そして，リラックスできる環境を整えるとともに，自分の考え方を振り返って少しずつ変えていくことに努めることが効果的である。すべてを完璧に仕上げるのを諦め多少の妥協は許す，失敗したことのみに焦点を当てるのではなく，自分が達成してきたこと，できることに焦点を当て自分を肯定的に評価するといったことで，ストレスをうまくコントロールできるようになることも専門家としての資質である。　　　　　　（太田一平）

■引用・参考文献
福田雅章「第9章 施設の運営」伊達悦子・辰己隆編『保育士をめざす人の社会的養護』（株）みらい，2012年
福田雅章「2．子ども間暴力の理解」栃木県児童養護施設等連絡協議会ケアワーカー部会『子どもたちが安全で安心した生活を送るために　子ども間暴力防止に向けて——その理解と対応』2011年
福祉経営ネットワーク編『児童養護施設と第三者評価——福祉サービス第三者評価の実践』筒井書房，2009年
財団法人日本児童福祉協会『児童保護措置費・保育所運営費手帳』

コラム　個人情報の開示

1　子どもにとっての個人情報

　それぞれの個人は，行政や事業者等が自分のどんな情報を持っているのか，自分の情報について間違った利用の仕方をしていないか，勝手に第三者に自分の情報を提供していないか等をチェックする権利があると考えられている。

　このような権利は，「個人が個人として大切にされること」と結びつくもので，児童福祉施設で生活する子どもにとっても，重要な意味がある。

　たとえば，家庭で生活していれば自然に入ってくるはずの子どものアイデンティティの基礎になる重要な情報が，施設での生活では意図しないと得られない。自分の親の名前は何か，親はどういう人なのか，現在自分の親はどういう生活をしているのか，きょうだいはいるのか，きょうだいはどんな生活をしているのかといったことが，よくわからない子どもも少なくない。

　また，家庭で生活をしていれば，自分が小さいときはどんな子どもだったのかといった自分の生い立ちが本人の前で自然に何度も話題にのぼるが，施設での生活では意図しなければこのような営みも実現できない。

　他方で，家庭で生活している子どもと異なり，自分の生い立ちや日々の生活状況といった個人情報が，児童相談所と施設との間で，施設職員の間でやりとりされるが，この情報は正確で，かつ，やりとりの方法が適正でなければならない。

2　本人に対する情報の開示

　個人情報の保護に関する法律等では，例外的な理由がある場合を除いて，本人から自分の情報を開示してほしいと求められた場合，これに応じる必要があると定められている[*1]。実務的には，本人からの請求は，未成年者の段階で請求されるよりは，卒園後何年も経ってから自分のことを知りたくて情報開示を求められることが多い。また，保護者から未成年者の施設での生活状況や施設

　[*1]　民間の児童養護施設が適用対象となっている個人情報保護法では，開示の対象となっているのは，すべての個人情報ではなく，容易に検索することができるように体系化されたデータである。一定のファイルに綴じたり，コンピュータに記録したりした情報が対象となる。

職員の指導状況を知りたいとして開示請求がなされる場合もある。

　まず，冒頭に指摘した通り，子ども本人のアイデンティティ形成に重要な情報が本人に十分知らされていないことも多く，その意味では，そもそも，開示請求を待たずとも，どのようにして本人に情報を戻していくのか，開示していくかという観点から検討が必要といえる[*2]。

　また，施設卒園後，何年も経って自分自身を探すために個人情報開示を求めたところ，情報の保存期間が過ぎたために開示を受けられないということもありうるが，このようなことにならないような配慮が必要と考えられる。

　本来，児童福祉施設や児童相談所は，その子どもの大切な個人情報を預かっているので，どういうタイミングで情報を子どもに戻していくのか計画を立て，卒園時に未だ開示できていない情報があるのであれば，誰がいつまで保管しているのかを子どもに話しておくことが筋といえる（筆者の個人的な見解としては，本来は，一般の文書保存年限にとらわれず，相当期間保存しておくべきであると考えている）。なお，開示請求があれば，必ず開示しなければならないものではない。

　本人に対して十分な説明をしたとしても，本人に重大な心理的影響を与えその後に悪影響を及ぼす場合[*3]や，親権者に開示することが本人の利益に反するような場合には非開示とすることができる[*4]。具体的に非開示にできる理由は，法律や条例によって微妙な違いがある場合もあるので，確認の必要がある。

3　第三者への情報提供，目的外の利用

　個人情報を規律する法律や条例は，個人情報を目的外に利用したり，本人の

[*2] 情報を子どもに伝えるうえで，誰がどのようなタイミングで，どのような形で伝達するか，伝達した後どのように子どもをフォローしていくか等が非常に重要であることは言うまでもない。

[*3] できるだけ本人に情報を返していくべきだという基本は重視しなければならないが，たとえば「親に捨てられて施設に入所した」といった情報は，伝え方はもちろん，伝える時期の問題もあり，時期によっては子どもに開示できない場合もありうる（個人情報開示の問題だけで考えると，開示か非開示か，といった問題だけになるが，本来は，子どもに理解できる形で，その子どもの発達段階に応じた伝え方があるはずであり，養育する側はその点を十分理解して，子どもに情報を戻していく必要がある）。

[*4] 親権者が子どもの代理として，子どもの情報の開示を求めることは，「自分の情報の開示」といえるが，たとえば，子どもが親に言わないでほしいとして，施設職員に伝えた情報は，親に開示することに関しては慎重でなければならない。

了解なく個人情報*5を第三者へ提供したりすることを禁止している。もちろん，子どもの安全を確保するため等正当な理由がある場合（たとえば措置された児童の状況を児童相談所に情報提供するような場合）は，問題はない*6。

第三者への情報提供に関しては，たとえば，当該児童が施設を出るにあたり，施設側が「卒業アルバム」のようなものを作っているが，そこに，施設の他の子どもが写っているような場合に問題になることがある。

一緒に写真に写ってしまった子どもからすると，その子どもがその施設で生活していたことを，「卒業アルバム」という形で同じ施設の保護者という第三者に情報提供をしてしまうことになる*7。

どんな子どもたちと一緒に生活してきたかは，その子どもにとって成長していく上で重要な情報といえるが，他方である子どもが児童養護施設に入所していたという事実は，取り扱いに注意を要する情報であり，アルバムに写真や名前を載せる場合，あらかじめ本人や保護者の承諾が必要と言わざるを得ない。

（岩佐嘉彦）

---

*5　個人情報保護法では，検索可能な個人データの形になっているものを第三者に提供する場合のことが規定されている。

*6　本人の同意がなくても第三者に開示することが法律上問題ないとしても，本人に説明をしておいたほうがいい場合も少なくない。たとえば，施設に措置した子どもから，誰にも言わないでほしいと前置きして，自分のきょうだいも虐待を受けていたとして，具体的な状況を説明されたような場合，その内容は，児童相談所に伝えざるを得ない。この場合，本人の承諾は必要ないが，「誰にも言わないでほしい」といって子どもが説明してくれたのであるから，担当者は子どもに対し，児童相談所に連絡せざるを得ない理由を説明し，子どもの納得を得るよう努力すべきは当然である。

*7　保護者にとっては，子どもを通じて，誰と一緒に生活をしているかといった話を聞くこともあろうし，子どもとの面会等のため施設に足を運んだ際に，他の子どもの名前や顔を知ることもあるので，どういう子どもがその施設に生活しているかが他の子どもや保護者に伝わることは，そもそも施設生活での想定している範囲内であって，卒業アルバムについても，関係者に配布している限り問題ないとの考え方もあるかもしれない。

ただ，アルバムの形になってしまうと，全くの第三者にも情報が伝わる可能性があるので，施設の生活を送るにあたり，アルバムという形で名前や顔写真を他の子どもやその保護者に情報提供されることまでが，施設生活を送るうえで想定済みで，子どもや保護者の了解が必要ないとはいえないと思われる。

第6章……自立支援と生活形態

(Key Word) 関係性／自立支援／生活形態

1. 自立支援と生活形態との関係

　まず，どのような生活形態であれ，社会的養護にある子どもが自立していくための要件について考えてみたい。

1）ありのままの自己を表出する

　自明であるが，子どもが自立していくために必要なことの一つは，社会的養護の下にいる子ども自身が生活の場でありのままの自分を表出できているか，このことにかかっているように思う。

　子どももある程度の年齢になれば，施設という暮らしのなかで，いわば親とは違う人間によって「世話」されているということに気づくであろう。自らの力だけでは生きていけないこともわかっている彼らにすれば，世話されていることを受け入れていくしかない。子どもは，世話されていることを受け入れていくための一つの手段として，職員の期待を読み取り，これにあわせることがあるように思う。日常生活では，こうした子どもは，甘えることを避け，とても「よい子」にみえる。

　問題なのは，子どもの側からすれば，自分を出さないでいる状態像が職員によって肯定的に評価されればされるほど，さらに自分を出しづらくなるという，いわば「呪縛」のような状態に追い込まれることさえあることだ。

　子どもはある程度わがままを主張し，それが適わないことがあるという大人とのやりとりのなかで，自分と向き合ってくれる存在がそこにいることを

実感していくのである。子どもはありのままの自分を主張すること，その主張に対し真正面から向き合ってくれる人がいることのなかで，**自分を構築**することができていくのである。

2) 受けとめ

　社会的養護にある子どもは自らの人生を引き受けていくことが難しいように思う。それは，なぜ自分が施設に入らねばならないのかということへの納得のいかなさのためである。自分で選択したわけではない施設入所，こうしたなかで子どもは，親は自分のことをどうでもよい存在としか思っていないのではないかと考える。納得のいかなさは自分の存在価値そのものも危うくさせてしまう。その根底には，半ば「強制された人生」に対する根深い怒りが存在している。

　現在，施設に入所してくる子どものなかには，直接的に親から暴力を振るわれている子どもも存在する。当然のことであるが，暴力を振るわれた子ども自身も怒りを抱えている。なぜ自分がそうした体験をしなければならなかったのかと。そして，**関係性で振るわれた暴力は，関係性を通して修復**していくしかない。

　つまり，施設に入所するまでに親との関係のなかで受けとめられなかった怒りや悲しみおよび傷ついた体験を表出し，入所までの体験とは違って攻撃されたり，非難されたりすることなく，なぜそのような行動しかできないのか，そのことを共に考えてくれる職員の存在が必要である。行動レベルで受けとめること以上にそういう行動でしか表現できない子どもの思いを受けとめていくことが求められるのである。

3) 依存体験

　子どもは日常生活のなかで誰かに依存するという体験を積み重ねることが必要である。

　では依存とは何だろうか。私論として定義すれば，自分という存在を誰かに委ね，それを受けとめてもらい，他者の力を借りて生きていくことがより自分を生きやすくするという実感を得る体験としておきたい。

自分という存在を誰かに委ねることは，実は子どもが小さいうちは当然のように「うんち，おしっこ」の処理というかたちで存在している。この時期の依存体験はとても重要である。
　子どもは依存体験を通して，困っていれば他者は助けてくれる存在であること，自分は一人ではないことを学んでいるからである。
　社会的養護にある子どもは，入所までの親との生活のなかで，この依存体験を十分得ていない場合が多い。そうしたなかで，大人は子どもが大きくなればなるほどに，子どもに自分のことは自分で対処するように求めるようになる。乳幼児期に依存体験を十分にしていない社会的養護にある子どもは，学童期になって（それ以降も十分あるが），一見自分でできることも職員に求めてくることがある。職員が「自分でできるでしょ」と対応しても，執拗にくいさがり，時にはそれを契機に暴れだすことさえある。こうした際に，職員は，忙しければ忙しいほどに「自分でできることをしないあなたが悪いでしょ」と対応してしまうことがある。
　大切なことは，どれほど時間を割いて自分の甘えにつきあってくれたかということではないかと思う。子どもが自分で対処したかどうかという結果が大切なのではない。自分が甘えられなかったくやしさを表出している子どもに対し，**あなたのそのくやしさを共に背負う存在がいるということを分かち合う体験がそもそも依存体験なのだ**。
　まだまだ必要な観点はあるように思う。紙数の関係もあり，以上の3点に整理をした上で，この3点が生活形態のなかでどのような特徴をみせることがあるのか，さらにそのことをふまえ，いかにして自立支援を展開していく必要があるのかについて考えていくことにしたい。

2．社会的養護における生活形態とその現状

1）社会的養護における生活形態
　次に，社会的養護における生活形態にはどのようなものがあるのかを整理してみたい。
　まずは「施設」がある。施設の生活形態には，さらに一つの生活単位が

20名以上である「大舎」，13〜19名である「中舎」，12名以下の「小舎」がある*1。

　この施設を小規模化し，6〜8名（乳児院では4〜6名）のグループで養育する「小規模グループケア」という生活形態がある。施設を小規模化する方策としては，一つには大きい集団を「ユニット」にし，小集団を作るという手段がある。もう一つは，地域の民家等を借りて養育し，小規模集団を作るという手段である。つまり，生活形態を考えていく際の一つのキーワードは，「人数」ということができる。

　次に生活形態を考えていく際のもう一つのキーワードは「地域化」である。子どもは地域住民とのあたりまえのふれあいの中で育っていくという視点が重要である。それを具体化した生活形態が，「地域小規模児童養護施設」である。

　地域に存在するという点では，ファミリーホーム（小規模住居型児童養育事業）と里親も一緒である。では，これらは施設という生活形態とどこが違うのだろうか。それは，「人」である。ファミリーホームや里親は，養育者という人が基本的に変わらないという点が特徴である。里親の場合でいえば，実子という人と社会的養護にいる子どもを共に養育する場合があるという点も特徴的である。

　また，ファミリーホームや里親は単独で生活を営むという点も特徴である。同じ生活形態である地域小規模児童養護施設が本体施設からの支援を受けられるのに対し，ファミリーホームや里親にはそのような仕組みが確立していないのである*2。

　つまり，もう一つの最も重要なキーワードが「養育する人」で，子どもとの関係性や他の機関との関係性のなかでどのように位置づけられるのかという観点が存在しているのである。

　こうしたことから考えていくに，**生活形態は，「人数」「地域」「養育する**

---

*1　人数に関する定義に明確なものがあるのかはわからないが，今回の定義は国の考えを採用した。その考えとは「社会的養護の課題と将来像」53頁に出ている。
*2　こうした点から，「福岡子どもの村」では，里親を1ヵ所に集め子どもを養育し，センターがこれを支援するという生活形態をとっている。坂本雅子「市民がつくる社会的養護――子どもの村福岡」『子どもの虐待とネグレクト』Vol.12, No.1（2010年）に詳しい。

第6章　自立支援と生活形態

図表6-1　児童養護施設の形態の現状

平成24年3月現在の児童養護施設の5割が大舎制。平成20年3月は児童養護施設の7割が大舎制だったので、小規模化が進んでいる。引き続き、家庭的養護の推進のため、施設の小規模化の推進が必要。

① 大舎・中舎・小舎の現状、小規模ケアの現状

		寮舎の形態			小規模ケアの形態		
		大舎	中舎	小舎	小規模グループケア	地域小規模児童養護施設	その他グループホーム
保有施設数 (N=552) （平成24年3月）	施設数	280	147	226	312	136	32
	%	50.7	26.6	40.9	56.5	24.6	5.8
保有施設数 (N=489) （平成20年3月）	施設数	370	95	114	212	111	55
	%	75.8	19.5	23.4	43.4	22.7	11.3

※ 社会的養護の施設整備状況調査、調査回答施設数552（平成24年3月1日現在（集計中））、調査回答施設数489（平成20年3月1日現在）

※「大舎」：1養育単位当たり定員数が20人以上、「中舎」：同13～19人、「小舎」：同12人以下、「小規模グループケア」：6名程度

② 定員規模別施設数

定員	施設数	
～ 20	4	(0.7%)
～ 30	61	(10.4%)
～ 40	92	(15.7%)
～ 50	124	(21.2%)
～ 60	97	(16.6%)
～ 70	71	(12.1%)
～ 80	47	(8.0%)
～ 90	35	(6.0%)
～ 100	24	(4.1%)
～ 110	13	(2.2%)
～ 120	5	(0.9%)
～ 150	7	(1.2%)
151～	5	(0.9%)
総数	585	(100%)

家庭福祉課調べ（平成23年10月1日）

出所：厚生労働省「社会的養護の現状について（参考資料）」2012年11月

図表6-2　社会的養護の整備量の将来像

○日本の社会的養護は、現在、9割が乳児院や児童養護施設で、1割が里親やファミリーホームであるが、これを、今後、十数年をかけて、
(a) 概ね3分の1が、里親及びファミリーホーム
(b) 概ね3分の1が、グループホーム
(c) 概ね3分の1が、本体施設（児童養護施設は全て小規模ケア）
という姿に変えていく。

＜現在＞
施設9割、里親等1割

本体施設
グループホーム
家庭養護

⇒

＜想定される将来像＞
本体施設・グループホーム・里親等をそれぞれ概ね3分の1に

本体施設	乳児院　　　　　3,000人程度 児童養護　　　　11,000人程度 　　　　計　14,000人程度 　　　　　（37%）～（32%）
グループホーム	地域小規模児童養護　　3,200人程度 小規模ケアのグループホーム型　9,000人程度 　　　　計12,200人程度 　　　　　（32%）～（28%）
家庭養護	里親　　　　7,100人程度～12,500人程度 ファミリーホーム　　　5,000人程度 　　　　計12,100人程度～17,500人程度 　　　　　（32%）～（40%）
児童数合計	38,300人～43,700人 （人口比例で1割縮小の場合）（縮小しない場合）

（人数は一定の条件での試算）

出所：厚生労働省「社会的養護の課題と将来像の実現に向けて」2012年11月

人」という観点から整理できそうである。では，その現状がどのようになっているのかを次にみてみたい。

2) 生活形態をめぐる現状

　国は施設の小規模化の推進を図ろうとしている。より家庭的な環境において子どもを養育していくことが望ましいと考えているからだ。

　社会的養護の現状にはそうした意味で，少なくとも2つの課題が存在しているといえる。一つは，施設における生活形態として，図表6-1のとおり大舎制が約5割を占めていることである。いまだ施設の半分が大舎制であり，小規模化のさらなる推進が必要である。

　もう一つの課題は施設と里親の比率である。その比率は，施設が9割，里親が1割となっている。この比率は，たしかに，子どもの選択のニーズという意味では，施設養育に偏りがあると言わざるを得ないだろう。そうした中で，国はこの比率を図表6-2のとおり，本体施設における養育，グループホーム，里親養育で各3分の1にする方向性を描いている。

3. 生活形態の特徴

1) 人数からみた生活形態の特徴

　「大舎制」の施設の特徴の一つは，あたりまえの話であるが，人が多くいることである。人が多いと，そのなかでどのようなことが起こりやすいのであろう。

　大舎制の施設は，多くの場合，年齢は縦割りになることが多いように思う。つまり，幼児から高校生までという年齢の子どもが生活している集団なのである。そうだとすると，その集団に起こりがちなのは，年齢差による「力の支配」である。年齢の高い子どもが年齢の低い子どもに言うことをきかせるということである。虐待体験を経てきた子どもは，力関係による支配に適応してきたと考えられるので，施設における集団の中で力関係を再現する可能性がある。自明であるが，こうした状況にあっては，ありのままの自己の表出やその延長としての受けとめ，依存体験も得られにくくなる。

したがって大切なことは，職員自身も力による支配に頼ることなく，一人ひとりの子どもの欲求に丁寧に付き合うことである。たとえば騒然としているとき，集団の秩序が乱れているときには，力に頼りたくなる。だが，こうしたときこそ，実は，子ども自身が個別に対応を求めているときだともいえよう。繰り返すが，力に頼りたくなるときこそ，子どもに試されているという自覚が必要であるし，そうした地道な努力のなかで，まずは職員が力に頼らない姿をみせたい[*3]。そのことで子どもはそれをモデルにするのだ。

　さらにいえば，個別の関係性も構築しづらい。子どもは誰を頼ってよいのかわかりづらいからである。そうした意味で担当制をとることが大舎制では大切になってくるだろう。担当制をとることで，困ったときに誰に頼ればよいのかが明確になるからだ。

　そして，大舎制のメリットの一つとして，職員が大勢いるので，子どもと担当職員がうまくいかなくなったとき，周囲の職員がフォローしやすいという点があげられるだろう。子ども自身も担当職員との関係のみではなく，他の職員との関係に一時期逃れることもできる。それは，子ども同士でも一緒である。ある特定の子どもとうまくいかなくなったとき，他の子ども集団に逃れることができるのである。

　逆のことをいえば，逃れることができるからこそ，個別の関係が構築しづらいという点も指摘できる。集団生活では個別の時間を子どもと持つことが容易ではない。ゆえに，様々な工夫をしている施設がある。担当とだけ出かける時間を特別に用意することなどである。

　しかしながら，忘れてならないのは，つい忙しさに追われ，子どもを日課に追い回しがちな日常のなかで，入浴や就寝等，より個別的な時間を取りやすい場面では，欲求の表出を受けとめる姿勢をもち，それを維持することである。

　また，力のある子どものなかには，集団生活の中にあっても，わがままを言うことができたり，問題を起こすことで自らに関心を集め，それに対処してもらうなかで依存体験を得ることができている子どももいるように思う。

---

*3　ここでいう力とは，むろん，子どもを怒鳴りつけるといった言葉の力だけではなく，「ルールが絶対」といったルールや規則による拘束も含んでいる。

しかしながらその一方で，自らの気持ちを言葉で表現しづらい子どもであればあるほど，集団の中で目立たない存在，もしくは職員に面倒をかけない良い子として適応してしまう傾向がある。依存体験が必要でない子どもはいないのである。だからこそ職員の配慮が求められる。

　次に，人数の少ない場合を考えていこう。この場合に想定される生活形態は，小規模化されたグループホームであり，里親，ファミリーホーム等もこの範疇に入る。

　小さい集団は，まずは関係が濃密であるのが特徴である。個別的な時間も取りやすく，ルールや規則をあまり用いなくても子どもの生活を安定化しやすい。したがって，ありのままの自己を表出しやすく，依存体験も得られやすいといえるだろう。

　また，生活のなかでたとえば食事づくりに自然と参加できるなど，「指導」というかたちをとらなくても生活技術が身につきやすいという特徴もある。子ども自身が生活を作っていきやすいともいえよう。

　だが，関係が濃密であるからこそ，子どもの抱える課題が表出しやすく，時にその受けとめが困難になるようなことも起こりやすい。それは，職員を「独占」しやすくなるということとも関連しているといえよう。むろん，このことは関係を深めるチャンスであり，重要になってくるのは，こうした状況をサポートする仕組みがあるかどうかである。

　また，小規模なグループケアは，2～3人程度の固定された職員でチームを組んで対応することが多いだろう。それは，その人たちの生活の価値観，もしくは職員自身の育てられ方がグループホームでの生活に反映されやすくなることを意味する。

　むろん，職員の「カラー」が出やすくなるのはあたりまえであり，それ自体が問題であると言いたいのではない。重要なことは，職員の価値観等が反映されたそのホームの暮らしが客観的に見て，子どもの成長にとって望ましいものとなっているかどうかなのである。したがって，その生活を評価するような仕組みも必要になってくる。こうした仕組みは，夫婦関係で子どもを養育する里親やファミリーホームにはより必要ではないだろうか。

　また，小規模であればあるほど，より家庭的であることを子どもに実感さ

せることができるといえよう。長期間の施設生活を余儀なくされる子どもの場合，自らの住む場所が自らの家であるという実感，つまり所属感をもつことはその成長にとって必要なことであるといえよう。

2）地域化からみた生活形態の特徴

　小規模化している施設であっても，その敷地内にグループホームが点在している場合と完全に地域の中にある場合がある。この違いはどこにあるのだろうか。それは，管理者に「生活が見える」ということと関連しているように思う。敷地内にあれば，子どもや職員の様子はより把握しやすいのである。声も聞こえてくれば，対面する機会も必然的に多くなるからだ。逆にいえば，完全に地域の中に出ている場合は，その生活の様子が見えにくくなるということになる。

　子どもたちの育ちにとってはどうなのだろう。そうとばかりは言い切れないが，敷地内にある場合には，子どもは施設内の子どもとより遊びやすくなるという側面はないだろうか。外に出ていく必然性があまりないからだ。

　近所づきあいも同じことがいえるのではないだろうか。地域の中にあった場合の方がより近所の方と日常的に挨拶を交わす，また地域の行事等に参加するなかで知り合うという機会が多くなる。こうして，子どもは地域のさまざまな人とのふれあい方やその人たちの価値観にふれていくことができるのである。

　また，地域の中にある場合は，その生活に必要な物品を近隣のスーパーなどに買いに行く頻度が多くなるだろう。子どもはそうした体験のなかで，物の値段やお金を使って物を売買することを自然と学んでいく。逆にいえば，敷地内にある場合等は，子どもの社会化に向けての意識的な取り組みが必要な場合もあるだろう。

3）人（その属性）からみた生活形態の特徴

　前述してきたように小規模施設や里親の方が，子どもとの関係が固定されやすい。施設であれば，職員には休暇があるので交替で勤務することになるが，小規模施設や里親家庭なら，養育者は変わることなく存在する。もっと

いえば、職員は辞めることがあるが、里親は基本的には子どもがそこを離れていくまで存在しているのである。

子どもにとってこの意味は大きい。関係の永続性が保障されるという安心感は、日常の生活や関係性を構築していくうえで大切であるといえよう。

だが、裏を返せば、子どもと職員・里親はその関係から容易には逃れられないということである。平易に言えば、「この子は嫌ですから関係を終わりにします」ということは言えないのである。ゆえに、子どもと職員・里親のマッチングをどうするか、そのアセスメントは慎重すぎるほど丁寧に行う必要があるだろう。

また、里親の場合は、委託された子どもを実子と共に養育する場合がある。委託された子どもは、自分が実子と同様の扱いをされているかにとても敏感になる。里親が同じ扱いをしているつもりであっても、子どもは少しのずれにも敏感に反応することがあるということを十分に意識しておく必要がある。

養育者の属性について、施設職員が本体施設からの派遣のようなかたちで子どもを養育している場合と、里親やファミリーホームで単独で養育している場合の負担感の違いをどう考えるかも大切である。

むろん、地域でグループホームとして養育している場合、本体施設から離れており、すぐに支援を受けられるわけではないという心理的負担感はより大きいと考えられる。本体施設といういわば明確な拠り所がない里親やファミリーホームの負担感はより強いかもしれない。こうした状況のなかでのサポートをいかに仕組みとして整えていくか、心理的負担感をより小さくしていくための仕組みづくりが求められているといえるのである。

4. 自立支援と生活形態の今後の課題

最後に、子どもの自立支援を生活形態という観点から捉えた場合の今後の課題について2点述べておきたい。

1) 子どものニーズに応じた生活形態の選択をめぐる課題

長期的な施設生活を余儀なくされる子どもがいる。こうした子どもがやが

て自ら家庭を構築していくことを考えると，地域に存在し，より小規模で家庭的機能をもつ生活形態で養育する方が望ましいといえるのかもしれない。家庭モデルを自ら内在化するという意味においてである。

一方，たとえば中学生までといったある年齢に達するまで家庭にいた経験をもつ子どもや，施設入所後も家庭に帰省できる条件をもっている子どものような場合には，比較的人数の多い子ども集団で生活していくことが可能といえるのかもしれない。

いずれにせよ，子どもの成長という観点からどのような生活形態で養育することが望ましいのか，そのアセスメントを丁寧にすることがまずは必要であろう。そしてそのアセスメントをふまえて，その成長にふさわしい生活形態を選択できる条件づくりが求められる。

こうしたことを考えると，現状はその整理があいまいであり，量的にも大舎制に偏りすぎているという課題が指摘できよう。

2）マネジメントにおける課題

もう一つの，そしてこれこそが小規模化を推進していく今日においてより重要であると考えられる課題は，小規模化したホームを支えるマネジメントの仕組みを整えることであろう。

仕組みを整えていく際に必要になる観点は，まずは「状況を把握する」ことである。離れているからこそ見えにくくなることは前述した。単純なことであるが，管理する職員が定期的に（できれば毎日）職員の顔を直接見て話をすることが重要である。そして，可能であれば，そのホームに管理職員が出向くことが必要であろう。本体施設に職員が出向くこともあってもよいだろうが，そこで職員が構えてしまう恐れがある。日常を暮らしている場であるからこそ職員も「素顔」である可能性がある。そして，生活の場に足を入れることで生活の様子もまた情報収集できる。たとえば，部屋のちらかりようで職員の疲労度や子どもたちの生活の様子がうかがえることもある。また，時には，管理職員が日々の生活に入ることも必要であろう。

次に必要な観点は「相談と助言」である。前日にあったことは翌日のミーティングで語られることになるだろうが，そこで「ちょっとした相談や助

言」ができることが大切である。子どもの課題への対応に日々追われている職員は，自ら客観性を維持することは容易ではない。そして，現象面にとらわれがちになることも起こりうる。子どもの課題表出は，それほどまでに現実世界でどう対処するかを迫ってくるからである。

したがって管理職員が，まずは職員がかかわりのできていることを認め，褒めることを前提に，子どもの課題の本質をみつめる視点を提供すること，現象にふりまわされず，結果にとらわれすぎず，その子どもにとって何が大切なのかを共有することが重要である。そして，職員が疲弊していれば，人のサポートや労働時間の管理等を行うことも求められる。里親でいえば，レスパイトの利用を促すことも大切になってくるだろう。また，日々のやりとりで見えてくる職員個々の課題をその職員の成長につなげていくために養成をいかに展開していくか，研修制度との連動で職員養成のプランづくりを行っていくことも必要になるだろう。

こうしたマネジメント体制を整えることが小規模化の推進には必須の課題となるといえよう。

（山田勝美）

■参考文献
厚生労働省「社会的養護の課題と将来像」2011年
村井美紀「自立支援と生活形態」児童自立支援対策研究会編『子ども・家族の自立を支援するために――子ども自立支援ハンドブック』2005年

コラム 地域小規模施設での支援のあり方と留意点

　地域の小規模な児童養護施設を，どう活かすことができるのだろう。

　そこで長く担当者を経験してきた方々によれば，当初はメリットだと思っていた地域での生活が，逆にプレッシャーとなってしまったり，つながりを生み出すはずの小規模な生活が不安定要素や，家庭のまねごとになってしまったりするので，そうしたスランプ状態から抜け出すまでのワンサイクルには10年かかる，という。その過程では，どんなことが経験されるのだろう。いくつか掲げてみた。

1．思いのすれ違い

　そこで出会うことになる子どもは，自分から家庭と離れる選択をしたのでもなければ，新たな生活の場を選択できなかったことに不満をもっているのでもない。それ以前の，家庭からの分離という出来事が受けとめ難いため，疎外感や不信感をつのらせ，新たな生活の場に馴染もうとしなかったり，躊躇したり，不安を抱いたりしている。

　ところが，そこで一緒に生活をはじめる担当者は，子どもが家庭から分離されたことを是として語ったり，新しい生活の場の必要性や良さを子どもに説きやすい。しかし，そこに思いのすれ違いが起こる，というのである。担当者の思い入れる地域や小規模での生活という設定を，子どもたちが得心するようになっていくのは，ずっと後になってからである。

2．つながりの契機

　「傷つく辛い体験をした人は，ことの本質について的確な捉え方をする」という。子どもであっても，このことは変わらない。かかわろうとする担当者に対して「建て前でなく本当に自分に関心を寄せているかどうか」「それが純粋な気持ちからなのかどうか」，そこに子どもはセンサーを働かせている。

　そこでの担当者は，こうしたことを理解しながら，それに応じようとしていく姿勢をとり続けることによって「つながりの契機」を見つけ出す，という。そこに地域や小規模での生活という設定が，活かされていくことになるだろう。

3. 居心地の良さ

地域の小規模な施設での生活という設定について、子どもたちが居心地の良さを語るようになるのは、そこから巣立っていく頃になってからである。よく子どもたちが語るのは、自分の部屋、食事、団らん、レクリエーションなど、何気ない日常生活の中でのやり取りの想い出である。そうした環境には、担当者の日常生活のいとなみの中ににじみ出る感じ方、考え方が大きな影響を与えているはずである。

それが子どもの心を癒し、励まし、成長を促すことにつながっていると言いたくなるが、担当者に得られる手ごたえは、それよりも生活を通しての些細なこと、というのである。

4. 不確実性に向き合う

近年の社会的養護を必要とする子どもの多くは、「虐待」や「不適切な養育」を理由にしたケースである。そこに求められるのは、家庭や親を得られなかった子どもへの"育て"でなく、虐待体験や不適切な養育体験からの子どもの"育て直し"という難しさである。しかも社会的養護は、中途からの養育の引き継ぎとなる。

たとえ地域や小規模という利点があったとしても、そこで出会った子どもたちとの生活が行き詰まりを迎えてしまうことは避けられない、という。不確実性をともなうことであればこそ、それとの向き合い方も考えておかなければならないのだろう。

ある関係者は、次のように語っている。

もし子どもがうまく育ってくれたら、「前のところで蒔かれた種が、ここで花咲いた」と思うように心がけ、もし行き詰まったら「次のところで花咲くように」と、丁寧につないでいくことを心がける、と。これは10年のワンサイクルで経験することでなく、さらにその次の10年で味わうことなのかもしれない。

（伊達直利）

第7章……求められている養育者・支援者の資質と役割

Key Word　専門性／反省的実践家／自己研鑽

はじめに

　児童相談所による虐待対応処理件数は2011年度速報値では6万件に届こうというところまで来ている。社会的養護を必要とする子どもたちにおける被虐待児童の割合も，児童養護施設では53.4％，里親家庭では31.5％と，非常に高い数値となっている（2008年2月の調査）[*1]。

　このような数値的変化のみならず，入所児童の中の反応性愛着障害の傾向や，生来的な発達障害に加え，被虐待による影響で「発達障害」的な傾向を示す子どもが増加する等，質的な変化が社会的養護の現場の混乱に拍車をかけている。

　本章では，「児童養護施設運営指針」や「里親及びファミリーホーム養育指針」などを踏まえ，既存の社会的養護をとりまく環境とは量的にも質的にも劇的な変化が生じつつある日本の社会環境下において，社会的養護の担い手となる人たちに求められる資質・役割，さらには役割によって異なる「果たすべき責務」について概説していく。

[*1]　厚生労働省「社会的養護の現状について（参考資料）」（2012年1月）（http://www.mhlw.go.jp/stf/shingi/2r985200000202we-att/2r9852000002031c.pdf）

1. 運営指針・養育指針における養育者・支援者の資質・役割

1)「児童養護施設運営指針」「里親及びファミリーホーム養育指針」における養育者・支援者の資質・役割

「児童養護施設運営指針」および「里親及びファミリーホーム養育指針」では，養育者・支援者の資質・役割について次のように触れられている。

【養育を担う人の原則】
- 養育とは，子どもが自分の存在について「生まれてきてよかった」と意識的・無意識的に思い，自信を持てるようになることを基本の目的とする。そのためには安心して自分を委ねられる大人の存在が必要となる。
- 子どもの潜在可能性は，開かれた大人の存在によって引き出される。子どもの可能性に期待をいだきつつ寄り添う大人の存在は，これから大人に向かう子どもにとってのモデルとなる。
- ケアのはじまりは，家庭崩壊や親からの虐待に遭遇した子どもたちの背負わされた悲しみ，苦痛に，どれだけ思いを馳せることができるかにある。子どもの親や家族への理解はケアの「引き継ぎ」や「連続性」にとって不可避的課題である。
- 子どもたちを大切にしている大人の姿や，そこで育まれ，健やかに育っている子どもの姿に触れることで，親の変化も期待される。親のこころの中に，子どもの変化を通して「愛」の循環が生まれるように支えていくことも大切である。
- 養育者は，子どもたちに誠実にかかわりコミュニケーションを持てない心情や理屈では割り切れない情動に寄り添い，時間をかけ，心ひらくまで待つこと，かかわっていくことを大切にする必要がある。分からないことは無理に分かろうと理論にあてはめて納得してしまうよりも，分からなさを大切にし，見つめ，かかわり，考え，思いやり，調べ，研究していくことで分かる部分を増やしていくようにする。その姿勢を持ち続けることが，気づきへの感性を磨くことになる。

- 子どもの養育を担う専門性は，養育の場で生きた過程を通して培われ続けなければならない。経験によって得られた知識と技能は，現実の養育の場面と過程のなかで絶えず見直しを迫られることになるからである。養育には，子どもの生活をトータルにとらえ，日常生活に根ざした平凡な養育のいとなみの質を追求する姿勢が求められる。

（「児童養護施設運営指針」より抜粋）

【社会的養護の担い手として】
- 里親及びファミリーホームにおける家庭養護とは，私的な場で行われる社会的かつ公的な養育である。
- 養育者の家庭で行われる養育は，気遣いや思いやりに基づいた営みであるが，その担い手である養育者は，社会的に養育を委託された養育責任の遂行者である。
- 養育者は，子どもに安心で安全な環境を与え，その人格を尊重し，意見の表明や主体的な自己決定を支援し，子どもの権利を擁護する。
- 養育者は子どもにとって自らが強い立場にあることを自覚し，相互のコミュニケーションに心がけることが重要である。
- 養育者は独自の子育て観を優先せず，自らの養育のあり方を振り返るために，他者からの助言に耳を傾ける謙虚さが必要である。
- 家庭養護の養育は，知識と技術に裏付けられた養育力の営みである。養育者は，研修・研鑽の機会を得ながら，自らの養育力を高める必要がある。
- 養育者が，養育がこれでよいのか悩むことや思案することは，養育者としてよりよい養育を目指すからこそであり，恥ずべきことではない。養育に関してSOSを出せることは，養育者としての力量の一部である。
- 養育が困難な状況になった場合，一人で抱え込むのではなく，社会的養護の担い手として速やかに他者の協力を求めることが大切である。
- 児童相談所，里親支援機関，市町村の子育て支援サービス等を活用し，近隣地域で，あるいは里親会や養育者同士のネットワークの中で子育ての悩みを相談し，社会的つながりを持ち，孤立しないことが重要である。

- 家庭養護では，養育者が自信，希望や意欲を持って養育を行う必要がある。そのために自らの養育を「ひらき」，社会と「つながる」必要がある。
 （「里親及びファミリーホーム養育指針」より抜粋）

2）「児童養護施設運営指針」「里親及びファミリーホーム養育指針」から読み取る「求められている養育者・支援者の資質」

　この2つの指針から共通して読み取れる養育者・支援者に求められている資質は，主に次の5つの内容である。
(1) 子どもの権利擁護を保障するための資質
(2) 子どものモデルとしてともに生き育つ存在
(3) 子どものニーズに対応した適切な養育・支援をするための知識・技術・態度
(4) チームワーク・ネットワークによって養育・支援する力量
(5) 養育・支援の質の向上のための自己変革力

　それでは，ここで，この5つの資質について簡単に説明する。

(1) 子どもの権利擁護を保障するための資質

　子どもの権利擁護を保障するための資質とは，子どもの人格を尊重し，生きる・育つ・守られる・参加するという4つの権利を保障するために，養育者・支援者に課せられた責務を遂行する資質である。
　ⅰ）より健康な心身をつくるための養育や病気の治療および健康の回復のための処置がとられ，健やかに生きる権利を保障すること，ⅱ）「生まれてきてよかった・生きてきてよかった」といった感覚・認識の形成や，潜在的な能力や可能性などを発達・成長させるための養育や教育がなされ，育つ権利を保障すること，ⅲ）安心感・安全感などが得られる養育環境や幸福，愛情および理解のある雰囲気の中で，あたりまえの生活を営み，守られる権利を保障すること，ⅳ）自分の意見表明や主体的な自己決定への支援および相互の合意や納得に基づくコミュニケーションなどにより参加する権利を保障すること。養育者・支援者は，この4つの権利を保障するために課せられた責務を果たすことのできる資質を養うことを求められている。

(2) 子どものモデルとしてともに生き育つ存在

子どもとの日常的な生活を営む上で大切なのが自己開示である。養育者・支援者は，ありのままの自分を引き受け，かけがえのない大切な一人の人間として，また自己の不完全さをさらけ出しながらもともに成長する存在として，子どもに寄り添いながら楽しく豊かに生活することを求められている。このような子どもにとってのモデルとなる生活を営む養育者・支援者の存在が必要なのである。

(3) 子どものニーズに対応した適切な養育・支援をするための知識・技術・態度・価値

養育者・支援者は，子どものニーズに対応した適時適切な言語的・非言語的なコミュニケーション，あるいは子どもが自己開示できるようになるまでその心情に寄り添いながら時間をかけて「待つこと」など，子どもの様々なニーズに対応する適切な養育・支援をするための知識・技術・態度・価値を身につけることを求められている。

(4) チームワーク・ネットワークによって養育・支援する力量

養育者・支援者は，一人で抱え込まず，相互に尊重し，相談し，支援し，協力しながら，チームとして，またその一員として子どもや保護者などへの養育・支援をすることのできる力量が求められている。また，養育者・支援者は，地域社会や児童相談所，里親支援機関，市町村などの関係機関によるネットワークと連携・協働して，子どもや保護者などへの養育・支援をすることのできる力量を求められている。

(5) 養育・支援の質の向上のための自己変革力

養育者・支援者は，よりよい「支援の質」を追求する姿勢を持ち，現場における生きた実践過程の中で，常に謙虚に自らのあり方を問いつづけ，研修，スーパービジョン，ケースカンファレンス，研究などを通して，自己研鑽，自己変革していく資質が求められている。

この5つの資質については，運営指針を策定した他の児童福祉施設の職員であっても，求められている資質である。またこの5つは，母子生活支援施設の対象である母親を支援する上でも十分に通用する資質でもある。

社会的養護を行う養育者・支援者は，「児童養護施設運営指針」と「里親

及びファミリーホーム養育指針」から共通して読み取れたこの5つの養育者・支援者の資質を念頭に置くことが求められている。その上で、特に家庭養護を行う養育者・支援者には、その長所を伸ばしながらも、短所を直していくために地域社会や諸関連エージェントとの関係形成、研修受講・自己研鑽を通じて自らを高めていくという態度が求められている。

2. 施設養護の担い手に求められる資質と役割

1）保育士・児童指導員の資質と役割

2013年より、児童福祉施設最低基準が条例委任されるが、人員配置、居室面積基準、人権に直結する運営基準については、「児童福祉施設の設備及び運営に関する基準」の大枠が遵守される方向性となった。したがって、保育士と児童指導員が施設養護における直接支援を担う主たる職員であるという位置づけは変わることなく続いていくこととなる。

保育士資格は2003年より国家資格化され、また2011年度からはカリキュラムの改正が行われ、「相談援助演習」が新設されたほか、「児童家庭福祉」「社会的養護」「社会的養護内容」等が名称変更されると共に講義内容も社会的養護分野における現代的な課題やそれに対応するための援助技術を学ぶことができるように変更がなされた。

一方、児童指導員は社会福祉士有資格者や精神保健福祉士有資格者が要件として規定されたが、「学校教育法の規定による大学の学部で、社会福祉学、心理学、教育学もしくは社会学を専修する学科又はこれらに相当する課程を修めて卒業した者」という旧来の規定も残されている。心理学、教育学、社会学を専修した大学卒業生というだけでは、児童家庭福祉や社会的養護について学んでいないことも多い。幅広い人材を受け入れるという意味ではこの要件は機能しているが、大学における教育で学んだ知識をそのまま社会的養護の現場に応用するという意味では課題も多い。

保育士養成の現場では、近年「反省的実践家としての保育士」「成長し続ける保育士」という保育者像について議論がなされている。**資格取得はあくまでもスタートラインであり、資格を取得する過程はその後現場における**

OJT（職場内研修）などによって反省しながら成長していくための助走期間であるという考え方である。施設養護の現場で働く人間にとっても，このことはまさに当てはまると言える。

　前述した5つの基本的な資質を土台としながら，「社会的養護の課題と将来像」で論じられている「養育機能」「心理的ケア等の機能」「地域支援等の機能」という社会的養護の3つの機能を，与えられた役割と個別の子どもへの支援という具体的な状況の中で実施していくことが保育士・児童指導員の役割であるといえる。

2）心理療法担当職員の資質と役割

　児童養護施設等において，虐待，ひきこもり等の理由により心理療法が必要と児童相談所長が認めた子どもが10名以上入所している場合，心理療法担当職員を置かなければならない。1999年の導入から徐々に設置が進んできているが，施設入所児童の心理的ケアに関する教育プログラムを持つ大学・大学院もまだ少なく，配置された職員も個別の遊戯療法等を行いながら手探りで施設内における自らの役割を探るところからスタートすることが多い。

　しかしながら，前述の通り入所児童の被虐待率が上昇する中で，心理療法担当職員に期待される役割は非常に多く，多くの心理療法担当職員は日々悩みながら実践を行っている。

　心理療法担当職員も，前項で紹介した「子どもの養育を担う専門性は，経験によって培われる必要があり，日常生活に根ざした養育の質の向上を追及すべき」という姿勢を基本的な資質としながらも，保育士・児童指導員とは異なる役割を担うべき点に留意が必要である。

　基本的には子どもと保育士・児童指導員との生活場面における関係形成を，個別心理療法や集団心理療法等を用いながらサポートするというスタンスが求められる。また，保育士・児童指導員と信頼関係を形成する中で，特に心理面におけるコンサルテーションを行う役割も期待されている。

> **Episode**
>
> **「絵カード」を使用しろと言われたけれど……**
>
> エミちゃん（小学2年生）は、母親から暴力・暴言を受けて児童養護施設に入所した。児童相談所の援助指針には、エミちゃん自身のアスペルガー障害も母親の虐待の要因となっていた旨が記されていた。実際にエミちゃんのこだわり等は激しく、毎食時に適切な時間で食事を切り上げることができず、登校時間に遅れることが続いていた。
>
> 　主任児童指導員がアスペルガー障害児の養育には「絵カード」が有効であることをケース会議の場で提案した。この提案を受け、担当保育士はエミちゃんの食事テーブルに「時計の写真」を張り、「とけいのはりがここにきたら、しょくじをやめて、がっこうにいくじゅんびをするよ！」というメッセージを添えた。
>
> 　しかしながら、エミちゃんの遅刻はなかなか解消されなかった。翌月のケース会議にて、行動の改善が見られないことに疑問を感じた心理療法担当職員が、実際の「絵カード」を確認した。すると、「絵カード」の写真と食堂の実際の時計とが、似ても似つかないデザインだったことが判明した。
>
> 　心理療法担当職員は、「絵カード」を実際の時計の写真で作り直すように提案すると共に、担当保育士になぜアスペルガー障害の子どもに絵カードが有効なのかを、アスペルガー障害の子どもの心理メカニズムとともに分かりやすく説明した。
>
> 　このコンサルテーションが功を奏し、エミちゃんの登校遅れが改善されると共に、他の場面でのこだわり行動を改善するためにも、絵カードが効果的に活用されるようになった。

　また、情緒障害児短期治療施設（情短施設）では、概ね子ども10人につき1人以上の心理療法担当職員を置かなければならないことになっている。その心理療法担当職員に求められる資質や役割については、情緒障害児短期治療施設運営指針の中で次のように述べられている。

【心理士に求められるもの】
- 情短施設の心理士に求められるものは，総合的な治療・支援の中心的な役割を担うことであり，そのために，
    (a) 医師と協働して，発達的，精神病理学的観点から子どものアセスメントを行い，生活の場の様子，家族や施設の職員，子どもたちとの関係を考慮して，治療方針を考えること（ケースフォーミュレーション），
    (b) 家族，施設のケアワーカー，医師，児童相談所の児童福祉司や学校の教員など，子どもの関係者に治療方針を伝え，それぞれの支援者の子どもへの支援が齟齬がなく協働できるように調整すること（ケースコーディネート），
    (c) このような総合的な治療を進めていくこと（ケースマネジメント），
    (d) そして，子どもとどうかかわるかなどについて，ケアワーカーや学校の教員の相談にのること（コンサルテーション）

などが求められる。
- 心理士は，子どもや家族がどのように周りの世界を見て感じているか，そのような状況でどう振舞おうとするかを常に理解しようとする真摯な態度を保つことが基本として求められる。そして，考えたことを相手に理解できるように伝えることが求められる。また，その子どもや家族が様々な困難や苦境の中今まで生きてきたことに対する畏敬の念を持って，かかわることが基本である。
- その上で，治療方針を立て，治療を進めるために，スーパービジョンを受けたり，研修，研究を積み重ねて，自分の実践を振り返り，専門性を高めることが必要である。

（「情緒障害児短期治療施設運営指針」より抜粋）

3) 家庭支援専門相談員の資質と役割

家庭支援専門相談員（ファミリーソーシャルワーカー）は，2004年度から常勤配置が始まった施設入所児童の家庭復帰等を支援する専門職である。「児童養護施設運営指針」における「養育のあり方の基本」でも，「従来の『家庭代替』機能から『ファミリーソーシャルワーク』への転換が求められてい

る」とされていたように，まず保育士・児童指導員は単なるケアワーカーではなくレジデンシャル・ソーシャルワーカーとして機能しなくてはならない。その上で，さらに家庭支援専門相談員と連携しながら入所児童だけでなく，家族に対する支援を行うことで，「家族システム」の全体に対する包括的な支援が期待できる。家庭支援専門相談員には，保育士・児童指導員が子どもとの直接支援において果たしている役割を深く理解した上で，適切なソーシャルワーク技法を用いて子どもと家族の双方を支援するという役割が期待されている。

4）医療職（医師・看護師）の資質と役割

児童養護施設の場合，乳児を入所させている施設は看護師を置かねばならない。また，嘱託医等として施設にかかわっている医師も多い。

施設養護の現場における医療職の役割は，子どもの健康を守ることはもちろんであるが，児童相談所では見過ごされていた身体的虐待の痕跡に気づくことや，発達障害等に関する診断，投薬管理への協力等，多岐にわたる。

自らの身体を守ることを知らずに育ってきた子どもにその大切さを伝えたり，医療ネグレクトの環境下にあった子どもに恐怖心を持たずに治療を受けられるように発達段階に応じたプレパレーション（心理的準備）を行うなど，施設入所児童の特質を理解した上で，医療行為を行うことが求められる。

また，情緒障害児短期治療施設のように，常勤の医師が配置されている場合には，医師による治療が必要な子どもに対する適切な治療や他職種への支援をすることが，医師の大切な役割である。

医師の役割としては，ⅰ）治療が必要な子どもへの診療を定期的かつ必要に応じて行うこと，ⅱ）子どもの状態によって向精神薬などの服薬や治療が必要となる場合には，子ども，保護者，児童相談所などへのインフォームドコンセントを行い，同意をとること，ⅲ）子どもの治療的ケアなどについて，他職種の職員へのスーパービジョンや研修を実施すること，などがある。また，医師は，他の職種の職員にとってみれば，緊急の問題発生時など，いざという事態に対して中心的な役割を担い，適切に処置してもらえるという安心感を与える存在でもあり，職員のメンタルヘルスにも役立っている。

5) 調理員・栄養士の資質と役割

2005年に食育基本法が成立し,「食育によって国民が生涯にわたって健全な心身を培い,豊かな人間性を育むこと」が目的として掲げられた。また,2010年には厚生労働省雇用均等・児童家庭局母子保健課から『児童福祉施設における食事の提供ガイド——児童福祉施設における食事の提供及び栄養管理に関する研究会報告書』が出され,「食事の提供」と「食育」とを一体的な取り組みとして行うための基本的な枠組みが提示された。

単なる「栄養管理」にとどまらず,「心と体の健康の確保」「安全・安心な食事の確保」「豊かな食体験の確保」「食生活の自立支援」という目標に向け,保育士,栄養士,調理員,そして他の施設職員がそれぞれの持ち味を活かしながら,よりよい食事の提供を行うことが求められている。

また,施設によっては,子どもの調理実習を,調理員や栄養士が調理室で実施している。このような場合には,子どもを支援するための一部を担うことになるので,調理員や栄養士は,子どもへの支援の基本を身につけておくことが求められている。

エピソードとしては,調理実習に行った子どもが,調理員にほめられ,調理が好きになって,卒業後,飲食店に就職して腕を磨き,自分で店を持ったという例もある。

6) 施設長の資質とリーダーシップ

2012年4月の民法改正により,児童相談所長および施設長による親権代行権が強化された。今回の改正によって,これまでは「児童の監護等に関しその福祉に必要な措置をとることができる」といった曖昧な規定であったが,親権者による不当な妨げを退けることができるようになり,また必要な場合には親権者の意に反しても子どもの生命・安全を守ることができることとなった(第2章参照)。

施設長であることは,単に施設の長であるのみならず,入所児童一人ひとりの親権を代行する存在であり,一段とその責任が重くなったといっても過言ではないであろう。自立支援計画の立案,被措置児童虐待防止,施設運営改善を先頭に立って指揮する立場にあることから,児童福祉に関する高い見

識と，運営能力が求められている。さらに，2012年度以降は3年に1回，第三者評価を受審することが求められている。

このように施設長の権限が強化されるとともに，管理者責任の重みは増している。しかしそのような中でも，施設長は入所児童一人ひとりの様子を自らの五感で確認し，また職員一人ひとりの成長の様子を確認しながら適切な助言を行うという，スーパーバイザーとしての基本的な役割を忘れてはならない。

3. 家庭養護の担い手に求められる資質と役割

家庭養護の場合には，有資格者が専門家集団の中で子ども理解の視点や養育技術を学びとるといった，戦後の施設養護を支えてきた条件を前提とすることができないという背景がある。

この中で，家庭養護の担い手たちは，自らが行う養育が「私的な場で行われる社会的かつ公的な養育」であるという役割意識を十分に持ち，独善的で閉じられた養育にならないように注意を払う必要がある。

長年，里親の支援に携わってきた岩崎美枝子は，家庭養護において養育者と子どもとの関係が成立するまでに3日から1週間ほど続く「見せかけの時期（子どもが良い子を演じる）」，3日目前後から半年，場合によっては1年ほど続くという「試しの時期（どんな自分でも受け止めてもらえるのかを試す）」，そしてこれらの過程を経て「親子関係が形成される時期」へと至ると論じている。ところが，この「試しの時期」に養育者はありのままの子どもの姿を受け止めることができず，つい養育者にとっての良い子を求めてしまい，必要以上に叱責したりという悪循環が形成されることとなる。

家庭養護の担い手には，上記のような典型的なメカニズムを理解し，必要に応じて他者からの支援を受け，時にレスパイト休暇なども取りながら，じっくりと腰の据わった養育を行うことが求められる。

むすびにかえて

本章の冒頭に記したように，被措置児童の質量の激変の中で，私たちは養

育の困難性に対応していかねばならない。施設の小規模化と家庭養護重視の方向性が進む中で，ベテランの養育を直接見ながら，「背中で学ぶ」ということが難しい状況が生じ始めている。

そのような中で必要となるのは，「児童養護施設運営指針」など各種別の運営指針における「養育のあり方の基本」および「里親及びファミリーホーム養育指針」における「家庭養護のあり方の基本」などを自らの養育の基本線として頭に入れて，施設養護であれば施設長から保育士・児童指導員までのチームで，そして家庭養護であれば里親会やファミリーホーム協議会等をはじめとしたネットワークの中で，**自らの実践が「社会的養護」であることを常に意識して「開かれた養育」**を行うことである。

紙幅の関係上，各論については十分に論じられなかったが，ぜひ「児童養護施設運営指針」および「里親及びファミリーホーム養育指針」などを熟読し，社会的養護に従事する養育・支援者に求められている資質と役割を理解した上で，一人ひとりの子どもたちに向き合っていっていただきたい。

(鈴木崇之)

■参考文献

児童自立支援対策研究会編『子ども・家族の自立を支援するために——子ども自立支援ハンドブック』日本児童福祉協会，2005年

家庭養護促進協会編『血のつながりを超えて親子になる（改訂版）』2004年

加藤尚子編著『施設心理士という仕事——児童養護施設と児童虐待への心理的アプローチ』ミネルヴァ書房，2012年

厚生労働省「児童養護施設運営指針」（厚生労働省雇用均等・児童家庭局長通知，2012年3月29日）2012年

厚生労働省「里親及びファミリーホーム養育指針」（厚生労働省雇用均等・児童家庭局長通知，2012年3月29日）2012年

小木曽宏・宮本秀樹・鈴木崇之編著『よくわかる社会的養護内容』ミネルヴァ書房，2012年

コラム　施設職員の倫理綱領

　施設職員は子どもとその家庭への支援の専門職である。専門職には，その専門職の目指すもの，その仕事を行ううえで守らなければならないことなどが定められている。これを倫理綱領といい，社会的養護を担う施設職員にも定められている。入所している子どもをどう支援するかはもちろん，子どものみではなく子どもの家庭，そして施設をとりまく関係諸機関や地域などとの連携など，その責務は幅広く，そして深いものである。

　たとえば，児童養護施設の倫理綱領には，全国児童養護施設協議会で2010年5月に策定された「全国児童養護施設協議会倫理綱領」がある。ここでは，原則として，児童養護施設にかかわるすべての役員・職員が，「子どもの権利に関する条約」や「児童福祉法」などをはじめとする，子どもの権利や子ども福祉に関する宣言や法律，そして「児童福祉施設の設備及び運営に関する基準」といった子どもの福祉施設にかかわる基準など，さまざまな法律や基準，宣言において定められた理念や規定を遵守することがまず謳われている。また，これらを順守するとともに，すべての子どもを，人種や性別，年齢，障害，経済状況など，個々の違いの如何を問わず一人ひとりをかけがえのない存在として尊重することも謳っている。さらに，入所してきた子どもが安心・安全な生活を送ることができること，子どもの意思を尊重すること，自己実現と自立のための継続的支援の保障などを通した子どもの最善の利益の実現を目指すことを使命として挙げており，このうえで，倫理綱領として，以下の10項目が挙げられている。

　①私たちは，子どもの利益を最優先した養育をおこないます。
　②私たちは，子どもの理解と受容，信頼関係を大切にします。
　③私たちは，子どもの自己決定と主体性の尊重につとめます。
　④私たちは，子どもと家族との関係を大切にした支援をおこないます。
　⑤私たちは，子どものプライバシーの尊重と秘密を保持します。
　⑥私たちは，子どもへの差別・虐待を許さず，権利侵害の防止につとめます。
　⑦私たちは，最良の養育実践を行うために専門性の向上をはかります。
　⑧私たちは，関係機関や地域と連携し，子どもを育みます。
　⑨私たちは，地域福祉への積極的な参加と協働につとめます。

⑩私たちは、常に施設環境および運営の改善向上につとめます。

(全国児童養護施設協議会HPより抜粋)

　このように、施設職員という専門職として子どもの支援にあたるということは、単に家事や雑務をこなし、子どもに日々安全で規則正しい生活を提供するというものではない。また、これらの項目は一見あたりまえのことが書いてあるように見えるが、どれひとつとして、それほど簡単なものではない。なぜならば、児童養護施設に入所している子どもたちは、それぞれ家庭で暮らすことのできない理由があり、虐待や貧困、養育者の疾病・障害・依存症や服役、子ども自身の障害などさまざまな事情を抱えている。このため、「子どもたち」への支援ではなく、「○○ちゃん(○○くん)への支援」という、一人ひとりに応じた支援を日々の生活を通して展開することが重要だからである。また、子どもの支援においては、子ども個々のニーズや背景、個性や性別、年齢や発達段階、障害の有無などの違いに応じて、一人ひとりにとって最善の支援を日々つくっていかねばならないだけではなく、子どもへの支援とともに家庭への支援を展開し、地域や関係諸機関とも連携して支援にあたるというように、その使命は非常に幅広く、深い。このため、施設職員には専門職としての多くの専門知識・技術が求められる。それに加え、不適切なかかわりを展開しないよう専門職としての自己のコントロールや施設内外との連携力の強化、自己研鑽の機会を持つなど、自分を常に高める努力をし続けることが求められるのだ。こういった前提を通してこの倫理綱領を再読すると、その難しさと深さ、その一方でその奥深さとやりがいを実感できるのではないだろうか。

　施設職員の倫理綱領は、各施設においても作成されてきており、原則にあたる部分にそれぞれの法人・施設の設立の趣旨に沿った内容を加えつつ、具体的内容については、上記の「全国児童養護施設協議会倫理綱領」に準拠しているものが多くみられる。非常に重要な倫理綱領ではあるが、心身ともに多忙な日々の支援のなかで、うっかりとその使命を忘れてしまうこともあるだろう。だからこそ、毎日の自分の支援について振り返るためにも、倫理綱領は重要な役割をもっている。

(谷口純世)

第8章……チームアプローチによる支援

Key Word 情報共有のシステム／ケースカンファレンス／スーパーバイズ／ひずみへの対応

1. 多分野協働におけるチームアプローチ

1）チームアプローチの必要性

　近年，社会的養護を必要とする子どもの多くは，不適切な養育環境を生き抜いてきた子どもたちであり，心身にさまざまな課題を抱えている。障害や疾病を抱えた子どももおり，子どものニーズは複雑で多様化している。ゆえに，子どもの支援には，生活のケアを中心に，ソーシャルワーク，医療的ケア，心理的ケア，教育等，多方面からのアプローチが必要となる。また家族への支援も重要となるが，経済的問題，地域からの孤立，家族間暴力，保護者の精神疾患等，家族もまた多領域にわたる課題を抱えている。こうしたケースと向き合うためには，多領域にわたる専門家が，それぞれの専門性を総合させ，支援していくというチームアプローチが必須となる。

　日本の社会的養護の歴史において，母性的かかわりが強調され，担当保育士が抱え込んで支援することを望ましいとみなす傾向は少なからずあった。戦災孤児等，保護者を失った子どもにとっては，母親的かかわりを主軸とするあり方はたしかに意味を持ち，また抱え込むほどの責任感も支援者に求められる要件の一つでもあった。しかしこのことが担当支援者に任せきった養育となり，支援者の抱え込みを助長させ，孤立した養育状況を作り出したとしたら問題である。そして近年の社会的養護の現場では，こうした状況が少なからず起きている。一人の支援者の抱え込みは，ケース理解の適切性や支援の実効性において独善的になりやすく，時には子どもの問題に巻き込まれ，

子どもと支援者の双方が傷つく危険さえ招いてしまう。重篤なケースほどその危険性は高くなる。チームで支援に当たることは，孤立した個人任せの養育を防ぎ，支援者-子ども関係で生じた不測の事態に対しても迅速な対応を可能とする。つまりチームアプローチは適切な養育を維持するセーフティネットの意味も含むものとなる。

また子ども虐待ケースが増加している社会的養護の現場では，ここ10年，支援者のバーンアウトが問題となっている。バーンアウトとは，援助を行い続けた結果，支援者が燃え尽き，意欲を喪失することである。しかし現状をみると，支援者は日々の養育の中で子どもの罵声を浴び，暴力を受けるなど，心身への傷つき体験が繰り返されている。「燃え尽き」よりも，「傷つき体験」による心的ダメージから支援への熱意が奪われ，時にメンタルヘルスさえ脅かされる事態が生じている。支援者のバーンアウトや傷つき体験を少しでも緩和できるよう支援者をサポートする体制が必要で，チームアプローチはこの意味からも重要となる。

ところが児童福祉施設を離職する支援者の中には，支援チームの中にいたことでの辛さを語る者も少なくない。支え合うはずがそうではなく，逆に自分を脅かすものだったのなら本末転倒である。もちろん支援者の資質や姿勢に問題があり，職員関係がこじれる場合もあろう。しかし中には職員集団間の対立に巻き込まれ，不条理な中傷を受けるなど，そうとばかりは言えない場合があるのも事実である。

社会的養護の支援は，子どもとの関係と支援者同士の関係抜きには成り立たない。しかも近年日本の社会的養護がめざしている家庭的養育は人間関係の情緒的交流がより濃厚となる形態であり，このことは，工場や販売店など商品の生産や販売などを目的とした職場などとは根本的に異なる。そこは親密な関係性を基盤に置いた生活の場であり，こうした人間関係から抜け出ることはありえない。ゆえに支援者は基本として支援者同士の関係が良好に維持されることを強く意識し，そう努めなくてはならない。

良好な支援チームは，それだけで子どもの回復と育ちを促す大きなエッセンスとなりうる。基本として支援者同士の関係が良好な施設や夫婦の仲が良い里親家庭では，日々の援助に困難な事態はあっても，基調として子どもが

元気で明るく暮らす雰囲気がある。一般家庭でも夫婦関係の悪化が子どもにマイナスであるように，関係がひずみきったチームの現場では，ただでさえ対応の難しい子どもに対する適切な援助は望めない。その逆に，支え合う大人の関係を目の当たりにできたら，不信感の強い子どもたちにとって，人間は信頼し支え合える存在であることを知る重要な機会となりうる。支え合うチームをいかに作りあげるかは，近年の社会的養護の現場では大きな課題なのである。

2）チームアプローチの難しさ

しかし一方で，チームはひずみやすくもあるというジレンマを抱えている。困難なケースであるほどにチームの連携や協働を脅かし，支援者同士のすれ違いを生じさせ，知らず知らずチーム内にひずみを生じさせる。虐待ケースは，抱えた課題が重く，頻発する問題や思うように進展しない経過から，支援者の疲労感や無力感が高まりやすい。そのことが子どもに対応する支援者への批判へと転じやすくさせる。これを放置すると，ひずみは拡大し，仲の良かった支援チームが，仲の悪い辛辣な集団へと変貌する危険を高める。ひずみきったチームに身を置いた支援者は，子どもとのかかわりに困窮すると共に，支援者同士のかかわりに苦悩するという二重苦を抱える事態に陥る。また，ひずみが拡大し弱体化したチームは，子どもや家族の問題にチーム全体が巻き込まれ，支援者を身動きさせなくする。

ひずみは，多数の支援者のいる施設養護特有の問題と思われがちだが，けっしてそうではない。家庭養護であっても，夫婦間やその他の成員も含めた家族関係の中で生じ，委託された子どもを迎えた後，それまで仲の良かった家族関係が崩壊の危機に直面することは十分にありうる。また家庭養育は，家庭外の地域の関係者（地域住民を含む）や機関と連携することが必須となるが，こうした人々や機関との間においてもひずみは起こる。特に地域の関係者は，支援に対する理解が薄い場合が少なくない。その分，子どもの問題が地域関係者とのこじれを誘発しやすい。中には子どもが地域で起こした問題を契機に，その地域に住み続けることが難しくなった例もある。

チームのひずみはあらゆるところからはじまる。新たなケースを抱えたと

き，ケースが問題を頻発させたとき，新たな支援者がチームに加わったときなど，さまざまである。社会的養護に携わる者は，ひずみは起きやすいものと認識しておく必要がある。その上で，ひずみが起きにくいようチームの連携を日常から強化しておくことや，ひずみが生じた場合も，それを見過ごさず早期に気づき，事態が深刻になる前に起きていることを振り返り，その都度修復を繰り返すことが重要となる。この作業は社会的養護実践の要の一つと言ってもよく，施設のスーパーバイザー等，チームリーダーは，このテーマに先導的に取り組む必要がある。

2. チームアプローチを検討する視点

チームアプローチは，次の3つの視点から検討することが必要である。
①システム論からの視点
②力動的視点
③社会的属性のチームに与える影響

システム論からの視点とは，チームアプローチに必要な体制整備に関するものである。支援体制，勤務体制，情報伝達の仕組み，会議やケースカンファレンスの設定，養育の担当制も含めた役割分担，サポートおよびスーパーバイズ体制，ケースの緊急事態等への対応に関する取り決め等の整備である。チームはそれらが実情に即して有効に機能できるよう常に修正，工夫することが求められる。

しかし，どんなに素晴らしい体制が整ったとしても，日々起きる様々な事態が，支援者同士の関係に影響をもたらす。チームは生き物のように，良好に機能しているときもあれば，機能不全に陥るときもある。大切なのは，その時々の状態を正しく把握し，なぜそのような状態にあるのかを検討し，修復に向けた手立てを講じることである。このようにチーム内で生じる力動を扱う視点が力動的視点である。

最後は個々の支援者が持つ属性がチームに与える影響に関するものである。個々の支援者には，生まれながらの，あるいはこれまでに身につけた属性がある。性別，年齢，医師や心理職などの専門性，キャリアや業績，職場内の

身分などである。これらの属性はチームの人間関係や重要な決定事項等に影響を与えている。たとえば、会議の場でキャリアのある職員の前で若い職員は意見しにくい、また権威のある職員の意見に対して、盲目的に従ってしまうなどはその表れである。権威や専門的立場の意見が常に正しいとは限らず、時に重大な決定事項において間違った方向に導かれ、悲惨な結果を招くこともありうる。自分の持つ属性とその影響を自覚する必要があり、それはすべての支援者に求められる。以降、これら3つの視点から、支援チームのあり方について検討する。

3. チームアプローチのためのシステムの整備
　　── システム論的視点から

　チームアプローチが有効に機能するためには、様々な体制や取り決めが整備されている必要がある。この節ではシステム論的視点からチームが良好に機能するために、特に、情報の共有システム、ケースカンファレンスのあり方、スーパーバイズ体制に絞って述べる。

1）情報共有のシステム
　情報の伝達、共有はチームアプローチの基盤となる。日々の養育の中で、子どもの様子や家族状況など、得られた情報をチーム全体で共有しなければ、支援者がバラバラな対応をし、養育の一貫性、連続性が保てなくなる。情報を共有するためには、支援者同士がその都度伝え合うことも大切だが、記録、申し送り、カンファレンスなど一定のルールに則った情報共有システムが整備されることで確実かつスムーズなものとなる。
　（1）記録
　記録は日々のエピソードや気づきを記録するものから、当直記録、家族支援記録、心理治療記録など、場面や内容によって様々なカテゴリーに分けられる。チーム内で必要な記録を検討し、カテゴリー別に、チームが共有しやすいルールを構築することである。
　また記録を残すことで、過去の経過を振り返ることが可能となる。子ども

と生活を共にしていると，漸進的に進む子どもの成長に気づきにくいものだが，記録を振り返るとそれが明確となる場合が多い。子どもの育ちを実感することは，子どもにとって重要なレジリエンスとなるが，チームにとっても大きな力となる。

　記録は，子どもが生きた軌跡となるものである。施設や里親宅で成長できたという証は，施設や里親宅を離れて時間が経過するほどに，より大きな意味を持つことになる。

(2) 申し送り

　申し送りは，一日の勤務シフトが替わるごとに，役割を終えた支援者からこれから始まる支援者に，子どもの状態，エピソード，その日の活動予定などを伝え，動向を共有することである。これがないと場当たり的な一日となり，支援者のみならず子どもも混乱し，トラブルが発生することとなる。また施設や里親家庭内にとどまらず，施設外の機関，特に日々そこで暮らす幼稚園や学校との申し送りも重要である。施設や里親家庭で生じた情緒的な揺れが幼稚園や学校場面に持ち込まれることは多く，その逆もしかりである。互いが情報を共有することで，今起きていることの背景が理解でき，次の場面への影響を考慮してかかわることが可能となる。

2) ケースカンファレンス

　ケースカンファレンスは，対象となる子どもの状態を振り返り，理解を深め，より適切な支援方針を設定するための重要な会議である。カンファレンスは，全体で行う定期的なカンファレンス，複数のケースの経過を確認し方針と矛盾することなく援助できているかを点検するカンファレンス，子どもに大きな問題が発生したときなどにその場の職員が集まって応急的対応を検討する緊急時のカンファレンスなど，複数のカンファレンスが考えられ，これらが重層的に整備されている必要がある。

　社会的養護ケースの場合，入所前に家族状況や生育歴，一時保護所での行動観察，心理諸検査等の情報を児童相談所（以下「児相」という）が把握しており，入所が見えてきた段階で施設は児相から情報を得ると共に，両者の主要メンバーによるカンファレンスが重要となる。それはアドミッションケ

における主要作業の一つとなる。

　子どもは入所後，生活に慣れるに従って，素の姿を見せるようになる。支援者は，それまで気づかなかった子どもの様子や思っていたのと違う子どもの姿に触れることとなる。入所後しばらくは，新たな情報把握と子どもへの理解が急速に展開するはずである。そのため，入所後2，3ヵ月後にはカンファレンスを行い，情報の共有と理解・方針の見直しを行う必要がある。その後は，子どもの成長や変化に応じて，定期的あるいは適宜ケースカンファレンスを設定することになる。チーム全体で行うカンファレンスには，事前の準備が必要である。ケースの報告者は，事前にカンファレンスのための資料を整えておかねばならない。そこには，家族構成，家族の状況，生育歴，かかわり始めてからの経過，現在の様子や問題点等が，検討時間も含め時間内に報告できる程度（2時間でA4用紙4～5枚程度）にまとめられていることが望ましい。こうした資料をまとめる作業そのものが，ケースを振り返る機会となりうる。また関係する機関の職員を招いて一緒に検討するカンファレンスも，機関協働を図る上で重要となる。

3）重層的なサポート体制とスーパーバイズ体制

　社会的養護の現場できわめて重要なことは，支援者を孤立させないことである。そのためには支援者が適宜相談できる体制が必要である。施設であれば職場の同僚，里親家庭であればパートナーが一番手の相談相手となろうが，支援に迷っているとき，子どもが見えなくなったとき，支援方針を見直したいとき，専門性と経験に長けた者に相談することが有益となる。その代表がスーパーバイザーである。スーパーバイザーは施設内の基幹的職員等，指導的立場の職員や外部の臨床家や経験者の場合もある。里親の場合は，外部のスーパーバイザーに相談することになろう。これによって，客観的な視点が提供され，冷静にケースを振り返り，理解を深める契機となる。相談し自分の悩みが受け止められた実感はそれだけでも大きな支えとなる。

　また子どもの暴力などによって対処が困難な場面など，他の支援者が間に入り心を落ち着けるよう対応するなど，緊急時に対応できる体制整備も近年の社会的養護の現状では必要となっている。支援者は，様々な形でサポート

を受け，守られなくてはならない．そのためには，担当の支援者を他の複数の支援者がそれぞれの立場で支え，そうした支援者たちをスーパーバイザーや管理職が支え，さらに関係する諸機関が必要な役割をとって協働し支えるという重層的なサポート体制を用意しておく必要がある．

4．チームの力動とひずみの修復──力動論的視点から

1）影響し合う3つの力動

　チームは生き物のように，常に一定の状態ではなく揺れ動いている．そこには3つの力動が存在し，それらが相互に影響し合っている．1つは支援者の心の状態，2つ目が支援者と子どもとの関係，そして最後が支援者同士の関係つまりチーム内力動である．支援者の心の状態は，穏やかなときもあれば，余裕を失って不調となり，ネガティブな感情が露わになるときもある．支援者と子どもとの関係も，常に良好とは限らない．子どもの問題から関係がこじれることは多い．支援者が直面する事態が困難であるほどに，支援者の心の余裕を失わせ，子どもとの関係も，虐待関係の再現性も加味されながら，ネガティブなそれへと陥りやすい．余裕を失い，支援が立ちゆかない状況は，「あの人のかかわり方がうまくないから問題が多発する」などと他者批判へと転じやすい．批判し合うチームは，支援者を支える方向と真逆となり，支援者の心の余裕と子どもとの関係をさらに悪化させていく．

2）ひずみが拡大するいくつかのパターン

　チームにひずみが生じるいくつかのパターンがある．一つは，子どもへの理解や対応のあり方の違いが，支援者間でのこじれへとつながるパターンである．子どもは場面やかかわる相手によって言動が異なるものである．特に人格の基底が育っていない子どもほど，場面ごとの違いは極端である．ゆえに，ある立場から見た子どもの理解は別の立場からみればずいぶんと違って感じられることはありうる．この認識がないと，それぞれの支援者の理解と対応の違いが，どちらが正しいかなどの無意味な論争となってしまう．

　齟齬が拡大し亀裂が生じた支援者双方が，互いに集団を形成して派閥を作

り，互いに拮抗する関係を構築してしまう場合もある。すでにチーム内にはいくつかのグループが何らかの属性を基盤に存在している。女性と男性，世代ごとのグループ，職種によるグループなどさまざまある。こうしたグループ間ではジェンダー葛藤などすでに何らかの葛藤を多少なりとも抱えている。派閥化の背景には，支援者間のこじれを契機に，これらの潜在する葛藤が刺激されて同じ価値観を志向する者同士の凝集性を強め，互いに対立的な方向へと進みやすいことがある。これを放置すると，グループごとの対立関係が硬直し，闘争的な場と化していく。そこで起きるのは情報の分断である。考え方の違う相手に情報を伝えても意味がない，あるいは誤解して受け止められたら困るという不信感や猜疑心が働くためである。

　さらに対立関係にあるグループ同士では，養育観の違いが相容れなくなり，互いの反発はそれぞれの養育観や姿勢を極端な方向へと進ませる危険をはらむようになる。そこに子どもが巻き込まれると，子どもへの行き過ぎた対応となり，時に人権侵害等の重大な問題に発展してしまう危険を高める。体罰を一定程度容認するグループとそれを認めず受容的支援を強調するグループが，互いに極端な方向へと進んだ結果，前者は暴力による支配性を強め，後者は子どもとの密着した関係性を強めてしまうなどが一つの例である。その結果，最後に待つのは，支援者による子どもへの権利侵害行為と施設の崩壊である。

　一人の支援者がチームの中で「孤立」してしまう場合もある。子どもの支援にはさまざまな困難が伴うが，時に子どもへの拒否感や嫌悪感を強めてしまうときがある。多くの場合，子どもの抱えた課題や問題の重さ，激しさが背景にある。責任感の強い支援者ほど，子どもに対する否定的な思いを否定して，自身を叱咤して耐えようとするが，努力とは裏腹に，否定的な気持ちはますます積もることになる。そうした気持ちが，やがては不適切な対応となる場合もあろう。また問題を頻発するケースの場合，施設全体でその子どもを抱えることが苦しくなり，その子どもの担当者に対して，「担当者がきちんとかかわれていないからではないか」などと批判の目を向けやすい。それによって支援者は，周囲に対して被害感を強め，しだいに孤立するようになる。時に支援チーム全体が子どもに対して否定的な気持ちを膨らませ，施

設であれば措置変更，里親であれば委託解除の言葉が飛び交うとき，子どもの良き資質とささやかでも子どもの確かな成長に気づき，支援を放棄すべきでなく，苦しいけれど今こそ皆で支え合い支援を継続すれば，必ず先の見通しが開かれると考える支援者もいる。そうした支援者も孤立しやすい。

3）解決に向けたカンファレンス

　悪化したチーム状態の修復にあたっては，こじれた関係性に対して，客観的に事態を見つめる第三者が加わり話し合うことである。スーパーバイザーは，定期的あるいは適宜，起きている事態について双方から話を聴き，適切な手立てを見いだすことが求められる。また，ひずみの多くは，支援困難な状況と関係している。そのため，ケースカンファレンスの中で，子どもと家族の状況への理解を深めると同時に，支援者と子ども及び保護者との関係性や支援者同士の関係など，チーム内で起きている力動まで視野を広げて検討することである。起きていることを冷静に振り返ることは，事態を理解し，不適切な対応にブレーキをかけることを可能とする。また困った事態を皆で共有する中で，子どもへのかかわり方など支援者の具体的な手立てや，周囲の具体的なサポートのあり方を検討することで，適切な支援の方向へと舵を切る機会となる。こうしたスーパーバイズやカンファレンスが適宜設定されることによって，支援者は歪んだチーム関係に苦悩することから守られ，自分が支えられている実感を得る。このことは支援者の大きな支えとなる。

4）権力闘争と社会的属性

　個々の支援者の持つ属性が，他の支援者やチームに何らかの影響を与えている。年齢，性別，役職，経験年数，専門分野などの属性は，その人の活動や発言等の価値づけを強めたり，弱めたりする。特に経験の長い支援者は，通常以上の期待が寄せられ，重要な決定を委ねられやすい。特定の支援者の判断で支援方針が決定されることが常態化した場合，誤った方向への判断を修正することを難しくさせ，チーム全体がその方向に導かれる危険が生じてしまう。子どもの理解や支援方針などの重要な方向づけは，複数の支援者の持ち寄る情報や理解が総合され，平等な立場で話し合われることで，より的

確なものとなる。

　時に修復が困難なほどに，支援者同士の対立構造が出来上がった施設がある。こうしたチームでは，力関係が重視されやすい。年齢，経験，役職，専門などが，権威や権力を示すことに使用され，対立するグループを支配しようと働き始める。こうしたパワーストラグル（権力闘争）が蔓延した施設では，支配と服従の関係性がはびこるようになる。支配服従の関係性は，被虐待児特有の対人関係の課題であることに留意する必要がある。彼らの多くはそうした大人の関係を嫌というほどに見せつけられてきている。施設入所後も同様の関係性を見ることは，彼らの対人関係課題の修復を妨げ，むしろ強化してしまう可能性を高めるだろう。子ども同士のいじめや加害の背景に，こうした大人の姿が影響していないかを点検する必要がある。リーダーの条件は権力を身につけ，周囲を支配するのではなく，皆の意見を集約でき，民主的な決定を先導する力である。特にスーパーバイザー（基幹的職員）に強く求められる要件である。

　子どもの養育は支援者自らを振り返る過程でもある。支援を通して，己を知り，懐の深い支援者として成長したい。支えあいの良好なチームはこの過程を促すものとなる。支援者が育つことは，チーム力のさらなる強化へとつながっていく。そして力のあるチームに属していることは支援者の誇りとなり，そのことがまた支援者を支えるだろう。こうした良好な循環過程が社会的養護の現場に根づいていくことを強く願う。　　　　　　　　（増沢　高）

コラム 有効に機能する支援者間のコミュニケーションのあり方

　施設の中での養育は，複数の職員による集団養育が中心である。一人一人の子どもとその子ども集団を，複数の職員からなるチームで育てていく。里親やファミリーホームにおいても，夫婦または複数の大人により子どもの養育を行っていく。子どもへの良質な養育，支援を展開するためには，支援者間の関係が良好であることが重要であり，そのためには，支援者間のコミュニケーションが鍵となる。

1．職員関係が子どもにもたらす影響

　夫との関係が良好で夫から支えられていると感じている母親は，子どもとのアタッチメント関係も安定しているという研究結果がある。こうした結果からも推察できるように，養育者集団（職員集団）の関係が良好で，互いが互いに支えられているという実感が得られている場合は，個々の職員と子どもの関係にもよい影響がもたらされる可能性が高いと考えられよう。このように考えると，協働して子どもの養育にあたる職員同士の関係をよく保つことは，「好き」「嫌い」や「(性格が) 合う」「合わない」を超えて，大切な仕事の一部であり，施設で子どもの養育にあたる職員にとって重要な職務の一つであるといえる。

2．施設職員のストレスNo.1は「職員関係」

　しかしながら，職員関係を良好に保つことは，たやすいことではない。実際に施設職員のストレスに関する研究をみてみると，ストレスの第1位は職員関係であるという結果が多くの研究から指摘されている。子育てにはその人のそれまでの生い立ちや育てられ方など，きわめてパーソナルでデリケートな部分が表面に現れてくる。施設職員として子どもの生活を支え育てる営みは，多くがその職員個人がもともと人として持っている力を土台としており，そこに専門的な知識や技術が加わって成立していると思われる。通常であれば人目にさらされたり触れられたりすることのない部分が，仕事という文脈の中で表面化し，そのことについて指摘や指導を受けたり検討することを余儀なくされる。これは，それ自体が大きなインパクトをもち，心理的疲労をもたらすと共に，職員関係の感情的こじれを生みやすくなる要因となっていると考えられよう。

3. 良好な職員間コミュニケーションを実現するためには

　それでは，こうした職員間の感情的こじれをできる限り少なく留め，良好なコミュニケーションを保つためにはどのようにすればよいだろうか。

　まずは，職員関係を良好に保つことは仕事の一部である，という意識を持つことであろう。私たちは，かかわりが難しい子どもや利用者と良好な関係を築くことを仕事として日々行っている。そうした点では，人間関係を形成し，良いものへと維持していく能力を，人並み以上に持っているといえよう。その力を良好な職員関係の形成や同僚とのコミュニケーションに活かしていくという視点が必要である。

　その上で，チームの状態や互いの関係性について，他者の支援を得ることも有効である。たとえば，施設長や主任によるグループスーパービジョンや，心理士によるグループコンサルテーションなどを通して，チームの中でのそれぞれの役割を意識化しチーム内で共有すること，あるいは子どもへのかかわりや日常業務において困難を感じる場面を共有し，その中でどのようなサポートがあると嬉しいかまたは各自がどのような動きをとることが望ましいのかを検討することなどである。子どもへのかかわりや方針だけでなく，職員関係に着目した支援を受けることは，安全な環境の中で良好なコミュニケーションを促進し，よいチームを作ることにつながる。

　前述したように，子どもへのかかわりや養育においては，個人のデリケートな部分が表面化しやすい構造がある。子どもへのよりよい支援を目指した職員相互の自己点検が，無用の傷つきや関係のこじれを生まないような配慮も重要である。そのためには，養育集団を束ねる寮長などのリーダーの役割が重要となる。子ども集団全体と個々の子どもへの養育方針の共有を常日頃からはかり，個々の職員の個性を尊重しつつ，支え合う職員風土を醸成することを心がけることが大切である。このことは施設全体が持つ風土とも密接に関係しており，そのような意味では施設長の役割も大きいことを指摘しておかねばならないだろう。時には，職員個人の抱える個人的課題と職務上の課題が重なり，職員への指導や支援としてどの範囲まで行えばよいのか，あるいは触れてはならないのかなど迷う事態も生じる。このような場合も，施設が目指す子どもを健やかに育てはぐくむという本来の機能に照らし合わせ，職員が抱える問題と職務遂行上の課題との切り分けを行い，チームを守り支えることも管理職の重要な役

割であろう。

　里親においても,自分たちの夫婦関係が子どもの養育に重要であることを認識し,養育方針や子どもへのかかわり方などについて,里親会や児童相談所の里親担当職員などの外部の支援を受けながら振り返る機会を持つことを心がける必要があるだろう。

（加藤尚子）

第9章……専門職トレーニングとスーパービジョン

Key Word　スーパービジョンの目的／スーパービジョンの機能／スーパービジョンの形態／コンサルテーション

はじめに

　社会的養護の実践現場では，養育者の能力的・内面的な成長が常に求められる。そのためには養育者の養成・訓練が不可欠である。

　専門職の養成訓練方法には，オンザジョブトレーニング（OJT，職場内研修），オフザジョブトレーニング（OFF-JT，派遣研修）とセルフディベロップメントシステム（SDS，自己啓発援助制度）が用いられる。OJTは，職場で日常の業務を通じて行われる養成訓練であり，OFF-JTは職場の業務を一時的に離れて，職場内や職場外で研修を受けることである。SDSは，職員が各自で目標を持ち，それに見合った内容の研修を個人的に，あるいはグループで受け，知識やスキルを高めることを組織的に支援する方法である。このなかでも，初任者に対するトレーニングとしては，OJTによる日常的な養成訓練が必要である。その際，新任職員は，標準化された業務をその成長度合いに応じてこなしながら，その専門性をより高めるためにスーパービジョンという養成方法を活用する。

　近年，福祉現場ではスーパービジョンの必要性，重要性の認識が高まってきている。しかし，実際にそれが行われ，十分な効果が挙げられているかといえば，まだまだ不十分であるといわざるを得ない。社会的養護の現場でも，その傾向は同じである。しかし，一方で社会的養護の課題が高度化してきて，より専門性の高い職員が求められている。その要請にこたえるためには，スーパービジョンの水準を高めていくことが必要であろう。

本章では、専門職トレーニングの一つであるスーパービジョンの概要について論じる。はじめに「スーパービジョン」の基礎的な理解を共有するために、スーパービジョンの目的、意味と構造、機能について述べる。そのうえで、スーパービジョンを担当する職員（スーパーバイザー）に求められる「スーパービジョン能力」について論じる。スーパービジョン担当職員に求められているのは、職場内におけるスーパービジョンシステムを確立するマネジメント能力、実際に職員に対してスーパービジョンを行える教育能力、その際のスーパービジョンスキルの熟達である。

最後に、スーパービジョンの実際を、事例で紹介する。また、社会的養護の現場でも他の専門職が導入され、また施設外でも様々な専門職と連携して援助を行う機会が増している。それらの専門職との「コンサルテーション」のあり方も論じていく。

1.「スーパービジョン」の基礎理解

筆者は、社会福祉のスーパービジョンを、専門外の方に説明する際、「迷路」の例を使って説明したことがある。ある人（スーパーバイジー＝スーパービジョンを受ける人）が、迷路にチャレンジする際、どうやってこの迷路を抜けたらいいかを教えてほしいと頼んでくる。頼まれた人（スーパーバイザー）は、その迷路を俯瞰しており、どのような通路をたどったら無事に出口にたどり着けるかを知っている。しかし、それを相手に教えるのではなく、相手に自分で試行錯誤しながら出口にたどり着くことを薦める。もし、彼が間違った通路をたどったらやり直すことを促す。そのとき、同じ間違いをしないようにするにはどうしたらよいかを考えさせ、最後まで自分でやり遂げられるように励ます。また、全体を見渡し、危険がないように見張ることで、彼の安全を保障する。その一連のプロセスがスーパービジョンであり、それによって相手が次に迷路にチャレンジしたときに今回の経験を活かしステップアップしていくことが、スーパービジョンの目的である、と説明した。スーパービジョンのイメージを描いていただけただろうか。

スーパービジョンの歴史をたどると、その潮流は大きく分ければ以下の2

つに分けられる。ひとつは、精神分析の影響を強く受け、医師やカウンセラーなどの他職種から、ケース理解やスーパーバイジー自身に焦点をあてるスーパービジョンの潮流である。もうひとつは、社会福祉専門職によるスーパービジョンで、スーパーバイジーとクライエントの相互関係に焦点をあてたスーパービジョンである。さらに、最近の理論的動向をみると、スーパービジョンはスーパーバイジー・スーパーバイザー・クライエントの三者の関係のみにとどまらず、所属機関やスタッフと相互作用しながら業務が行われているという認識から、その環境としての組織もスーパービジョンの対象として取り上げ、その内容も組織管理・運営を含むようになってきている。

概括すると「専門職育成および人材活用の過程」[1]で、「ワーカーの養成とクライアントへの処遇の向上を目的として、スーパーバイザーがワーカーとのスーパービジョン関係の中で管理的、教育的、支持的機能を遂行していく過程」[2]であり、それによって、スーパーバイジーが専門家として成長、自立していく過程がスーパービジョンだと言える。

2. スーパービジョンの目的と機能

1) スーパービジョンの目的と効果

スーパービジョンで期待される効果は、以下の5点である。
(1) サービス水準の確保のために

専門職として社会福祉実践を行ううえで、サービスの質は常に一定水準を担保していなければならない。経験1年目の職員であろうとも、その施設、機関の定める一定の援助技術レベル（スタンダード）を最低限維持したうえで援助を行うことが求められるのである。そのために、施設や機関では、スーパービジョンを通じてサービス水準の維持を保障する責任を負っている。
(2) 施設、機関の信頼性の確保のために

サービス水準が確保されれば、利用者や利用者の家族からの信頼を得ることにつながり、最終的には、その組織の社会的認知度の向上につながる。
(3) 職員の専門性の向上のために

スーパービジョンは、社会福祉職が専門職として十分に機能できるように

支援することで，スーパーバイザー，スーパーバイジー双方の専門家としての自己成長につながる。
(4) 職員のモチベーションの維持と向上のために
　適切なスーパービジョンは職場における職員の"燃えつき"（バーンアウト）を防止することも可能である。また職員相互の関係性を円滑にし，業務に対するモチベーションの維持，向上につながる。
(5) 施設，機関，組織の質の向上のために
　上記各項目は，最終的には施設，機関全体の質の向上につながる。

2）スーパービジョンの構造・機能と形態
　基本的にスーパービジョンは，スーパーバイザーとスーパーバイジーの相互関係において成り立ち，その構造下において機能することを理解しておく必要がある。
(1) スーパービジョンの構造
　スーパービジョンは，スーパーバイザーとスーパーバイジーが契約を交わすことによって成り立つ。この契約は，両者の合意によって成立するものである。また，この契約関係は，所属組織（の長）の承認を得る必要がある。なぜならば，スーパーバイザーには以下のような権能が与えられるからである。

- スーパーバイザーは，（組織の）管理，運営上任命され，スーパーバイジーに対して公に承認された権力を兼ね備える。
- スーパーバイザーは，スーパーバイジーと組織の関係を仲介する。
- スーパーバイザーは，通常スーパーバイジーの雇用や解雇の決断を行う役割を負う。
- スーパーバイザーは，スーパーバイジーの報酬の増額や昇進，実績に表される記載事項の判断についての統制を行う。
- スーパーバイザーは，必ずしもスーパーバイジーよりも専門的に有能ではないが，例外なく決まってスーパーバイジーよりも組織や対象についての知識を兼ね備えている。
- スーパーバイザーは，要求こそしないがスーパービジョンの関係におい

てスーパーバイジーに自己開示を期待する。
- スーパーバイザーの影響は，スーパーバイジーの在職期間の延長につながる。

このように，スーパービジョン契約をすることによって，スーパーバイザーとスーパーバイジーの間には「力関係」が生じる。スーパーバイザーはこのことを自覚し，この「力関係」で必要以上にスーパーバイジーを萎縮させたり，スーパービジョン関係以外の場で両者の関係に不必要な圧力として影響を及ぼしたりしていないかを，常に留意する必要がある。

(2) スーパービジョンの機能

スーパービジョンの機能は，ⅰ）管理的スーパービジョン，ⅱ）教育的スーパービジョン，ⅲ）支持的スーパービジョンの3機能に分類されている。

ⅰ）管理的スーパービジョン　スタッフの採用や配置，業務の企画，確認，観測，振り返りと評価，業務割り当てといった業務遂行上の管理にかかわる，上司から部下への業務管理が含まれている。そのために，スーパーバイザーはスーパーバイジーの能力をアセスメントする。

ⅱ）教育的スーパービジョン　所属施設，機関の定める一定水準の業務を遂行するためにスーパーバイジーが何を知るべきかを教え，それを学ぶための援助を行うことを意味している。専門職として教育的視点からスーパーバイジーの学びの過程を司るスーパービジョンといわれる。

ⅲ）支持的スーパービジョン　スーパーバイジーの心的ケアを中心としたもので，業務遂行上起こるストレスへの適応や不安や罪悪感の軽減，業務に対する確実性や確信の増加，不満の減少，心的苦痛の緩和等があげられる。

もちろん，これらの機能は単独で用いられるだけではなく，一つのスーパービジョン場面で，各々の角度からアプローチされることになる。たとえば，スーパーバイジーが利用者とのかかわりで課題を抱えていた場合，管理的スーパービジョンとしては彼に課せられている業務が彼の経験や力量に対して妥当であるかどうかを判断することが必要であり，また，教育的スーパービジョンにおいては利用者とのかかわりで求められている知識や技術が何であるかを示唆し，それを獲得するための援助を行うことが必要である。

さらに，この経験による自信喪失や心的苦痛を理解し，それを緩和するための支持的スーパービジョンも必要である。

これらの機能のうち，スーパービジョンの効果を高めるためにどれを優先すべきか，その後他の機能はどう発揮すべきかについて，スーパーバイザーの裁量に任せられている。

(3) スーパービジョンの形態

スーパービジョンの形態には，ⅰ)「個人スーパービジョン」，ⅱ)「グループスーパービジョン」，ⅲ)「ピア・スーパービジョン」，ⅳ)「セルフ・スーパービジョン」などがある。

「個人スーパービジョン」とは，スーパーバイザーとスーパーバイジーが1対1で行うスーパービジョンで，これはスーパーバイジーが新人の時期に定期的に行う，あるいは自律的に業務を遂行できるようになったスーパーバイジーであっても，彼らの必要に応じて行われるスーパービジョンの形態として有効である。もちろんその他の場合にも，スーパーバイザーやスーパーバイジーの必要に応じて用いられる。

「グループスーパービジョン」は，複数のスーパーバイジーに対して行うスーパービジョンの形態である。その場合，共通のキャリアや共通のテーマをもつメンバー，あるいは同一チーム内のメンバーなど同質のメンバーがスーパーバイジーとなる。

「ピア・スーパービジョン」は，同じような経験と力量を備えたメンバー間で，スーパーバイジーとなるメンバーに対して，他のメンバーがスーパーバイザー役を受け持ち行うスーパービジョンの形態である。また，「セルフ・スーパービジョン」とは，自分自身がスーパーバイジーであるとともに，それをスーパーバイザーの立場にたってスーパービジョンの視点から分析する形態を言う。この2つの形態は，これ以前にスーパービジョン体験をもつメンバーが用いることが妥当な形態だろう。

3）スーパービジョンスキル

(1)「語り」の保障と非審判的態度

スーパービジョンの基本的視点は，社会的養護の担い手自身をスーパービ

ジョンの対象とすることである。表現を変えれば，「援助内容・方法」が対象ではなく，業務に取り組み，それを達成しようとする養育者に焦点を当てることがポイントとなる。

そのためには，養育者自身が「成長課題」をどのように認識し，それをどう達成しようとしているか，そしてスーパーバイザーには何を求めているかを「語る」ことが必要である。

社会的養護の担い手は，自分の話を熱心に聴いてくれる人（スーパーバイザー）に対し，体験を言語化することで，改めてその体験を思い出し，気づき，考え，まとめる能力を有する。そして，それを活用してスーパービジョンを行うことが，非常に有効である。

そのために，スーパービジョンは社会的養護の担い手の「語り」を促すことから始める。体験を語る際のポイントは，「できたこと，わかったこと」だけでなく，「できなかったこと，わからなかったこと」にも意味があることを伝える。社会的養護の担い手は，どうしても「できたこと，わかったこと」が成果であり，それ以外の体験は否定的にしか捉えることができないという傾向にある。しかし，スーパーバイザーはできないことやわからなかった体験からも学ぶべき成果が得られるということを伝え，その語りを促すことが必要である。また，その語りがなされた場合には，そのことを認め，評価する。

養育者の「語り」に対して，その是非や正誤をスーパーバイザーが指摘するのではなく，本人が考え，結論を導き出すよう指導する。そのために，スーパーバイザーは社会的養護の担い手の「語り」に対して非審判的態度で臨まなければならない。

以下に，筆者が実習学生に行ったスーパービジョンの実際を紹介しよう。

ある実習生は児童養護施設で実習し，「自分の家に比べて，施設の子どもの食事や小遣いは贅沢だ」と発言した。これは，実習生が施設の子どもの生活を自分の生活体験と単純に比較したことから発せられた意見である。施設のサービスの仕組みや，施設で暮らす子どもたちの生活背景を十分に理解しないまま，表面的に理解しただけで発せられた言葉だといえよう。しかし，筆者は彼のこのような理解も「ひとつの理解」とした。

(2)「語り」を促す問いかけ

　筆者は，実習生に話を促す言葉として，「具体的な体験を述べてください」「そのとき，それをどう思いましたか」「今，それを思い出してどう理解しますか」「話してみてどんなことに気づきましたか」と問いかけ，実習生の話に耳を傾ける。

　「施設の子どもは贅沢だ」と語った実習生にも，このような理解について，本人が具体的にどのような体験からそう理解するにいたったかを話してもらった。彼は「施設の食事では毎食，果物が出されていた。自分の家ではまだ食べられない高価な初物も出されていた。一般家庭では食せないようなものを普通だと思って食べる感覚はおかしいのではないか」，さらに「小遣いも小学生にしては多すぎるのではないか」と述べた。さらに具体的に聴いたところ，自分の家では食事の品数は1品か2品くらいが普通であるが，そこの施設では副菜が3品必ずついていたし，自分の小学生の時の小遣いは1週間に100円であったのに，施設の子どもたちは小学生でも月に数千円もらっていた」と語り，そういう自分の体験と比較して施設の子どもは「贅沢だ」と感じたと述べた。

(3) スーパーバイジー間の関係を活用するスーパービジョン

　実習生の「語り」によって表現された体験は，その時点では主観的であり，偏りがあることは当然である。しかし，それをスーパービジョンの場で，教員が一方的に指摘し，否定することは効果的ではない。もしそうすれば，実習生は教員の求める「正解」に合わせ，自分自身の「語り」を止めるであろう。そこで，ここではグループスーパービジョンの場で実習生同士が語り合うことで，自分の体験を客観的に理解していけるように導いていくことにした。

　ここで，グループスーパービジョン実施のための留意点を確認しよう。グループスーパービジョンの場は，ある共通性を持っているメンバーで構成される。この事例では，同じ時期に実習を行ったメンバーという共通性を持っている。その上で，実習生には次のようなルールを設けている。

①体験を語る実習生は，もし，途中で困難だと感じたら無理に言語化しなくともよい（それはまだ自分の中で熟成する必要がある内容だと自覚すること

に意味がある）。

②聞く側は，その体験を聞きながらそれを自分自身の体験と比較することで，自身の体験を振り返る機会とする（同じような体験をしても理解や評価が異なることに気づく，あるいは異なる体験でも気づいたこと，考えたことに共通性があることを理解できることを理解する）。

特にこの方法は，実習生が実習中に未消化なことを語る際に，実習生同士がそれを共感的に理解し，サポートできる効果がある。

先の「贅沢発言」に対しても，筆者はこの方法を用いた。筆者は，彼の発言をどう思うか，他の実習生に問いかけた。他の実習生は「自分もそう思った」と言うものもいれば，「そうは思わない」というものもいて，各々が自分の体験と理解を語り合った。

実習生たちのなかには，自分の生活体験と比較すれば「贅沢だ」と言うものもいれば，自分の家庭はもっと豊かだったのでそうは思わないというものもいた。ある学生は「各家庭の小遣いの金額は様々だけれども，自分は特別欲しいものは別に買ってもらえたので，毎月決められた小遣いの金額は施設の子どもより少なくても，施設の子どもが贅沢だとは思わない」と述べ，他の実習生は「食事のメニューだって，自分の体験と比べると，施設の子どもは『今日は何が食べたい』と聴いてもらうことがないので，贅沢とはいえないと思う」と述べた。

ある実習生は，実習生が支払う毎食の食費単価と措置費は同じだと具体的な数字を示し，集団で調理をすることで安くまかなえているのであって，一般家庭の費用と比較しても決して贅沢といえないと述べた。この指摘は，さらに各施設（実は各自治体）によって，食費に格差があることへの気づきにもなった。

さらに，他の実習生は「贅沢だ」と発言した実習生に「これを実習先の職員に伝えたのか」と質問し，職員に伝えることなく自分だけの理解だったということに気づかせた。

この実習生の場合，明らかに学習不足で，理解が主観的である。しかし，それを否定するだけでは，「自分で気づく」ことはできない。ここでは，自分の体験と同じような体験をもつ実習生同士とのやりとりの中で，「贅沢」

の基準が個人的な体験との比較だけでは不十分なこと，子どもの置かれている環境や，具体的なデータによって，客観的な理解をする必要があることを理解していくのである。また，本事例では「それを職員に質問できなかった」という事実によって，職員との関係について考えるきっかけにもなっていった。

3. 社会的養護の現場におけるスーパービジョンの実際

　ここでは，スーパービジョンの実際について，事例を紹介する。先に，スーパービジョンを迷路にたとえて説明したが，この迷路の通り抜け方は幾通りもあっていい。上から俯瞰している人（スーパーバイザー）の支援の方法も，個々に合わせなければならない。したがって，以下に示す事例は，あくまでも「実践上のヒント」として理解していただきたい。

1）子どもに「思い」が伝わらない——ゆっくりと1から10まで心の中で数えよう

　この事例は，児童養護施設職員として20年余りの経験をもつ職員へのスーパービジョンの事例である。

　この職員が担当した子どもは，児童自立支援施設から中学3年生の秋に措置変更で入所してきた。措置変更の理由は，児童自立支援施設内の学校では成績が大変優秀で，また行動も穏やかで対人関係も良好だったので，措置変更して地域の中学校から高校を受験させたいという，本人の進路選択に有利になるような配慮からだった。しかし，高校入学後は，不登校気味になり，また登校しても学校を抜け出して徘徊したり，不良仲間と遊んだりするようになったという。施設内でも，職員の指示には従わず，反抗的な態度をとり，また子ども同士の関係も悪く，施設内ではこのまま入所させておくわけにはいかないという職員の意見が多くなっているという。

　この職員は，この子どもがせっかく希望の高校に入れたのに，なぜ高校になじまないのか，また前施設では模範生といってもいいくらいだったのに，なぜここでは問題を起こすようになってしまったのかわからないことに悩んでいた。それがわからないまま，再度の措置変更をしなければならない事態

に苦慮し，一方的に職員がお手上げだからといって措置変更するのは納得ができないと思っていた。しかし，職員会議でそう主張するのはこの職員だけで，職員間でも孤立していた。そのような状況をわかっているのかいないのかは知らないが，子どもの行動上の問題はますますエスカレートしてきている。そのような状況の中で困り果てた職員が，スーパービジョンを求めてきたのだ。

　以上のような事情を述べた職員は最後に，実はもっと悔しいことに，前にいた施設の職員から「自分のところにいたときはあんなにいい子だったのに，あなたの施設に行ってから変わってしまった。あの子がそうなったのは，あなたの施設に問題があるからだ」と言われたのが悔しくてたまらないのだと語った。

　このような事情を聞き終えたスーパーバイザーは，「このような状況で，今あなたが一番改善したいと思っていることは何か」と問いかけた。職員はしばらく考えてから「子どもの気持ちがわからないことだ」と答えた。このままでは措置変更になってしまうとあせる職員が，子どもになぜそのように変わったのかを聞こうとしても話してくれず，このままではあなたにとって不利になると諭しても，まるでそれをあざ笑うように行動がエスカレートしている。そのような子どもを前に，自分だけが消耗していることが辛いと話した。

　スーパーバイザーは，その間黙って職員の話に耳を傾けていたが，子どもと職員のやりとりの場面を具体的に再現してもらった。具体的なやりとりを聞くと，「どうしてそうなんだ」「なんで私の思いをわかってくれないのだ」と口走ってしまう職員の前で黙り込んでいる子どもという構図が見えてきた。そうすると黙り込んでいる（実は自分の思いを語ることをためらっている）子どもを待ちきれずにまた自分の思いを伝えてしまい，子どもは自分のことを語れないまま，黙り込んでしまうという悪循環の構図が見えてきた。

　そこで，スーパーバイザーは次のようなアドバイスをした。「今度，その子と話をするときに，あなたが質問したら，胸の中でゆっくり1から10まで数えて（10秒待って），その間は黙っていてください。また，面接の際は，2人だけでゆっくりとした気分になれるような環境を用意し，面接時間は15

分以内にしてください」
　スーパーバイザーがこのように指示したのは，職員の話し方の傾向について気がついたからである。この職員は，子どものことを第一に考え，一生懸命子どもと向き合おうとしている。年齢的にも，経験的にも母性豊かな，そして子どものためには全員を敵にまわしても一歩も引かないという熱血漢でもある。しかし，一方で職員は，職員間で孤立し，また前施設からも批判されたことであせりや苛立ちも感じている。このような気持ちが，子どもと向き合ったときに相手に伝わり，子どもはそれを受け止めきれずにいるのではないかと思った。
　そこで，職員とスーパーバイザーは「相手に質問をしたら10秒待つ」という練習を少し行い，実際に10秒待つのは意外に難しいということを確かめた上で，「でもやってみます」という職員の決意を受け，次回は2週間後に，実際に子どもと面接をした結果を報告するという課題を確認して，初回のスーパービジョンを終えた。
　2回目のスーパービジョンで，職員から子どもとの面接の報告を受けた。面接の時間帯は，職員が宿直の夜，小さい子どもたちが寝たあとの時間に，職員が宿直する部屋で行った。
　子どもは最初，ふてくされた表情で入ってきた。職員は，「今日は，なんで前の施設では模範生だったのに，この施設に来てからそんなに暴れるのか，あなたの気持ちを聞きたい」とはじめに述べ，そのあとスーパーバイザーの指示通り10秒あまり沈黙した。子どもは最初なかなか口を開こうとはしなかったが，やがてポツリポツリと自分の気持ちを説明しだした。
「俺は，母さんから『いい子』にしていたら家に帰れるって言われていたんだ。だから，頑張って先生の言うことも聞いていたし，勉強もした」
「そしたら，家に帰るのではなくて，ここに入れられてしまった。母さんも，家よりもこっちに行けっていうし」
「約束が違うじゃないか。おとなは，約束を守らない」
「だから俺もここでは『いい子』をするのをやめたんだ」
　このとき職員には，これに対して弁明したい気持ちが強くわいたという。しかし，このようなやりとりで，約束の15分が過ぎた。そこで，「そうだっ

たんだ，教えてくれてありがとう」と言って，その面接を終えた。職員に，そのときの子どもの反応を聞いたところ，「えっ！　それで終わり？」という拍子抜けしたような感じで，部屋を出て行ったという。

　スーパーバイザーは，職員に子どもの話を聴いた感想を求めた。職員は「この子がこんな思いでいたことを知ることができてよかった。こんなふうに思っていたのだったら，気持ちも荒れると思った」と述べ，それに気づかなかったこれまでの対応を悔やんだという。そこで，今後定期的に15分間の面接を続けてみること，次回の面接では，職員の気持ちを伝えるところから始めてみようと提案した。以下は，その後の面接の経過である。

　2回目の面接で，職員が「あなたの気持ちに気づけなくてごめんね」という言葉から始め，また10秒待ったところ，子どもは「俺がなんで施設に入ったか知っている？」と切り出し，地元で小学生の妹がいじめにあったので，相手を呼び出し，けんかしたこと，しかし相手は15名で，それに自分ひとりで戦ったことはすごいと思わないかと問うてきた。「すごいね」と返すと，「だけど相手に怪我をさせたから，罰で自分は施設に入ったんだ」と述べた。さらに，「それなのに，親元に帰ったときに知ったんだけど，あいつらは全員家にいるんだぜ。一人に大勢で殴りかかっておいて，そいつらは家に居ることができて，なんで自分だけ施設に入れられたのか，納得できない」と述べた。職員は，彼の気持ちに共感し，「それは本当に悔しかったね」と述べたところで，2回目の面接を終えた。彼は「今度は，いつ話ができる？」と聞いてきたという。

　3回目は彼から「俺の母さんが再婚したことは知っている？」と問いかけてきた。知っていると言うと，「再婚相手は，小さい頃から知っているおじさんで，その頃はキャッチボールなどして遊んでくれた」という。「だから再婚したと聞いたときは良かったと思ったのに，おじさんは妹だけ施設から引き取って，自分はだめだといったんだ。そう母さんから聞いた」とつらそうに述べた。

　実は，この子の理解している入所の事情と実際は異なる。この子の家庭は，地域でも有名なハイリスクファミリーで，本人のけんかがきっかけではあったが，母親の養育困難（ネグレクト）というのが措置理由である。母親は，

子どもらが施設入所中に再婚し子どもの引き取りを申し出たが，母親と再婚相手の養育能力に疑問を持った児童相談所，福祉事務所，児童自立支援施設は，思春期の彼を引き取らせることに難色を示したのである。その際，男性はあっさりとそれを受け入れたが，妹に関しては強引に引き取りを主張し，措置解除になったという事情があった。

職員が「お母さんのことを好いているし，思いやっているんだね」と言うと，「母さんは好きだ，妹もかわいい」と，家族を思う気持ちを示した。

4回目の面接のときに，初めて本人のほうから「俺，これからどうなるんだろう」と尋ねてきた。その時点では，すでに彼の措置変更は決まっており，また，今回も彼の家庭復帰の望みはかなわず，自立援助ホームに入所することになった。彼から今後のことを尋ねられたのは，そのことを伝えるように言われていたときだった。職員はここではもう暮らせないことを伝え，「あなたがここに移ってくるときに，もう少しあなたの気持ちを聞いていたら，私たちの対応も違っていたと思うけれども，それができなくて申し訳ない」と謝った。その頃は，彼自身もここにはいられないということは納得していたので「うん」と言ったという。おそらく彼の気持ちは，自分の気持ちをわかってくれたから，今度は納得して次のところに行くという意味の「うん」だったのではないだろうか。

5回のスーパービジョンを行うなかで，職員は当初「子どもに職員の思いが伝わらない」と思っていたが，「職員が子どもの思いを理解していない」ということに気づいていった。このような気づきができた職員自身も，スーパーバイザーに話を聴いてもらうことで，自分が職員集団から孤立し，外部から批判されるなかで焦り，子どもに自分の気持ちをぶつけるばかりで，子どもの声に耳を傾けることをしていなかった自分に気づいていけたのである。3回目の面接くらいから，職員は「胸の中で10数える」ということを意識しなくても，十分彼の話を聞けるようになったという。そして，職員が子どもの気持ちに耳を傾けると，子どもは思いを語りながら，自分で振り返り，気づき，納得する力を持っていることを学んでいった。

スーパーバイザーは，職員の子どもに対する思いが強いあまり，周囲からも孤立し，その分自分がこの子を何とかしなければという気持ちが先行して，

子どもの話を聴けなくなっている状況を理解した。しかし，それを指摘するのではなく，自分で気づき，彼との向き合い方を修正してもらうために「10数えること」という具体的な指示を出し，その経過を見守った。その前提に，この職員は経験豊富であり，このような指示を受け入れるなかで，自分で気づき，対応を変えられる力量を持った方であるという見極めができたからである。

2) 人前で裸になった少女──コンサルテーションの活用

　スーパーバイザーになるのは自信がないと言わせることの一つに，寄せられる相談にスーパーバイザーはすべて答えなければならないと思われていることがある。しかし，スーパーバイザーは全能ではない。だから，自分では答えられないことは他の専門家を紹介し，その専門家から教えを請うことで問題解決するという方法をとることができる。これを「コンサルテーション」という。以下に，コンサルテーションを受けて，問題解決を図った事例を紹介する。

　ある職員からスーパーバイザーのもとに，SOSが入った。担当児童（中学2年生女児）が，学校の図書室で突然洋服を脱ぎ，裸になったという。びっくりした友人が保健室に連れて行き，施設に連絡がきて，担当職員が迎えに行って施設に連れ帰ったという。本人に「どうして人前で裸になったのか」と尋ねると，「私は裸になっても少しも恥ずかしくないから」と友人に言って，それを証明して見せるために裸になったという。そして，「今も恥ずかしくはないし，これからも裸になる」と冷静に話したという。職員は，このことをどう理解したらいいのか，今後どのようにその子に接していったらいいのか困り，相談に来たのだ。

　当時，スーパーバイザーもこのような事態に遭遇したことがなかったので，よくわからなかった。そこで，他の専門職に相談することとし，ある児童精神科医を紹介することとした。

　児童精神科医は，その子の行為は「自傷行為」の一種だと指摘した。そのように指摘されても，当初，人前で裸になることがなぜ自傷行為なのか，職員にはよくわからなかった。そこで，精神科医はつぎのように説明してくれ

た。思春期の女の子が人前で裸になるという行為は，一般的には恥ずかしいことである。児童精神科の領域では，「恥ずかしさ」とは，自分のことを愛してくれる人，大切に思ってくれる人が，自分がそのようなことをしたと知ったら，悲しむ，苦しむだろう。だから恥ずかしいことだ，そういうことはやめたほうがいい，と思う気持ちをいう。しかし，そのような人間関係を構築していない子どもにとっては，「愛されない自分」を自傷することで，その寂しさ，悲しみをいやそうとする，それが自傷行為であるということであった。

　同じような症例として，「自分の大切にしているものを切り刻む」「汚す」など具体的な事例をもとに説明してくれた。そして，人前で裸になることは「恥ずかしいこと」だと言って聞かせても，その子にとって「大切な人」がいなければ，その気持ちは伝わらないだろう。その子にとって「大切な人」は誰なのかを確認し，その人との間に何があったのかを調べてみてはというアドバイスをもらった。

　このアドバイスを受けて，この子にとって「大切な人」とは誰か，その人と彼女の関係に変化がなかったかを振り返ってみることにした。その結果，約4ヵ月前に祖母が面会に来て，その後から彼女が沈み込んだり，表情が暗かったりしていたことがわかった。そこで，祖母との面会で何があったのかを確かめてみることを確認してスーパービジョンを終えた。

　後日，この子の母親が再婚したこと，ただし再婚先には自分の存在を明らかにしていないので，当分母親は会いに来ないし，交流もできないと祖母から伝えられていたことが明らかになったという。さらに，そのことを職員も把握しておらず，彼女へのケアが不十分だったということがわかったので，そこから支援を見直していくことになった。

　以上が，スーパービジョンの実際の紹介である。しかし，スーパービジョンには「絶対の解答」はない。これが正解であるとか，これ以外の理解や方法がないということではないので，紹介した事例は参考として理解してほしい。

　また，筆者は，スーパービジョンは単に利用者の問題を取り上げるだけで

はなく，養育者と利用者との関係，養育者関係，そしてそれを通じて養育者が自分自身と向き合うことだと考える。その際，スーパーバイジーが自分と向き合えるためには，その人の存在を意味あるものと位置づけ，スーパーバイジーの成長を願う立場から支える体制が整っていなければならない。スーパービジョンを実施するときに必要な姿勢として，最後に指摘したい。

（村井美紀）

■引用・参考文献
（1）福山和女編著『スーパービジョンとコンサルテーション 改訂版』FK研究グループ，2001年，11頁
（2）岩間伸之「第五章 スーパービジョン」大塚達雄他編『ソーシャルケースワーク論』ミネルヴァ書房，1992年，190頁

第10章……養育者・支援者のメンタルヘルスとそのケア・支援

(Key Word) メンタルヘルスづくり／SOSの発信／チームワーク／レスパイトケア

はじめに

　被虐待児や発達障害児など養育・支援が困難な子どもや家族が増え，社会的養護においてより専門的な養育・支援が求められる中での日々の子どもへの養育・支援は，養育者・支援者にストレスや疲弊感を与えている。このような状況の中でバーンアウトする養育者・支援者は稀ではない。

　日常生活場面において，不安感・不信感・不満感などを抱いている子どもに寄り添ったり，子どもからの傷つき体験を傾聴したり，あるいは子どもの行動上の問題に対応したりすることが養育者・支援者に求められている以上，養育者・支援者は，不安やストレスにさらされていることが少なくない。しかも，手をかけた丁寧な対応をしても成果が出づらく，養育者・支援者自身の能力の限界を感じさせられる場合もある。また，養育者・支援者自身の傷つき体験などの負の体験が，子どもの負の体験に対する共感的理解のベースとなるために，子どもの傷つき体験を傾聴・共感し続けていく中で，養育者・支援者自身が，知らず知らずのうちに心理的に傷つき，情緒的な不安定感や疲労感から抜け出せなくなっていく場合が往々にして見られる。そして，それが長期化するとバーンアウトにつながるのである。

　また，養育者・支援者のメンタルヘルス不調は，子どもの養育・支援に悪影響を及ぼし，子どもの健やかな成長・発達を阻害することになる。

　したがって，それを予防し，適切な養育・支援を展開するために，養育者・支援者の良質なメンタルヘルスケアと支援は必要不可欠なのである。

1. 養育者・支援者自身によるメンタルヘルスづくり

養育者・支援者が子どもたちとの生活を楽しみ満足感を味わっているときには，子どもも生活を楽しみ満足感を得ている場合が多い。すなわち，**養育者・支援者の心身の健康こそが，子どもの心身の健康に結びついている**ということである。

子どもの最善の利益のために，養育者・支援者が，個々の子どものニーズに応じた養育・支援を展開するためには，養育者・支援者自身が，養育者・支援者のメンタルヘルスづくりの必要性について認識することが重要であり，自ら積極的にコンディションづくりを行うことが大切である。

> Episode
>
> ある施設職員は，その子どもがいつも起こす行動上の問題への対応に強いストレスを抱えていた。そのために，あるとき再びその子どもが起こした行動上の問題に対して，応急的な対処のみで終わらせてしまったところ，職員が帰った後に，行動上の問題がエスカレートしてしまったことがあった。
>
> 反対に，職員がコンディションを整え，子どもが自分の行った行動上の問題についての検討課題について，しっかりと向き合い，解決し，納得するまでじっくりとゆとりをもって待ち，子どもとの問題解決のためのコミュニケーションにとことんつきあったところ，最後に，子どもは職員に感謝の気持ちを述べたのである。

養育者・支援者は，常にコンディションを整えておくことが求められているのである。日常生活において生じる様々な子どものトラブルなどに，適切に対応できるだけのコンディションづくりをしておくことが必要である。養育者・支援者のコンディションが悪ければ，子どもの行動上の問題に対して最後まで後始末することをせずに，終わられてしまうことに結びつきやすい。実際に，それがあとになってエスカレートした形で養育者・支援者に跳ね返ってくる場合が少なくない。そうなってから気がついても遅い，後の

祭りである。「あのとき，もう一押ししておけばよかった」など養育者自身が後悔の念にかられるのである。したがって，そのような事態にならないよう予防するためにも，コンディションづくりが必要である。養育者・支援者自身がストレスへの気づき方や，ストレスの予防，軽減およびストレスに対処するための知識，方法を身につけ，それを実施することが重要なのである。

1）養育者・支援者自身のメンタルヘルスについてのアセスメント

まず，養育者・支援者は，自身のメンタルヘルスやコンディションについてアセスメントし，ストレスやメンタルヘルスの状態に気づくこと，把握しておくことが必要である。

ストレスに気づくためには，養育者・支援者がストレス要因に対するストレス反応やメンタルヘルスに関する基礎知識を得ておくとともに，自らのストレス状態やメンタルヘルス不調についての兆候などを的確にアセスメントできるようになることが望ましい。

▶▶▶実践上のヒント

「いつもと違う」「なんとなくおかしい」と感じたり，気づいたりしたら，その理由や原因について考え，その理由や原因が明らかであれば，それについて対処すれば，多くの場合，解決することはできるであろう。

しかし，寝付きが悪い，だるい，疲れやすいなど「いつもと違う」「なんとなくおかしい」という状態が何日も続いているにもかかわらず，その原因や理由がわからない・はっきりしない場合には，誰かに自発的に相談することが大切である。そのためにも，違和感や悩みなどについて安心して気軽に打ち明けたり傾聴してもらえる相談相手を確保しておくことが必要である。

2）メンタルヘルスを保持するために日常生活で心がけること

子どもの養育・支援は切れ目なく続いていくため，活動と休養の切り替えがしづらく，養育者・支援者は，日常生活において，メンタルヘルスを保持するための睡眠，運動，食事，休息を留意して十分に確保することや，活動と休養，緊張と弛緩とのバランスのとれたリズミカルな生活を送ることが大

切である。養育者・支援者は，活動し疲れたら，リラックスできる空間と時間を確保して，しっかりと休養をとることが必要不可欠である。特に睡眠はできるだけ十分にとることが重要である。

また，メンタルヘルスを保持するために，充実感・満足感などを得られるような日常生活を送ることも大切である。特に休日は意識的に楽しい時間をもつように心がけるとよい。親しい仲間や友人と交流すること，たとえば読書，ショッピング，食事，スポーツ，カラオケ，旅行など自分の趣味に没頭することなどによって，充実感・満足感などを得ることも，メンタルヘルスの保持には効果がある

3）メンタルヘルスを保持するために周囲にSOSを発信できること

「里親及びファミリーホーム養育指針」では，
- 養育者が，養育がこれでよいのかと悩むことや思案することは，養育者としてよりよい養育を目指すからこそであり，恥ずべきことではない。養育に関してSOSを出せることは，養育者としての力量の一部である。
- 養育が困難な状況になった場合，一人で抱え込むのではなく，社会的養護の担い手として速やかに他者の協力を求めることが大切である。

と定められている。

養育者・支援者が養育に関してSOSを出せるようになること，そして速やかに他者の協力を求めることができるようになることが，ストレスを抱え込まず，メンタルヘルスを保持することにつながるのである。養育が困難な状況になった場合，養育者・支援者は，一人で抱え込まずに，他の養育者・支援者と連携し，チームとして取り組むべきである。養育者・支援者が「私が，一番この子の気持ちをわかっているし，対応できるのは私しかいない」といった思いになっているとすれば，それは危険信号が点滅している状態であると認識し，誰かに相談することをお勧めする。養育者・支援者の責務を果たそうとする姿勢は大切であるが，子どもの養育・支援はチームによって行うことが基本である。

里親の中に，「子どもの養育の困難さや大変さを相談したら，子どもを引き上げられてしまうのではないか」「新たに子どもを委託してもらえなくな

るのではないか」といった心配や不安から相談することを躊躇してしまいがちになってしまうと語られる人がいる。里親は，そのような心理状態にならないためにも，問題を一人で抱え込み困った状態になってから相談しようとするのではなく，日頃から子どもの養育について関係者や関係機関などに相談し，子どもの養育に関するアドバイスを受ける関係をつくっておくことが必要である。

2. 施設や家庭養護におけるメンタルヘルスづくり

1）施設におけるメンタルヘルス

　施設における養育者・支援者のメンタルヘルスを推進するには，養育者・支援者チーム内で相互に支え合うことが大切である。そのためにも，**養育者・支援者が困っていたり悩んでいたりするときに，チーム内の同僚に頼って助けてもらえるようなチームワークを構築しておくことが重要である**。愚痴をこぼし合い，相談し合える良好な人間関係や，チーム内の笑いやユーモアのある雰囲気など，信頼感や被包感のあるチームワークは，養育者や支援者の心理的サポートとなるからである。

　また，施設は「施設組織に守られている」という感じを養育者・支援者に与えるとともに，上司やスーパーバイザーと相談することが養育者・支援者に対して「大切にされている」「理解してもらっている」という印象を与えるような質になっていることが大切である。

> Episode
>
> 無断外出をした子どもへの対応だけに追われて，他の子どもに対する手が十分に届いていないことがある。そんなとき，人の手を借りないと適切な支援ができない日課があると，ある上司は寮舎に足を運んでくれ，子どもの養育の手助けをしてくれる。「作業をしたいので，○○を連れて行っていいか」と言って，その子どもと作業をしてくれ，終わると「助かった，ありがとう」と子どもと職員にお礼を言って，上司は帰って行くのである。

このような具体的な援助も，養育者・支援者のメンタルヘルスの保持に役立つ。

施設は，失敗をオープンにできる雰囲気，新人が素直に発言できる雰囲気，お互いに補い合うような雰囲気などをつくっていくことも大切である。

養育者・支援者がセルフケアを効果的に行うには，メンタルヘルスに関する正しい知識が必要である。このため，施設は，養育者・支援者に対して，メンタルヘルスに関する研修，情報提供等を行い，メンタルヘルスに関する理解を深めてもらうことも必要である。施設は，養育者・支援者に対して，定期的な健康診断はもとより，メンタルヘルスに関する調査票などによるセルフチェックを実施し，メンタルヘルス不調への気づきの機会を提供することも望ましい。

施設は，養育者・支援者のメンタルヘルス問題に応ずる相談機能を持つことも必要である。施設内に養育者・支援者のメンタルヘルス相談窓口を設置し，心理療法担当職員，精神科医，スーパーバイザーなどの専門スタッフによるケア・支援，あるいは外部の専門的な関係機関と連携して，解決に向けたケア・支援ができる体制を整備することが必要である。

養育者・支援者のメンタルヘルスには，養育・支援するための生活環境，養育・支援で必要となる施設および設備等，養育・支援時間，養育・支援業務の量と質，職場内の人間関係，施設の文化や風土等の生活環境等が影響を与えており，こうした施設の生活環境等の改善は，養育者・支援者のメンタルヘルスの保持や増進に効果的であると評されている。このため，施設は，養育者・支援者のメンタルヘルスの増進やメンタルヘルス不調の未然防止を図る観点から，養育者・支援者の意向のもとに総合的な福利厚生事業を実施するなど，施設内の養育・支援環境等の改善に積極的に取り組むことが求められている。

2) 家庭養護におけるメンタルヘルスづくり

家庭養護（里親・ファミリーホーム）において子どもを迎え入れることは，家庭内に変化をもたらすことになる。家庭養護に委託される多くの子どもは様々な背景を持っているし，「中途からの養育」であることに伴う配慮が必

要である。したがって，養育者間（夫婦間）での親密なコミュニケーションにより養育についての基本的なあり方についての確認はもとより，共に生活している家族ともよく話し合い，意向や認識を一致させておくことが大切である。

実子や委託され生活している子どもに対しては，年齢などに応じたインフォームドコンセントを行い，承諾を得ておくことが大切である。これをしないで迎え入れると，受け入れた子どもが引き起こす様々なトラブルに対応する過程で，家族内の関係性に亀裂が入る原因となり，家庭内のメンタルヘルスを害することになりかねない。子どもに対する養育者間や養育者と実子との間の認識や対応のずれなどがきっかけになって，家庭内の人間関係を悪化させていくケースがあるのも事実である。

> **Episode**
> ある里親が幼児の委託を受けた。不安を抱えながら養育し始めた頃には，様々な試しの行動を出していた幼児も，半年経過した頃からは生活になじみ落ち着いてきた。ところが，反対に小学生の長男が不安定になり，僕という存在を忘れていませんかと言わんばかりに，物を壊すといった行動が見られるようになった。長男に話を聞くと，「僕はあの子が家に来ることが嫌だったのに，お母さんお父さんはどうして勝手に家に連れてきて，あの子ばっかり可愛がっているんだよ」と不満を素直に述べたのである。

養育者は，委託を受ける前に，社会的養護を必要としている子どもの存在，里親になった理由や気持ち，子どもの委託後の予想される状況などについて，実子に，絵本などを活用してわかりやすく説明し，同意を得ておくことが必要である。

養育者は，実子のメンタルヘルスについても忘れることなく，実子が抱えている気持ちを素直に表現できるように接するなど，十分に配慮した養育をすることが求められているのである。

多くの里親が実子の協力なしに里親養育はできなかったと評していることからもわかるように，実子は，嫌なことがあっても，里親の気持ちに思いを

馳せ，許容しながら我慢して生活を送っている場合が実に多いのである。家庭養護の中で一番の協力者は実子なのかもしれない。そのことを忘れることなく，養育者は，実子のメンタルヘルスについても配慮しなければならないのである。

実は，家族一人ひとりが生活上の辛さやストレスを受け止め，自身のメンタルヘルスを保持して生活してくれていることが，養育者のメンタルヘルスを支えることに結びついているのである。

また，養育者の親せきや友人の理解や協力は，養育者の大きな心の支えになるであろう。同様に，近隣や学校などの関係者の理解や協力が得られることも，養育者のメンタルヘルスを図ることにつながる。したがって，養育者は，家庭養護は社会的養育であることを認識し，里親をしていることを隠さず，近隣地域とオープンなつきあいをすることも大切なのである。

さらに，家庭養護における養育者のメンタルヘルスを図るために，養育者は，児童相談所をはじめ，里親支援機関，児童福祉施設（里親支援専門相談員），市町村の子育て支援サービス等を活用することが必要である。また，養育者は，近隣地域や養育者同士のネットワークの中で養育上の悩みを相談したり，近隣地域の保育所を活用したりするなど，社会的なつながりを深めていくことが重要である。

養育者の中には子育て経験のない者もおり，必要以上に不安を感じているため，些細なことでも気軽に話題にして話ができる環境を求めている。同じ土俵に立っている養育者同士が養育上の悩みや辛さなどについて語り合い，相互に励まし合い，支え合い，認め合えるようなピアグループによるサロンのような場が必要である。

いわゆる里親サロンでは，悩みや困りごとへの相談，知っておきたい知識に対する学習，子育てのつまずきや経験の情報交換など，里親の相互交流を通して，里親のメンタルヘルスや養育技術の向上等を図り，里親支援を行っている。

里親は，自身のメンタルヘルスの回復・保持，あるいは自らの養育を振り返るためにも，このような活動に積極的に参加し，他の養育者などからの情報や助言に耳を傾けることも必要である。

里親・ファミリーホームと児童相談所と支援者との間に相互の信頼関係を築いていくことが重要である。この信頼関係が確立されてこそ里親・ファミリーホームへの支援は有効に機能することになる。特に，里親・ファミリーホームと児童相談所との関係は最も重要であり，養育者は，委託前から委託解除後まで，児童相談所からの相談援助を継続的に受けて，自身のメンタルヘルスを保持することが大切である。

　「里親委託ガイドライン」（コラム参照）では，児童相談所等に対して，次のように里親への支援を行うよう定めている。

①委託前の支援
　円滑な里親委託を進めるため，一時保護所や施設等の職員の協力を得て，子どもとの交流や宿泊の体験などを通して，子どもと里親との関係づくりや子どもを迎える準備を支援する。（略）子どもと里親の不安な気持ちを受け止め，また，関係機関等と連携しながら子どもと里親の相性等の確認を行うなど最適な里親委託等となるよう支援する。

②定期的な家庭訪問
　委託後は，里親と子どもの関係は日々の生活のなかで，様々の状況に直面するので，児童相談所の担当者や里親支援機関の担当者が定期的に訪問し，里親と子どもの状況を確認し，相談支援を行う。（略）
　委託直後は，不安になりやすい里親を支えるために，家庭訪問は特に重要であるが，その後においても，児童相談所や里親支援機関の担当者が，日頃から里親と顔なじみになり，養育の状況を共有していることが重要である。（略）
　里親支援の家庭訪問は，里親家庭を支援するものであり，里親に子どもの養育状況について聞き，相談に応じ，必要な情報提供をするとともに，できる限り，子どもにも面会し，暮らしの状況や希望などについて聞き，相談に応じ，子どもの成長の状況を把握する。（略）

③里親の相互交流
　児童相談所は，里親支援機関等と連携し，里親と一緒に，里親による相互交流（里親サロン等）を定期的に企画する。情報交換や養育技術の向上

を図るとともに，里親の孤立化を防止するため，参加を勧奨する。
④里親の研修

　養育里親及び専門里親には，里親登録時の研修とともに，登録更新時の研修の制度がある。（略）

⑤地域の子育て情報の提供

　ⅰ）保健センターや保育所，地域子育て支援拠点事業の活用など地域の社会資源を適宜情報提供する。併せて，市区町村の関係機関と連携し，里親の支援の協力を得ることも検討する。また，市役所等の手続きが円滑に進むよう，必要に応じ同行する。

　ⅱ）里親に対し，子どもが通う幼稚園や学校等を訪問し，里親制度の理解を求め，協力を依頼するように指導する。必要な場合には，児童相談所の担当者は関係機関等を訪問し，調整を行う。

⑥里親の一時的な休息のための支援（レスパイト・ケア）

　里親のレスパイト・ケアは里親が一時的な休息を必要としている場合には，次に留意しながら，積極的に活用する。

　ⅰ）レスパイト・ケアのため，児童養護施設や乳児院，他の里親等を利用する際は，子どもには事前に十分説明し，子どもが不安にならないよう配慮する。

　ⅱ）レスパイト・ケアは，個々のケースに応じて，必要と認められる日数の利用ができる。

　ⅲ）レスパイト・ケアを円滑に実施するためには，里親に事前に制度の説明や手続きの方法と併せて，受け入れの施設や里親等を紹介しておく。また，児童相談所や里親支援機関等は，子どもの状況や里親の意見等を参考にして，実施する施設や里親等を選択する。

⑦相談

　里親支援機関等と連携し，里親からの相談に応じるとともに，子どもの状態の把握や里親の気持ちを十分に聴くことが重要である。

　里親には，複数の相談窓口を用意する。児童相談所の里親担当職員とその他の相談先について，連絡先と担当者名を記載した紙を渡し，担当者が交代したときは，新たに渡すようにする。

複数の窓口を用意する利点は，養育上の悩みに対して里親が複数の意見を聞きたい場合があることや，担当者との相性により相談しづらかったり，相談内容によっては，児童相談所には相談しづらいが，民間の相談先には相談しやすいこともあるからである。（略）

　したがって，養育者は，上記の里親委託ガイドラインの内容や児童福祉法の「里親につき，その相談に応じ，必要な情報の提供，助言，研修その他の援助を行うこと」という規定（第11条）を根拠にして，児童相談所による援助や支援を積極的に要望し受け入れるとともに，レスパイト・ケア事業などの社会資源を有効活用して，自身や家族のメンタルヘルスを保持・増進していくことが大切である。

　また，2012年度より，新たに児童養護施設および乳児院に里親支援専門相談員（里親支援ソーシャルワーカー）が，里親支援の充実を図るために，配置されることになった。里親支援専門相談員は，児童相談所の里親担当職員，里親委託等推進員，里親会等と連携して，里親家庭への訪問および電話相談やレスパイト・ケアの調整，あるいは里親サロンの運営などの業務を行うことになっている。したがって，これからは，里親支援専門相談員からもケアや支援を受けられるように働きかけていくことが大切である。

　このように，**家庭養護を担っている養育者**は，家族，親せき，友人，近隣地域，保育所・学校，児童福祉施設，児童相談所などのあらゆる関係者・関係団体，あるいは市町村の子育て支援サービスや家庭養護関係団体の里親支援活動など社会資源すべてを活用して，養育者自身やその家族のメンタルヘルスの保持や増進を図りつつ，社会全体で子どもを育んでいくことが求められているのである。

　家庭養護における子どもの養育は個人的な養育ではなく社会的な養育であり，子どもの養育については，社会的養護の理念である「すべての子どもを社会全体で育む」ということがきわめて重要なのである。

おわりに

　国連総会採択決議（2009年11月）である「児童の代替的養護に関する指針（Guidelines for the Alternative Care of Children）」では，「里親向けの特別な準備，支援及びカウンセリングサービスを策定し，児童の養護期間中及び養護の前後に，養護者が定期的に利用できるようにすべきである」と定めている。
　「福祉は人なり」と言われているように，養育者・支援者のメンタルヘルスは，社会的養護の下で生活している子どもたちのメンタルヘルスに直結している。まさに，養育者・支援者のメンタルヘルスケア・支援は，子どもたちのメンタルヘルスケア・支援であるといっても過言ではなかろう。だからこそ，養育者・支援者のメンタルヘルスづくりは重要なのである。
　社会的養護を担っている養育者・支援者には，不完全なものが不完全なものに向き合っているという自覚と，他からの見守りや寄り添い，支えがあってこそ子どもへの養育・支援は成り立っているという自覚をもって，自身のメンタルヘルスづくりに取り組んでいただきたい。　　　　　（相澤　仁）

■引用・参考文献
厚生労働省雇用均等・児童家庭局家庭福祉課（監修）「子どもを健やかに養育するために――里親として子どもと生活をするあなたへ」日本児童福祉協会，2003年
庄司順一編著『Q&A里親養育を知るための基礎知識［第2版］』明石書店，2009年
厚生労働省「里親及びファミリーホーム養育指針」（厚生労働省雇用均等・児童家庭局長通知，2012年3月29日）2012年
厚生労働省「里親委託ガイドライン」（厚生労働省雇用均等・児童家庭局長通知，2012年3月30日）2012年
United Nations, *64/142. Guidelines for the Alternative Care of Children*, 2010（厚生労働省雇用均等・児童家庭局仮訳『64/142. 児童の代替的養護に関する指針』2010年）

コラム 里親委託ガイドライン

1．ガイドラインの意義

　里親委託ガイドラインは，2011年3月30日に公布，2012年3月29日に改正され，現在に至る。このガイドラインには，主に3つの意義が挙げられる。第一に，社会的養護の子どもの委託先として，里親家庭を優先することを明確に宣言したことである。第二に，里親委託について，登録から支援までの流れと，それに伴う関係機関の役割や責任を示したことである。第三に，特別養子縁組を含む縁組制度の児童福祉における意義を明記したことである。

　日本では，親と暮らせない子どもが公的に保護された場合，乳児院や児童養護施設などに委託されるケースが圧倒的に多い。しかし，先進諸外国ではすでに脱施設化が図られ，里親による家庭での養育が主流となっている（里親養育のなかには，親族養育も含まれる）。また，日本の児童養護施設は中舎制・大舎制が多数残されており，子どもの発達には適さないという批判が国内外からなされてきた。このような議論を受け，厚生労働省は，近年，里親養育を促進する方針を検討してきたが，このガイドラインでは，それが全面的に打ち出されている。

　里親委託優先という方針の下，よりよい里親家庭での養育を達成させるために，ガイドラインでは，子どもの委託から里親子の支援までの流れが詳述され，さらには，養子縁組が，児童福祉の制度の一つとして位置づけられた。

2．ガイドラインの論点

　紙幅の都合上，ポイントとなる点についてのみ確認をしていこう。まず，全体として，内容が多岐にわたり，里親委託の課題が具体的に示され，その解決法が細かく指示されている。実質的には，これは委託のためのガイドラインというよりも，委託促進の徹底化を図るためのツールといってよい。

　ガイドラインでは，まず，里親委託を優先する理由が挙げられる。具体的には，特定の大人との愛着関係の形成が子どもの発達に必要であることと，地域の家庭で子どもを受け入れることによって子どもの生活環境の変化を最小限にすることである。特に，新生児には愛着関係の形成が，中学・高校生には生活の連続性が強調される。

つぎに，里親委託の対象となる子どもが列挙される。具体的には，新生児・高年齢児・短期委託児・施設に長期化している児童・個別的支援が必要な子どもなどで，その子に適した里親家庭の委託環境が整えられない場合を除き，あらゆる子どもが対象とされる。また，保護者に反対の意思がある場合には，積極的に説明・理解に努めることが求められる。

　さらに，委託の際の必要事項が示される。里親と子どものマッチングについては，里親の年齢・経験・力量・障害等への対応能力や家族全員の同意など，慎重さと適切な判断が必要となる。また，委託までには交流が必要だが，その期間は2～3ヵ月が目安である。養育里親の場合には，長期にわたる保護者との関係の継続を模索するとともに，緊急時には，子どもの居住地域や学区の移動を避けるために仮委託を行うなど，柔軟な対応が求められる。専門里親には専門性が必要な子どもが委託され，十分な支援が与えられる。

　また，児童福祉における養子縁組制度の意義が明らかにされる。養子縁組は，保護者の養育が望めない子どもに法的に安定した親子関係を付与する制度であり，必要に応じて相談等の支援を継続することが求められる。新生児の特別養子縁組については，里親が障害や病気の可能性を理解し，子どもの選別を行わず，保護者の意向が変わることを理解していることが前提とされる。

　最後に，里親支援の充実と支援者間の役割分担が明記される。具体的には，まず，児童相談所の里親担当職員は里親への委託・支援・措置の中心的役割を担う。また，里親委託等推進員は里親担当職員を補助して地域の里親への委託・支援を促進する。里親支援専門相談員は，所属施設の子どもの里親委託推進，退所後のアフターケアとしての里親支援，地域の子育て支援としての里親支援を中心に行う。

　このガイドラインは，脱施設化と家庭養護の促進という児童養護のパラダイムシフトを意味している。ガイドラインが遵守されれば，里親委託は増加するだろう。そうなれば，里親の養育の質の向上や，委託される子どもの長期にわたるケアといった支援が，今後ますます大きな課題となってくる。里親自身も委託する側も，子どもの福祉のためにこれまで以上に重い責任を負う立場となったのである。

（和泉広恵）

第11章……養育者・支援者の人材養成および研修・研究のあり方

(Key Word) 研修参加動機／新人研修／中堅職員研修／基幹的職員／研修体系／研修技法

1. 社会的養護における人材養成の現状と課題

　社会的養護に携わる人材の養成にかかわる機関には，専門学校，短期大学，大学，大学院などがあり，領域も保育・教育，心理学，福祉学，栄養・調理学，看護学，医学までと広範囲にわたる。児童養護施設には直接処遇職員といわれる保育士，児童指導員のほか，心理療法担当職員，家庭支援専門相談員，栄養士，調理師などの職員がいる。それらの職種は専門職として確立されているものから未確立なものまで，また，常勤職員から非常勤職員までと，待遇もさまざまである。一方，家庭養護である里親には，認定研修の受講義務があるだけで，特段の資格は必要ない。里親は特定の資格を問われることなく誰でもなれるが，養育上の課題に直面したとき，解決をしていくための専門的領域が十分にない状況が生じることもある。

　社会的養護の対象は要保護児童と言われ，社会的養護の担い手は実親に代わってそうした子どもの養育に従事する職種である。本来，親の愛情を受けながら成長すべき子どもを，実親に代わって養育するところに特色がある。

　しかし多くの大学などの教育現場は，要保護児童にかかわることを優先して教育しているわけではなく，むしろ圧倒的多数である一般児童を対象とした中の一部として，社会的養護論が教育されている。しかも，国民の健康や生命維持に携わる保健医療分野の専門職資格が国家資格であるのに対して，人権，権利にかかわる社会的養護に携わる福祉職のいくつかは，経験年数を加味した任用資格者が多いのも特色である。すなわち，社会的養護の専門職

教育が必ずしも体系化されているとはいいにくい。

2. 社会的養護における人材養成のあり方

　教育機関での養成過程をへて，実践現場に出て最初に戸惑うことは，理論と現実のギャップであろう。教育機関で学ぶことは一般論であるため，個々の子どもへの対応は応用能力を試されることになる。理論を実践に応用できれば戸惑いやストレスは減少するが，応用できなければ子どもの行動上の問題に振り回されることになる。ある程度の経験を積むことによって応用力がつき，個別対応もうまくなる。さらに，実践の中から新たな方法・技術や理論を生むこともある。**専門性を高めるとは，この理論と実践の応用力あるいは応答能力を高めること**といえる。

　次に，社会的養護に限らず，生命，人権にかかわる職種は，知識，技術，人間性を常に磨かなければならない。知識，技術は教育機関においてある程度の水準までに到達できるが，人間性は個性として子どもの養育に大きな影響を与える。人間性は，その人の価値観，人間観によって異なる。最大の学びは「**対象者から学び，省察する**」ことであろう。対象者とは必ずしも要保護児童とは限らない。友人，恩師，同僚，上司，家族など，自己を取り巻くすべてが対象者と考えることができる。人間性を磨くとは，「**人間関係から学ぶ**」と置き換えてもよい。

　職場環境は職員個々の就労意欲に大きな影響を与える。このため，「共に学び，共に伸びよう」とする職場環境・風土が必要である。個人で省察することには，おのずと限界もある。それゆえに，職場内での「日常」を客観的に振り返ることが重要である。支援や養育上の悩みなど，自己の限界を感じたときに，相談できる上司や同僚の存在は大きい。自己の技術を客観視できるのは，他者からの助言とその気づきである。

　最後に，知識や技術はいずれ陳腐化することを忘れないことである。そのためには常に最新の知識や技術を上書きしなければならない。それは，問題意識，向上心を核とする自己学習であり，そして職場内研修（OJT）や派遣研修（OFF-JT）などが貴重な場となる。

図表11-1　主な研修機関

国立の研修機関	民間研修機関
国立武蔵野学院 国立保健医療科学院	子どもの虹情報研修センター 日本子ども家庭総合研究所 全国里親会 全国児童養護施設協議会 全国社会福祉協議会中央学院 全国乳児福祉協議会 NPOなど

3. 社会的養護における研修の現状と課題

　社会的養護に携わる専門職を対象とする国および民間の代表的な研修機関を図表11-1に示した[1]。
　この他、都道府県・指定都市が独自に行う現任研修がある。

1）国の研修機関が行う研修の現状
(1) 国立武蔵野学院
　研修対象者を大きく分けると次の3本がある。
　定員は30人程度が多く、女子の施設である国立きぬ川学院も研修会場になる。2012年度は次のような研修が実施されている。
〈児童自立支援施設職員研修〉新任施設長を対象に実施される義務研修がある。前期と後期各3日間と、その間のOJTが位置づけられている。新任職員研修には、勤務経験3年未満の職員を対象に、実習を含む5日間の短期実習コースと、3週間の長期実習コースがある。専門員等テーマ別研修には、3コースのスキルアップ研修がある。経験3年以上の職員が対象で、期間は4日間である。さらにこのコースを受講した者には4日間の実習コースがある。
〈児童相談所職員等研修〉経験3年以上が対象の一時保護所指導者研修（3日間）、里親対応関係機関職員研修（3日間）、経験5年以上が対象の児童自立支援施設現場研修（4日間）の3コースがある。

〈研修指導者養成研修〉児童福祉施設や都道府県・指定都市が行う基幹的職員などの社会的養護関係職員の研修の指導者を養成することを目的にしている。AからEまでの5コースがあり、研修期間は各3日間である。

　　特色：児童自立支援施設、児童相談所、児童養護施設等の職員を対象としており幅が広い。国立武蔵野学院の施設機能を生かした実習ができることが特色の一つである。また、里親対応関係機関職員を対象にした研修は、国内で唯一のコースといえる。

(2) 国立保健医療科学院

　名称が示すように保健・医療分野の職種対象の研修が多いが、社会的養護に関係する職種では児童相談所中堅児童福祉司・児童心理司研修が3日間実施されている。実務経験3年以上5年以下が対象である。

　特色：募集要項には研修目的の他、一般目標と到達目標が具体的に設定され、参加者の学習目標を明示している。この方式は、看護研修にみられる方式である。

2) 民間研修機関が行う研修の現状

　社会的養護分野では、子どもの虹情報研修センター、日本子ども家庭総合研究所、全国社会福祉協議会中央福祉学院、全国児童養護施設協議会、全国里親会などがある。

(1) 子どもの虹情報研修センター[2]

　ここでは、子ども虐待にかかわるあらゆる分野、職種を網羅した研修が実施されている。児童相談所関係の研修が12コース、市町村関係の研修が3コース、児童福祉・医療関係研修が8コース、教育関係が4コース、テーマ別や学生対象、公開講座などのその他の研修が6コースある。

　特色：子ども虐待にかかわる分野、職種をほぼ網羅している。児童福祉にかかわる職員向けにウェブ研修のほか、児童相談所と児童福祉施設職員や教育関係者を対象とした合同研修がある。

(2) 日本子ども家庭総合研究所

　2002年の里親制度改正に伴い、都道府県・指定都市から委託を受けて専門里親の養成を行っている。

〈専門里親認定研修〉4ヵ月間の通信教育とその間に行われる3日間のスクーリング（面接授業）が年2回実施され，1週間の養育実習を受け，合格すれば専門里親として都道府県知事・指定都市長から認定される。

〈専門里親更新研修〉上記認定後，2年以内に更新研修の受講義務がある。研修期間は約2日間である。2012年度からは，更新研修を2回以上の受講者を対象にしたアドバンスコースが設けられた。

　　特色：専門里親養成のための通信教育を自治体から委託を受けて実施している。

(3) 全国里親会

全国を8ブロックに分けて，地区別里親研修を1～2日間で実施している。また，開催地持ち回りで全国里親大会を2日間の予定で開催している。

特色：地区別研修は参加定員が100人以上と多い。全国大会は式典，基調講演の他，講演と里親の養育事例などを交えた分科会方式がとられている。

(4) 全国児童養護施設協議会

2011年度は新任施設長研修および中堅職員研修会が各々3日間の日程で開催されている。また，ファミリーソーシャルワーク研修が2日間で開催されている。上記とは別に，施設長を対象とする研究協議会が2日間，組織活性化を目的に全国8ブロックで大会・研修会を開催している。

特色：児童養護施設職員に特化している。

(5) 全国社会福祉協議会中央学院

1年間の通信教育として児童福祉司資格認定通信課程，社会福祉施設長資格認定講習課程，福祉施設長専門講座の3コースがある。他に，相談援助，介護，保育等の対人援助の実践リーダーを対象とするスーパービジョン研修会と，職場研修担当者研修会が各々3日間コースで開催されている。

特色：社会福祉施設職員に必要な任用資格教育機関で，1年間の通信教育制が実施されている。

(6) 全国乳児福祉協議会

ファミリーソーシャルワーカー対象の研修（2日間），持ち回りで開催される全国乳児院研修会，保育看護セミナー，隔年開催の乳児保育セミナーがある。

特色：保育看護とファミリーソーシャルワーカー研修がある。
(7) NPOなど

民間の研修機関には，子ども虐待防止センター（東京），アン基金（東京），CAPNA（愛知），児童虐待防止協会（大阪），家庭養護促進協会（大阪・神戸）などのNPO法人や社会福祉法人，社団法人が主催する短期の研修，講座・講演会などがある。

特色：テーマ別研修が多く，養育相談などとリンクしている。

3) 課　題

主に中央研修機関について概略を述べた。これを研修の形態，評価，体系化の視点から課題を考えてみる。

(1) 研修形態

中央研修機関で行う研修には，旅費，宿泊費，参加費等を考慮すると，遠隔地ほど参加が限定される。ほとんどの研修機関が関東に集中しているため，遠隔地ほど研修機会が少なくなる。いわゆる地域格差が生まれることになる。ブロック研修なども行われているが，行政説明やトピックス的なテーマが主で，期間も短い。

(2) 研修評価

教育は堆積論であって，ただちに効果が見えるものではない。研修参加者に対するアンケートによって評価が行われるが，参加終了後に，参加者が実践場面でどのように役立てたかというアンケートは意外に少ない。すなわち，**プログラム評価はよく行われるが，研修結果の効果評価は少ない。**評価は研修終了時だけでなく，帰任後の職務への反映度合や人間性・態度についての評価ができるようにする必要がある。

(3) 研修の体系化

最も重要なのは，どこでも，誰でも，身近なところで研修に参加できることである。その場の第一は，後述する職場研修であり，次に期待されるのが，都道府県単位の行政やNPOなどの民間研修機関が主催する派遣型研修である。しかし，その多くは1〜2日程度と期間が短く，内容もその時々のトピックや行政説明などの情報提供である。**職場研修⇒都道府県研修⇒ブロック**

研修⇒中央研修といった，基礎から応用までの内容を体系化した年間研修計画の策定が望まれる。

4. 社会的養護における研修システム

　紙幅の都合で研修システムの全体までは触れられないので，策定に必要な基本的要件について述べる。

1）問題意識，参加動機
　専門職は常に新しい知識，技術を吸収しなければならない。それを怠ると子どもの支援や里親の養育に影響することになる。問題意識，向上心はその核となるものである。自己や他者（児童）を見つめる感性が大切である。これは，研修参加動機の核となるものであり，この核が曖昧のままだと，いくら研修を受けても満足度は低いままになる。

2）研修委員会の設置
　里親会，施設ともに内部，外部の委員を交えた研修委員会を設置する必要がある。この場は，職場内研修，合同研修，派遣研修などの研修体系づくりと評価の場になる。特に，個々の研修における研修目的，研修目標，研修技法，評価方法などについて企画する。
　一方，児童相談所が中心になって管轄下の施設職員，里親，行政，教育機関などを対象とする合同研修，ブロック研修などを策定する必要がある。管轄下の里親会，施設，NPOなどを含めた委員会を設置し，組織的な研修の実施が期待される。これらの中心になるのはスーパーバイザー（基幹的職員）である。

3）研修技法
　多くの研修は，集合・座学型で実施されることが多く，実習は少ない。本来は研修機関の特色を生かした実習を組むべきであるが，時間と人材に余裕がないのが現状である。それに代わるのは，事例研究，情報交換，演習など

の参加型研修を多くすることである。その際，訓練を受けたファシリテーターを確保することが必須である。

4）職種間連携のための研修

　社会的養護に携わる職種は多い。しかし実際は，単一職種のみを対象とした研修が多い。むしろ合同研修の機会を多くして，多職種理解を深める研修の工夫をすることによって連携が可能となる。施設内職種にかかわらず，児童相談所職員と施設職員，あるいは里親といったように，子ども中心の研修企画である。

5．OJTによる研修のあり方

　施設職員を前提にOJTを考えると，まず当該施設・職場の理念や養育・支援理念に基づいて行われるべきである。具体的には，子どもの権利擁護を前提とした研修体系の構築が望まれる。OJTは新人からベテラン職員対象の研修まで，体系化，組織化されていなければならない。特に重要なのは，新人研修と勤務経験が概ね3年以上の中堅職員研修である。

1）新人研修

　数日間の期間を定めた研修で終えるのではなく，1年計画で養成していく必要がある。そのためには，個々の部署の業務目標および入所児童の理解と養育・支援目標，さらに部署ごとの業務の分類と方針・手順などについてのマニュアルを用意し，OJT指導者による定期的（概ね3ヵ月）な達成度の評価と助言をしながら養成していく必要がある。

2）中堅職員（前期）研修

　就職して2，3年を経ると，中堅職員としての役割が求められてくる。また子どもとのかかわり上でも，さまざまな問題や職場の矛盾なども見えてくる時期である。施設規模や研修費にもよるが，外部講師も含めて施設内研修か，他施設との合同研修の実施が考えられる。

また，この時期には，いわば外から自分の知識や技術を見直し，自分の抱えている問題を整理するOFF-JTの活用も並行して考える。

6．OFF-JTによる研修のあり方

1）共通の課題を確認する場
　OFF-JTの利点の一つは，参加者同士による情報交換や，事例研究などを通して**課題を確認する場**である。自己および自施設での問題点や悩みなどを語り合うことによって，その原因と課題について**整理することができる**。[3]

2）現在の取り組み方（知識，技術）を整理する場
　今まで取り組んできた，支援技術や養育技術の妥当性を確認する場である。それは，講義であったり，討議であったりさまざまである。**日頃の業務を整理しておかないと，新しい知識の吸収だけに関心が偏り，自己の持つ知識・技術を検証しにくくなる**。

3）今後取り組むべき方向指示を得る場
　研修は，当該職種，役割の経験や業務内容に合わせて行われるものである。研修目的や研修目標をよく理解して参加する必要がある。すなわち，**参加動機を明確にして参加する必要がある**。参加動機が明確であれば，研修中の質問や今後の方向も見えやすくなる。
　上記に述べた研修の機能は，施設職員に限らず里親においても同様である。

4）中堅職員（後期）研修
　概ね，5年過程の経験職員を目安にした研修である。施設規模によっては，施設長，基幹的職員が中心となって立案，実施することができる。中堅職員前期研修と同様に，他施設との合同研修も考えられる。

5）基幹的職員の役割
　基幹的職員は職場研修の企画者でもあると同時に，個別対応職員のための

スーパーバイズ，事例研究の企画とファシリテートなどの役割の他，OFF-JT派遣職員の選考および研修終了後のフォローと業務評価を担うことが期待されている。

職場研修の方法についての研修は，全国社会福祉協議会中央学院と国立武蔵野学院において実施されている。

6）里親研修

里親研修が注目されはじめたのは，2002年度の里親制度の改革以降である。それまでは，都道府県・指定都市ごとにバラバラに実施されていた。それも養育技術の向上を図るというより，制度の説明に時間が多く割かれ，体系化には程遠いものであった[4]-[7]。

今後は，児童相談所による里親会やNPO法人などと連携した，里子受託前に行われる認定前研修の充実（内容，期間とも），強化が急務である。

7. 社会的養護における研究の動向

日本子ども家庭総合研究所のデータベースから「社会的養護」および「里親」をキーワード検索した。その結果，社会的養護に関する書籍文献が28件，雑誌文献170件，里親に関する書籍文献が162件，雑誌文献は457件であった（図表11-2, 3）。

1）社会的養護に関する文献

まず，社会的養護に関する書籍文献は，図表11-2でわかるように2000年以降の出版が多く，28件中9件は厚生労働科学研究（子ども家庭総合研究），こども未来財団，資生堂社会福祉事業団による調査研究報告書であった。1978年発行の『新しい社会的養護計画に向かって　要保護児童をめぐるコミュニティサービス』（東京都児童福祉審議会）が最も古く，最新の発行では庄司順一・鈴木力・宮島清編の『社会的養護シリーズ』（福村出版）や日本子ども虐待防止学会社会的養護ワーキンググループによる『社会的養護における災害時「子どもの心のケア」手引き（施設ケアワーカーのために）』などがあ

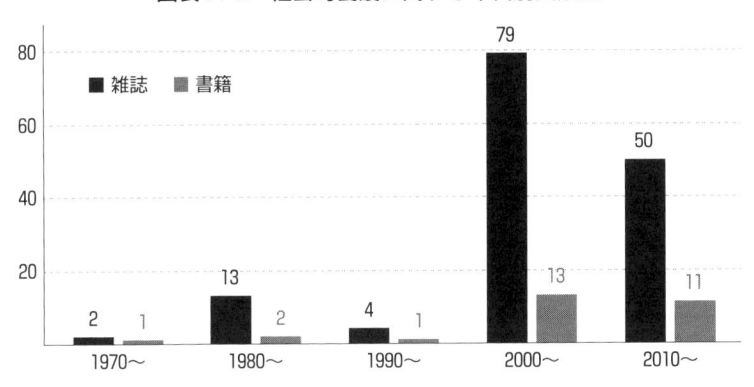

第11章　養育者・支援者の人材養成および研修・研究のあり方

図表11-2　社会的養護に関する年代別文献数

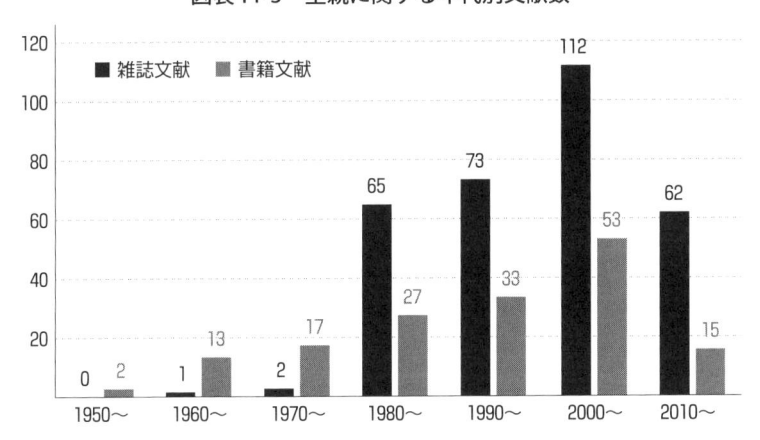

年代	雑誌	書籍
1970～	2	1
1980～	13	2
1990～	4	1
2000～	79	13
2010～	50	11

図表11-3　里親に関する年代別文献数

年代	雑誌文献	書籍文献
1950～	0	2
1960～	1	13
1970～	2	17
1980～	65	27
1990～	73	33
2000～	112	53
2010～	62	15

る。

　雑誌文献では，1970年以降は『児童養護』（全国児童養護施設協議会）と短大・大学の研究紀要が多く，村岡末広の「新しい社会的養護の可能性を求めて　グループ・ホーム化への動き　養護処遇におけるファミリー・グループ・ホームの位置づけ」（『児童養護』1982年）や，秋山智久らの「新しい社会的養護の動向と展望　脱施設化とグループホームの可能性」（明治学院大学社会学会『明治学院論叢』1982年）などの論文がある。論文数が増えるのは2000年以降である。各国の社会的養護を特集した『世界の児童と母性』（2000年），

社会的養護の成果と課題を扱った『母子保健情報』(2005年), 社会的養護と子どもの育ちや養育実践を取り上げた『チャイルドヘルス』(2007年),『こころの科学』(2008年)のほか, 虐待を受けた子どもの社会的養護を特集した『小児の精神と神経』(2009年)や『子どもの虐待とネグレクト』(2009年),講演記録などをまとめた『新しい家族』(2010年)や『社会的養護とファミリホーム』(2011年)などがある。

2) 里親に関する文献

書籍文献では, 1959年に厚生省児童家庭局監修『里親ケースワーク事例集　第1集』(日本児童福祉協会)が発行され, 1963年の第5集まで続く。1960年代は, 三吉明編『里親制度の研究』(児童福祉協会, 1963年)のほか, 児童相談所や里親会発行の里親制度の紹介(滋賀県, 大阪市), 調査報告書(宮城県, 神戸市), 厚生省児童家庭局から発行された『里親及び委託児童調査・保護受託者及び委託児童調査報告』(1962年)などがある。1970年代には, 全国里親会編で『里親読本シリーズ　地域里親会実践事例集』(1974年)が始まり2000年の50集まで続く。1980年代は, 松本武子著『児童相談所と里親制度』(青川書房, 1980年), 家庭養護促進協会が実施した『成人里子の生活と意識——里親家庭における親と子の追跡調査』(1984年)および『あたらしい里親像を求める里親家庭における里父母の生活意識調査報告』(1988年)などがある。

1990年代は, バーバラ・フレッチャー著, 津崎哲雄訳『こどもの声——里親家庭・居住施設で暮らすこどもの意見表明』(英国ケースワーク研究会, 1995年), 武井優著『子どもの心とどう向き合うか——アメリカ里親ドーン・イングリッシュの実践』(徳間書店, 1997年)のほか, 日本国際社会福祉事業団編『里子となったインドシナ難民——里親のアンケート調査を通して』(日本国際社会福祉事業団, 1995年)など海外の里親制度紹介も増えてくる。この時期は, 養子と里親を考える会編『養子縁組及び里親制度の観点から見た児童福祉法改正に対する提言(試案)／里親制度の改善に関する提言』(養子と里親を考える会, 1996年)のように, 法改正に伴う提言も見られる。

2000年以降は, 2002年の里親制度改革にあわせて調査研究報告書や里親

養育マニュアル，研修テキストなど，国内外の書籍が多く出版されている。専門里親制度導入に向けた専門里親モデル実施調査研究委員会編『専門里親モデル実施調査研究報告書』および『里親養育マニュアル』（全国里親会，2002年），児童福祉施設による里親支援のあり方の調査研究委員会編『児童福祉施設による里親支援のあり方の調査研究事業報告書』（全国社会福祉協議会，2004年）のほか，里親向けに出版された厚生労働省雇用均等・児童家庭局家庭福祉課監修『子どもを健やかに養育するために——里親として子どもと生活をするあなたへ』（日本児童福祉協会，2003年）や庄司順一編著『Q&A 里親養育を知るための基礎知識』（明石書店，2005年），湯沢雍彦編著『里親入門——制度・支援の正しい理解と発展のために』（ミネルヴァ書房，2005年）などがある。一方，里子の権利擁護に関する文献として，『大阪府子どもの権利ノート（里親委託児童用）』（大阪府健康福祉部児童福祉課，2002年），『子どもの権利ノートガイドブック——子どもと里親養育の未来のために』（朝日厚生文化事業団，2008年）も見られる。

　雑誌文献の推移を概観すると，1960〜70年代は文献数が少なく，主に研究紀要，相談事例などであった。80年代になると数が増え，『児童養護』『子どもと家庭』『月刊福祉』『ソーシャルワーク研究』『世界の児童と母性』『愛護』『教育と医学』など，専門誌に多く掲載されるようになる。特に『新しい家族』では，国内だけではなく海外の現状も紹介している。90年代は，80年代の専門雑誌に加え，『児童心理』『社会福祉研究』『ネオネイタルケア』にも里親の名称が登場する。80年代後半から2000年代にかけて『日本子ども家庭総合研究所紀要』でも継続研究として里親の研修実態や養育に関する研究が行われた。

　2000年代は数がもっと多い。『子ども虐待とネグレクト』，医学分野では『チャイルドヘルス』『小児の精神と神経』『小児科臨床』などでも里親や養子縁組制度を扱っている。

　2006年には本格的な里親専門誌として『里親と子ども』（明石書店）が創刊され，さまざまな角度から特集，解説が組まれている。

8. 社会的養護における研究の課題

　社会的養護研究のあり方を述べることは容易でない。そこで，どのような課題があるかについて若干考えてみたい。

1）施設養護研究

　施設養護では，①入所児童の高齢化と進路関発研究：一般児童と比べ高校，大学への就学率が低く，就職の門戸も広くない。施設入所というだけでハンディを背負うことになる。施設内学習のほか，学習権の保障という視点からの研究が待たれる。また，就職後の定期的な就労調査も必要である。②施設職員の専門性と人材養成研究：前述したように，組織的な人材養成体系の確立が急務である。OJT と OFF-JT を含む，施設内研修の実態と課題把握研究により，施設間格差を縮めるための検討が必要である。③施設の小規模化と養育の質に関する研究：グループホームが整備されつつあるが，その結果としての養育・支援の質の変化と子どもと職員への影響，職員の業務内容分析が必要である。④施設機能の研究：いわゆる本体施設の治療的役割，効果が期待できるかの検討である。

2）里親研究

　里親研究では，①里親の選考基準，委託基準の開発研究：庄司・有村らが行った「里親のコンピテンス形成と評価に関する調査研究」（こども未来財団，2009年）や「施設から里親への円滑な移行と里親の支援のあり方に関する調査研究」（2008年）などを一歩進めた，里親選考時に活用できる客観的な評価尺度の開発研究。②里親支援のあり方研究：里親会のあり方を含めた，里親支援機関のあり方研究。③里親養育を持続させる要因研究：里親は被虐待児や非行時の養育に苦慮している。里子の成長，行動上の問題の理解と対応についての研究。④里親の開拓に関する研究：欧米に比べて里親委託が低いため，委託率向上のための方策研究などが考えられる。　　　　　（小山　修）

■引用・参考文献
（1）表に掲載した中央研修機関はホームページから検索した。
（2）社会福祉法人横浜博萌会子どもの虹情報研修センター『平成24年度研修概要』2012年，およびhttp://www.crc-japan.net/contents/guidance/list.html
（3）東京都児童養護施設等人材育成支援事業検討委員会『東京都委託　児童養護施設等人材育成支援事業（平成21年～平成23年）最終報告書』2012年
（4）厚生労働省雇用均等・児童家庭局家庭福祉課監修『子どもを健やかに養育するために——里親として子どもと生活するあなたへ』日本児童福祉協会，2003年
（5）庄司順一編著『Q&A里親養育を知るための基礎知識』明石書店，2005年
（6）庄司順一「里親への初期研修　里親研修の現状と課題」『里親と子ども』Vol.1，明石書店，2006年
（7）小山修「里親への初期研修　研修の進め方」『里親と子ども』Vol.1，明石書店，2006年

コラム　家庭養護の国際的団体（IFCO）とその活動

　IFCOとはInternational Foster Care Organisationの頭文字のことでイフコと発音し，日本語では国際フォスターケア機構と紹介されている。このIFCOは，子ども中心の社会的養護と家庭養護の促進と援助を目的とする世界で唯一の国際的ネットワーク機構である。1981年に結成されてから現在まで，国際大会や地域セミナーそして世界の様々な地域における家庭養護促進のためのプロジェクトにかかわり，その会員は現在数十ヵ国以上に広がりを見せている。IFCOは完全なチャリティー組織であり，会長を含む理事すべての活動は無償で行われている。理事の一人として言わせていただくと，無償どころか，世界のさまざまな地域で開かれる理事会や年次総会へ自腹を切って参加しているというのが実際のところである。

　そのような組織であるため，里親促進のための国家・地域におけるプロジェクトに必要なエキスパートの紹介やコンサルティングなどを行うことはできても，里親促進を新たに目指す国や地域，たとえば日本にフォスタリングサービスを実践するための事務所を開設し，ソーシャルワークを現地で展開するようなことは，少なくとも現時点ではIFCOの活動の範囲だとは言えない。では，IFCOにつながる意義は何なのか。その最大のメリットは，情報である。

　IFCOにつながると，世界中のさまざまな地域における家庭養護の動向について情報を得ることができる。たとえば，スペインが新たな児童保護法の草稿のなかで6歳以下の子どもの集団養護を国家として禁じることを明記したことや，チェコが3歳未満の乳幼児の集団養護を2013年より全面的に禁止する流れになってきていることなど，日本にいるだけではなかなかつかめない情報を，IFCOを通じて入手することができる。これらの情報は，私たちが国際社会のなかでどのような立ち位置にいるのかを理解することを助けてくれる。

　情報だけでなく，IFCOを通じてつながることができる国際的なネットワークもメリットの一つだ。日本において海外とのネットワークを構築しようとしても，来日した方や日本国内の一部のコネクションに限られ，独自でそれ以上ネットワークを広げようとすることは非常に難しい。しかし，IFCOの大会などに積極的に参加すれば，著名な研究者や先進的な取り組みをしている実践者たちと直接ネットワークをつくることもできる。

　そして，IFCOから私たちが学ぶべき重要なことは，子どもと若者の声に耳

を傾けることだ。IFCOの活動に，若者たちの存在は欠かせない。社会的養護の中心は子どもと若者であり，彼らの声なしに，家庭養護促進の望ましい方向性など見出すことはできないはずである。IFCOにはユース部局があり，彼らの存在がIFCOの組織としての存在意義を支えているといっても過言ではないだろう。わが国においては，里親会の理事や役員にユースを加えるというところまではまだ届いてはいないかもしれない。しかし，今後そのような流れが広がりを見せていくことを期待したい。

　ある方に，社会的養護を経験したユースの国際大会について案内をしたことがある。きっと興味を抱いてくださると期待していたのだが，「わたしは日本人だから」と全く興味を示してもらえなかった。その方が私に伝えたかったと思われるメッセージに間違いはない。私たちの目の前で家庭養護を必要としている子どもは私たちの地域社会の中にいる。海外のどこかの国にいる子どもを養育するわけではない。地域社会に根差し，子どもと向き合い育んでいくことが里親養育のあるべき姿であろう。
　しかし，同時に私たち日本人は国際社会の一員であり，福祉や人権について，国際的な動向を無視して孤立した考え方を貫き通すことは望ましいことだとは言えない。他の様々な分野が国際交流によって学び刺激しあうことで発展しているように，この国の家庭養護も国際的な交流と刺激によって発展を遂げることができるはずである。日本は2013年，IFCO大阪世界大会という絶好の発展の機会を得ることができた。このまたとない機会を一人でも多くの方に活かしていただきたい。

（渡邊　守）

第12章……自己評価・第三者評価および監査

Key Word 権利擁護／運営の適正／情報公開／説明責任／支援の質の向上

1．支援の質の向上のための自己評価と第三者評価の仕組み

1）社会的養護における利用者本位のサービス

　社会福祉基礎構造改革で福祉サービスは「措置から契約」へと利用者本位のサービス提供に移行するなか，母子生活支援施設を除く社会的養護関係施設（児童養護施設，乳児院，情緒障害児短期治療施設，児童自立支援施設及び母子生活支援施設をいう。以下同じ）では，親権との関係で選択による施設利用は馴染まないとされ，措置制度が維持されている。一方，措置制度では，養育・支援を行う施設に優位性があり，それらの養育・支援を受ける子どもや保護者は支援に対して希望や意見，苦情が述べにくいと指摘されている。

　そのため，**社会福祉法第78条第1項**で，「福祉サービスの質の向上のための措置等」として，「社会福祉事業の経営者は，自らその提供する福祉サービスの質の評価を行うことその他の措置を講ずることにより，常に福祉サービスを受ける者の立場に立って良質かつ適切な福祉サービスを提供するよう努めなければならない。」と定められ，社会福祉事業の共通の制度として，「福祉サービス第三者評価事業」が行われ，措置制度のもとであっても，利用者本位のサービス提供を行い，社会的養護の養育等の質の向上に努めることとされている。

2）社会的養護関係施設の第三者評価事業の義務化

　第三者評価事業は社会福祉事業の事業者が任意で受ける仕組みであるが，

図表12-1 社会的養護関係施設についての第三者評価の仕組み

○社会的養護関係施設については、子どもが施設を選ぶ仕組みでない措置制度等であり、また、施設長による親権代行等の規定もあるほか、被虐待児等が増加し、施設運営の質の向上が必要であることから、第三者評価の実施を義務付けることとした。
○受審の義務化に伴い、効果的な実施のため、また、施設の数が少ない中で評価機関が評価経験を蓄積して質の高い評価を行えるよう、原則として、全国共通の評価基準とし、社会的養護関係施設の評価についての評価機関の認証と評価調査者の研修を、全国推進組織である全国社会福祉協議会で広域的に行う仕組みとする。なお、都道府県推進組織で独自に評価基準を策定し、認証、研修を行うことも可能とする。

	社会福祉事業共通の第三者評価の仕組み（平成16年通知）	社会的養護関係施設についての第三者評価の特別な仕組み（平成24年通知）
受審	規定なし（受審は任意）	3年に1回以上受審しなければならない
評価基準	都道府県推進組織が策定した評価基準	全国共通の第三者評価基準。ただし、都道府県推進組織が独自に策定可能
評価機関	都道府県推進組織が認証した評価機関	全国推進組織が認証した評価機関（全国で有効）ただし、都道府県組織が認証した評価機関も可能
認証要件	福祉サービス第三者評価機関認証ガイドラインに基づいて都道府県推進組織が策定した第三者評価機関認証要件に基づき認証を行う。	全国推進組織の認証の場合は、①社会福祉事業一般の評価のための都道府県認証を受けた評価機関については、・全国推進組織の行う社会的養護評価調査者研修を終了・更新時には、3年で10か所以上の実施実績と評価の質が要件②未認証の機関については、・①＋第三者評価機関認証ガイドラインによる要件都道府県推進組織の認証の場合は、・都道府県推進組織の行う社会的養護評価調査者研修・更新時には、一定以上の実績と評価の質が要件
研修	都道府県推進組織は、評価調査者養成研修及び評価調査者継続研修を行う。	全国推進組織は、社会的養護の施設に係る評価調査者養成研修及び評価調査者継続研修を行う。ただし、都道府県推進組織の認証の場合は都道府県推進組織が研修を行う。
利用者調査	利用者調査を実施するよう努める。	利用者調査を実施する。
結果公表	公表することについて事業所の同意を得ていない第三者評価結果については、公表しない。	全国推進組織が、評価機関から報告を受け、評価結果を公表する。なお、都道府県推進組織でも重ねて公表可能
自己評価	規定なし（自己評価は任意）	毎年度、自己評価を行わなければならない

※「全国推進組織」は、全国社会福祉協議会

出所：厚生労働省「社会的養護関係施設の第三者評価等について（概要）」2012年

社会的養護関係施設については、第三者評価の受審および自己評価ならびにその結果の公表を義務づけられた。

子どもが施設を選ぶ仕組みでない母子生活支援施設を除く社会的養護関係施設では、近年被虐待児等が増加し、子どもの心のケアや保護者への対応が求められている。また、施設長による親権代行等が規定され、養育者の専門性の向上や施設運営の質の向上、そして施設の透明性を確保することが重要とされた。

そのため、2011年「児童福祉施設の設備及び運営に関する基準」[*1]の省令改正を行い、社会的養護関係施設のそれぞれに「自らその行う業務の質の評価を行うとともに、定期的に外部の者による評価を受けて、それらの結果を公表し、常にその改善を図らなければならない」旨を定め、2012年4月から、

[*1] 乳児院第24条の3、母子生活支援施設第29条の3、児童養護施設第45条の3、情緒障害児短期治療施設第76条の3、児童自立支援施設第84条の3

第三者評価を3年に1度以上受審することになり，子どもの最善の利益の実現のために，施設運営の質の向上を図るために取り組むこととなったのである（図表12-1）。

また，義務化に伴い，社会的養護関係施設や自立援助ホームおよびファミリーホームの第三者評価の受審費用について，3年に1回に限り，1回30万円を上限に，措置費の第三者評価受審費加算を算定することができるようになった。評価する側も評価を受ける側も，利用者本位のサービスを提供すること，すなわち，養育・支援の質の向上を社会全体で取り組むことが必要である。

3) 第三者評価事業の仕組み

(1) 第三者評価の推進体制

2000年に施行された社会福祉法で「福祉サービスの質の向上のための措置等」が規定され，2004年には「福祉サービス第三者評価事業に関する指針について」が局長通知として発出され，福祉サービス第三者評価事業の目的等や推進体制が示された。

推進体制については，①**全国推進組織を全国社会福祉協議会とし**，事業の推進と都道府県の推進組織の支援を行い，**第三者評価事業普及協議会および第三者評価基準等委員会を設置する**こととされている。主な事業としては，第三者評価機関を認証するガイドラインの策定や第三者評価基準ガイドラインの策定や更新を行う。

特に，社会的養護関係施設の受審義務化にともない，社会的養護関係施設第三者評価機関の認証に関すること，社会的養護関係施設についての第三者評価基準および第三者評価の手法に関すること，第三者評価結果の取り扱いに関すること，評価調査者養成研修および評価調査者継続研修に関すること，その他必要な業務を行うこととされている。②**都道府県推進組織**については，第三者評価指針通知「都道府県推進組織に関するガイドライン」に基づき，**都道府県，都道府県社会福祉協議会，公益法人または都道府県が適当と認める団体に，第三者評価事業の都道府県推進組織が設置され**，都道府県の評価機関の認証，第三者評価基準ガイドラインを基にした独自の評価基準の作成

などを行っている。

(2) 第三者評価機関

　社会的養護関係施設は，虐待を受けた子どもやDV被害を受けた母子が多く入所する施設であり，第三者評価の義務化に伴い，第三者評価機関にはいっそう質の高い第三者評価が期待されているのである。しかし，各地域の社会的養護関係施設数が少なく，これまでも第三者評価機関は第三者評価を数多く経験していない。したがって，**第三者評価機関の評価の質を高めるためには，社会的養護関係施設の特質と動向を十分知り，社会的養護関係施設の評価を多数経験し，社会的養護関係施設の質の向上に資する取り組みに意欲を持つ評価機関であることが必要である。**

　このため，社会的養護関係施設の第三者評価を行う評価機関は，既存の第三者評価機関の認証とは別に，社会的養護関係施設の評価機関についての新たな認証を全国共通で行うとされ，「社会的養護関係施設第三者評価機関」の認証を受けた機関でなければならないとされている。また，認証の有効期間は，認証を受けた日から3年間とし，更新の基準[*2]を設けている。

　全国共通の認証は原則として全国推進組織が行い，この認証があれば，全国の社会的養護関係施設の評価をできるのである。なお，都道府県推進組織において，独自の第三者評価基準を設けている場合は，当該都道府県内において有効な社会的養護関係施設第三者評価機関の認証を行うことができるとしている（図表12-2）。

図表 12-2　社会的養護関係施設の第三者評価機関の認証について

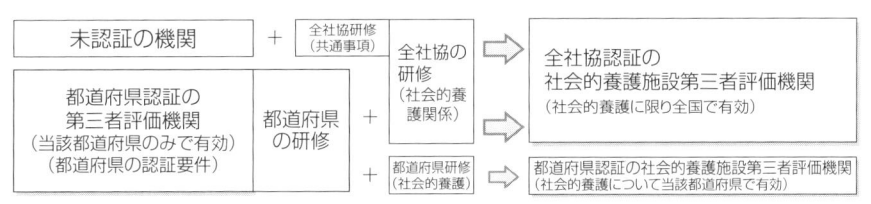

認証前		研修		認証後
未認証の機関	＋	全社協研修（共通事項）	全社協の研修（社会的養護関係） ⇒	全社協認証の社会的養護施設第三者評価機関（社会的養護に限り全国で有効）
都道府県認証の第三者評価機関（当該都道府県のみで有効）（都道府県の認証要件）	＋	都道府県の研修	都道府県研修（社会的養護） ⇒	都道府県認証の社会的養護施設第三者評価機関（社会的養護について当該都道府県で有効）

出所：厚生労働省「社会的養護関係施設の第三者評価等について（概要）」（2012年）抜粋

　[*2]　3年に10件以上の社会的養護関係施設の評価実績があり，評価の質が要件。

(3) 評価の実施等

社会的養護の第三者評価の質を高めるため，評価調査者の養成研修の内容は，社会的養護の現状と課題，社会的養護関係施設の現状と第三者評価のそれぞれについて，専門的知見を有する講師により，講義を行うものとされている。評価を受ける施設からの信頼度を得ることが重要である。

社会的養護関係施設の評価を行う場合には，2名以上の評価調査者が一貫して担当するものとし，いずれの評価調査者も，社会的養護施設評価調査者養成研修および評価調査者継続研修を受講し，修了していることが望ましく，少なくとも1名は，これを受講し，修了している者でなければならないとしている。

4）第三者評価の実施状況

2011年度の第三者評価の実施状況をみると，受審件数は，3,348件，うち東京都2,357件，京都府197件，神奈川県170件，愛知県85件，大阪府50件である。施設種別にみる受審率は，特別養護老人ホーム6.81％，知的障害者入所更生施設5.13％，保育所3.52％，児童養護施設13.06％，乳児院8.59％である。

第三者評価事業の課題は受審件数の低さと地域差がみられることである。東京都は受審に際して費用の補助が設けられており，受審が高い地域である。利用者本位の福祉サービスを提供するためには，事業者自身が提供するサービスを振り返ることが重要であるので，自己評価と第三者評価に対する理解が求められる。

2. 第三者評価事業とその活用

1）第三者評価事業

第三者評価事業は，個々の事業者が事業運営における問題点を把握し，質の向上に結びつけることを目的とするものである。

提供される福祉サービスである養育・支援の質を，事業者である社会的養護関係施設やそこで暮らす子ども以外の公平・中立な第三者機関が専門的かつ客観的な立場から評価を行うので，そのメリットとして，

① 日々の養育・支援の質についての課題が明らかになる
② 評価を受ける過程でケアワーカー等の自覚や改善意欲の醸成,課題の共有化が促進され,施設全体の質の向上が図られる
③ 施設長や事業者は現状を把握し,改善するべき課題が明確になる
④ 子ども等利用者へ養育・支援の質の向上に取り組んでいることを示し,信頼を得ることができる

などが,あげられる。

▶▶▶実践上のヒント

第三者評価は具体的な養育・支援について評価する項目である第三者評価基準により評価を行う。「子ども一人一人の居場所が確保され,安全,安心を感じる場所となるようにしている」(児童養護施設版)という項目では,個室が提供されているかではなく,安全・安心で「自分が大切にされている」と感じられるような工夫,大切な人の写真を遠慮なく飾ることができたり,子どもの作品が飾られたりするなど居心地の良さが持てるような配慮がなされているかを評価するものである。**子どもを主体とした養育・支援が日々実践されているかに気づく項目**なのである。

2) 第三者評価受審の流れ

　第三者評価は,まず,評価基準に沿って自己評価を行うことから始まり,施設のケアワーカー等全体で,施設運営を振り返り,できていることやできていないことをみつけ,そして,外部の目で評価を受けることを通じて,今後の取り組み課題を把握することである。また,外部の第三者に対して,自らの取組を説明できるようになることも重要である。

　社会的養護関係施設は,第三者評価を3年に1回以上受審し,その結果の公表をしなければならないが,施設の支援の透明性と改善に取り組む姿勢を周知する情報提供となるものである。

　第三者評価結果の公表は,全国推進組織がその結果を原則として全国共通の公表様式[*3]とし,第三者評価機関名,事業者情報,総評,第三者評価結果

[*3] 厚生労働省通知「第三者評価指針通知」の別添4「福祉サービス第三者評価結果の公表ガイドライン」

に対する事業者のコメント，すべての評価細目ごとのa，b，cの3段階評価，第三者評価機関の判定理由等のコメントを記述して公表する。その様式は，施設種別ごとに定められている。

　また，次回第三者評価を受ける間の年においては，第三者評価基準の評価項目に沿って，自己評価を行わなければならないとされている。自己評価はケアワーカー等一人ひとりの支援の振り返りであるが，チームや施設全体に課題を提起し，議論し，共有化することが大切である。

　次に，第三者評価の受審にあたって，国が定めた全国共通基準の場合の例を参考に，社会的養護関係施設と第三者評価調査機関の役割に照らし社会的養護関係施設第三者評価の流れをみてみる（図表12-3）。

(1) 社会的養護関係施設は評価機関を選定し，契約締結を行う。
- 全国推進組織・都道府県推進組織HP等により評価機関の選択をするため，情報収集を行う
- 評価機関への問い合わせを行う
- 評価機関より評価実施方法，費用，スケジュールの説明を受ける
- 評価機関の決定を行う

(2) 契約
　評価機関は第三者評価の趣旨や調査票の記入等職員向けに説明会を実施する。

(3) 事前準備・事前分析
- 評価機関は一貫して2名以上の評価調査者で実施し，うち1人は必ず全社協の研修修了者でなければならない。
- 社会的養護関係施設は①職員個々，チーム等による自己評価②利用者調査③施設のパンフレット 事業報告，事業計画等の資料を事前提出する
- 評価機関は，事前分析・事前準備として，上記の①～③を施設から受領し，順次事前分析を実施する。個々の職員が記入した自己評価を回収し，分析することも可能である。ほかに，評価調査者の事前読み込み，評価者間の事前協議や訪問調査にあたっての準備を行う。

図表12-3　社会的養護関係施設第三者評価の流れの例
（全国共通基準の場合）

社会的養護関係施設	第三者評価調査機関

（1）評価機関の選定

- 評価機関の選択（情報収集）
  全国推進組織・都道府県推進組織HP等
- 評価機関への問合せ
- 評価機関の決定
- 職員向け説明会の実施

- 評価実施方法，費用，スケジュールの説明

（2）契約

（3）事前準備・事前分析
（以降，一貫して2名以上の評価調査者で実施。うち1人は必ず全社協の研修修了者）

事前準備
①自己評価（職員個々，チーム等）
②利用者調査実施協力（必須）
③事前提出資料
　施設のパンフレット，事業報告，事業計画等

事前分析
左記①〜③を施設から受領次第，順次分析（個々の職員が記入した自己評価は，評価機関で回収し，集計・分析することも可
- 評価調査者は訪問調査に当たり，各自の事前分析，評価者間の事前協議を行う

（4）訪問調査（1.5日）

オリエンテーション（スケジュールなどの確認）／施設見学／施設長，職員インタビュー／書類等確認等

（5）評価結果のとりまとめ

- 評価調査者の合議による評価結果のとりまとめ（必要に応じて施設との調整と確認）

（6）評価結果の報告（評価結果報告会）

- 施設コメントの記入

- 施設への評価結果のフィードバック

（7）評価結果の公表

出所：厚生労働省「社会的養護関係施設の自己評価と第三者評価の取組について」2012年

(4) 訪問調査（概ね1.5日）

　オリエンテーション（スケジュールなどの確認），施設見学，施設長や職員インタビュー，必要に応じて利用者インタビュー，書類等確認や意見交換などを実施する。

(5) 評価結果のとりまとめ

　評価調査者の合議による評価結果の取りまとめを行い，必要に応じて，施設に調整又は確認を行う。

(6) 評価結果の報告（評価結果報告会）

　社会的養護関係施設は評価事項について，コメントを記入し，評価機関は評価結果を施設へフィードバックする。

(7) 評価結果の公表

　評価機関は，全国推進組織及び施設の所在する都道府県推進組織への評価結果の報告を行い，公表する。施設においては，評価結果の有効活用が望まれる。

（厚生労働省資料より抜粋）

▶▶▶実践上のヒント

受審の申し込みから評価結果の公表まで，評価機関により異なるが，概ね3ヵ月から6ヵ月である。訪問調査は，1日から2日で実施される。評価機関によっては，職員向けの事前説明会を行うにあたり，変則勤務の現場に合わせて，夜間を含め複数回開催し，職員が評価基準の内容の理解を深めて，共有化し，自己評価を行っているところもある。

3) 第三者評価基準と評価細目

(1) 社会的養護における第三者評価基準の取り扱い

　社会的養護関係施設については，2012年に局長通知により施設種別ごとの施設運営指針が定められ，これに基づいて，第三者評価事業の全国推進組織に設けられた評価基準等委員会等で，社会的養護関係施設の第三者評価基準ガイドラインの見直しが行われた。

　社会的養護関係施設の第三者評価基準は，原則として**全国共通**のものとし，児童養護施設版，乳児院版，情緒障害児短期治療施設版，児童自立支援施設版および母子生活支援施設版の第三者評価基準があり，その評価基準の判断

図表12-4 施設運営指針第Ⅱ部各論の構成と第三者評価基準の評価細目数

児童養護施設		乳児院		情緒障害児短期治療施設		児童自立支援施設		母子生活支援施設	
第Ⅱ部	各論	第Ⅱ部	各論	第Ⅱ部	各論	第Ⅱ部	各論	第Ⅱ部	各論
1 養育・支援		1 養育・支援		1 治療・支援		1 支援		1 養育・支援	
2 家族への支援		2 家族への支援		2 家族への支援		2 家族への支援			
3 自立支援計画, 記録		3 自立支援計画, 記録		3 自立支援計画, 記録		3 自立支援計画, 記録		2 自立支援計画と記録	
4 権利擁護		4 権利擁護		4 権利擁護		4 権利擁護		3 権利擁護	
5 事故防止と安全対策		5 事故防止と安全対策		5 事故防止と安全対策		5 事故防止と安全対策		4 事故防止と安全対策	
6 関係機関連携・地域支援		6 関係機関連携・地域支援		6 関係機関連携・地域支援		6 関係機関連携・地域支援		5 関係機関連携・地域支援	
7 職員の資質向上		7 職員の資質向上		7 職員の資質向上		7 職員の資質向上		6 職員の資質向上	
8 施設の運営		8 施設の運営		8 施設の運営		8 施設の運営		7 施設の運営	
98項目		80項目		96項目		96項目		86項目	

※ 共通53項目を含む。　　　　　　　　出所：厚生労働省資料より抜粋，一部修正

基準，評価基準の考え方等については，種別ごとに**評価基準の考え方**と**評価のポイント**，**評価の着眼点**として定められている。

なお，この基準は，2004年の「福祉サービス第三者評価事業に関する指針について」で定められた福祉サービス共通の「福祉サービス第三者評価基準ガイドライン」に基づく共通53項目をすべて含むとともに，施設種別ごとの内容評価基準の項目も合わせて一体のものとして作成され，また，施設種別の施設運営指針の第Ⅱ部（各論）の構成と項目に対応して作成されている（図表12-4）。

都道府県推進組織は，独自の第三者評価基準を定めることができるものであるが，この場合，社会的養護関係施設の施設運営指針に基づくとともに，全国共通の社会的養護関係施設版の第三者評価基準をガイドラインとしてこれに基づいて定めなければならないとされている。

なお，第三者評価指針通知においては，都道府県推進組織で第三者評価基準自体の策定を行わなければならないが，社会的養護については，国が全国共通の第三者評価基準を定めることから，都道府県独自の第三者評価基準を定めない場合には，都道府県推進組織で基準を定める必要はなく，全国共通

の第三者評価基準がそのまま適用されるとしている。
(2) 第三者評価基準の評価項目と判断基準等

　社会的養護関係施設の第三者評価基準は施設運営指針の第Ⅱ部各論の項目と対になっており，参考に児童養護施設運営指針と第三者評価基準児童養護施設版と比べてみる。

　施設運営指針の第Ⅱ部各論「1．養育・支援(1)養育・支援の基本」の①では「子どもの存在そのものを認め，子どもが表出する感情や言動をしっかり受け止め，子どもを理解する」とある。

　第三者評価基準では，評価細目として「1．養育・支援1-(1)養育・支援の基本」の1-(1)-①となり，「子どもの存在そのものを認め，子どもが表出する感情や言動をしっかり受け止め，子どもを理解している」となっている。

　施設運営指針の第Ⅱ部各論では，養育・支援の理念や原則を踏まえた実践の方法のキーワードが記されており，第三者評価基準では，図表12-4に示されている評価細目をどのように解釈するか，細目ごとに**評価基準の考え方と評価のポイント及び評価の着眼点を評価項目の判断基準として設け**，養育・支援を行うための留意点や子どもの権利擁護の視点が具体的に記されている。

　したがって，第三者評価基準は，**評価調査者が社会的養護関係施設で実践されている養育・支援の内容だけでなく，社会的養護で暮らす子どもの現状についても，理解を深めてもらうとともに，客観的に評価できることを目的**としているのである。

　あわせて，ケアワーカー自身も日々の養育・支援を振り返り，**支援の質を見直すことにより新たな気づきを生む**ことができるようになっている。初めて社会的養護の仕事を行う場合も，一つひとつの養育・支援には，理由があることを理解することができるのである。

　第三者評価基準児童養護施設版1-(1)-①における**評価基準の考え方と評価のポイント**には「そのためにはまず，どんな子どもであっても存在そのもの（ありのままの姿）を受け入れ，子どもが表出する感情や言動をしっかり受け止め，その理由や背景を理解することが大切です。そうすることで子どもは『自分のことがわかってもらえている』という信頼の気持ちが芽生えてい

きます」とある。**評価の着眼点**では「子どもが表出する感情や言動のみを取り上げるのではなく，被虐待経験や分離体験などに伴う苦痛・怒り，見捨てられ感も含めて，子どもの心に何が起こっているのかを理解している」とある。

つまり，ケアワーカーには，**養育・支援する側は受容的であり，かつ，冷静な視点がいる**ことを示唆している。**評価調査者**には，ケアワーカーが子どもにかかわる場面に立ち会うなどし，子どもを理解しようとする態度を評価できるよう具体的な内容になっているのである。

評価調査者の評価は，評価はa，b，cの3段階であり，標準はbである。aは目指すべき方向性であるとされている。

評価調査者が自己評価や施設での面談や聞き取りなどを踏まえ，施設全体をみて，ケアワーカーが子どもに寄り添い，理解しようとする姿勢が十分にあると判断すれば，評価はaとなる。

しかし，子どもの心を理解しようとするあまり，周囲の状況が見えなくなり，他の子どもへの配慮が行き届かなくなることがある。他のケアワーカーへの相談や応援が求められない状態が日常的である場合は，bの評価となる。

4) 利用者調査と自己評価

(1) 利用者調査

都道府県推進組織に関するガイドライン[*4]では「利用者の意向を把握することの重要性にかんがみ，第三者評価と併せて利用者調査を実施するよう努めるものとする」とされているが，社会的養護関係施設については，施設種別ごとに，その方法を定め利用者調査を必ず実施するものとしている。

第三者評価事業の利用者調査は子ども，保護者や母子にとって，施設での暮らしをどのように感じているかを把握することであり，**満足度を評価するものではなく，養育・支援に対する子ども等の声を受けとめ，その意向の尊重や反映を行うことにより，施設全体の養育・支援の質を高めることになる**のである。

[*4] 厚生労働省通知「福祉サービス第三者評価事業に関する通知　別添1」

利用者調査の結果は，第三者評価を取りまとめる上での参考情報であり，施設にフィードバックすることで，業務改善を図ることができる。

> ▶▶▶実践上のヒント
>
> 利用者調査は，回答することで**不利益が生じないことを説明する**とともに，施設の関係者が開封しないよう，調査票の回収時に封筒に糊づけするなど工夫を行う。児童養護施設では対象を小学校4年生以上とするなど，施設の実態に応じて無理のない範囲で実施する。日々，子どもたちの声に耳を傾け，改善を行っていても，第三者の行う調査だからこその意見が表出されることもある。調査結果に応えることで，信頼される施設となることができる。

(2) 自己評価

第三者評価を受審する際には，あらかじめ，第三者評価の評価基準に基づき，自己評価を行い，評価機関に調査票を提出する。自己評価は，まずケアワーカー等全員が取り組み内容の自己点検を行い，施設全体で協議し，施設の自己評価をまとめる。良くない点だけでなく，工夫されている点や改善のみられている点を見出すことも大事である。

養育・支援の方法等に経営者と現場との見方が違っていることに気づき，具体的な取り組みや方法を共有することや改善までのプロセスを明示することで，施設全体の質が高められることになる。さらに，自己評価と第三者評価を突き合わせ，ケアワーカー等の実践に対して評価を得ると，自己評価を高めることができ，改善への取り組みを進めることができる。

特に第三者評価を受審しない年には，自己評価を行い公表し，評価結果をフォローしつつ質の向上を図っていかなければならない。また，施設全体で協議することにより，施設全体の風通しを良くすることもある。

自己評価の実施[*5]については，ケアワーカー等の個人レベル，ケア単位などのチームレベル，施設全体のレベルで取り組む方法がある。いずれの方法においても，施設全体の評価を行う視点が重要である（図表12-5）。

[*5] 厚生労働省通知「社会的養護関係施設の自己評価と第三者評価の取組」

第12章　自己評価・第三者評価および監査

図表12-5　社会的養護関係施設の自己評価の実施方法の例

○ 施設の自己評価は、第三者評価を受審しない年の自己評価と、受審する年の自己評価の二つに分けることができます。そのうち、第三者評価を受審しない年の自己評価の方法は施設が決めます。第三者評価を受審する年の自己評価の方法は、施設と評価機関で契約時に協議して決めます。

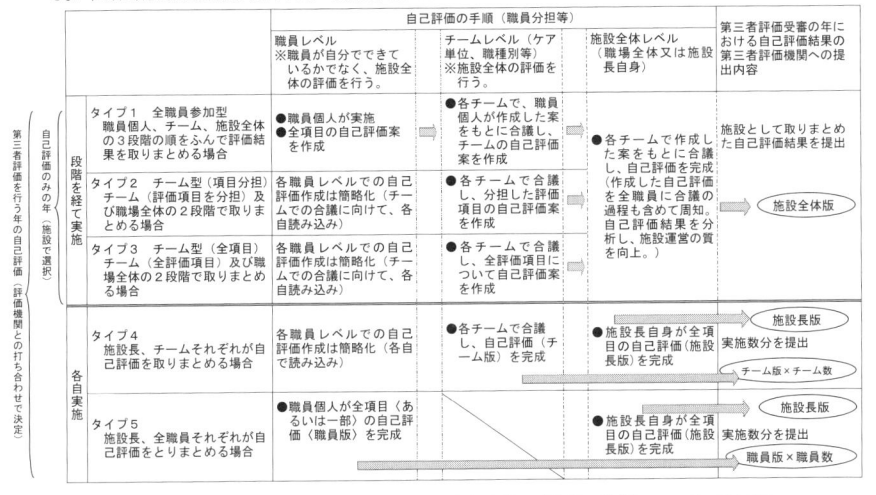

			自己評価の手順（職員分担等）			第三者評価受審の年における自己評価結果の第三者評価機関への提出内容
			職員レベル ※職員が自分でできているかでなく、施設全体の評価を行う。	チームレベル（ケア単位、職種別等）※施設全体の評価を行う。	施設全体レベル（職場全体又は施設長自身）	
第三者評価を行う年の自己評価（評価機関との打ち合わせで決定）	自己評価のみの年（施設で選択）| 段階を経て実施	タイプ1　全職員参加型 職員個人、チーム、施設全体の3段階の順をふんで評価結果を取りまとめる場合	●職員個人が実施 ●全項目の自己評価案を作成	●各チームで、職員個人が作成した案をもとに合議し、分担したチームの自己評価案を作成	●各チームで作成した案をもとに合議し、自己評価を完成（作成された自己評価を全職員に合議の過程も含めて周知。自己評価結果を分析し、施設運営の質を向上。）	施設として取りまとめた自己評価結果を提出 施設全体版
			タイプ2　チーム型（項目分担） チーム（評価項目を分担）及び職場全体の2段階で取りまとめる場合	各職員レベルでの自己評価作成は簡略化（チームでの合議に向けて、各自読み込み）	●各チームで合議し、分担した評価項目の自己評価案を作成		
			タイプ3　チーム型（全項目） チーム（全評価項目）及び職場全体の2段階で取りまとめる場合	各職員レベルでの自己評価作成は簡略化（チームでの合議に向けて、各自読み込み）	●各チームで合議し、全項目について自己評価案を作成		
		各自実施	タイプ4 施設長、チームそれぞれが自己評価を取りまとめる場合	各職員レベルでの自己評価作成は簡略化（各自で読み込み）	●各チームで合議し、自己評価（チーム版）を完成	●施設長自身が全項目の自己評価（施設長版）を完成	施設長版 実施数分を提出 チーム版×チーム数
			タイプ5 施設長、全職員それぞれが自己評価をとりまとめる場合	●職員個人が全項目（あるいは一部）の自己評価（職員版）を完成		●施設長自身が全項目の自己評価（施設長版）を完成	施設長版 実施数分を提出 職員版×職員数

出所：厚生労働省「社会的養護関係施設の自己評価と第三者評価の取組について」2012年

5）ファミリーホームおよび自立援助ホームについての第三者評価

ファミリーホーム（小規模住居型児童養育事業）および自立援助ホーム（児童自立生活援助事業）については，児童福祉法施行規則第1条の28および第36条の23により，第三者評価は努力義務とされており，2010年に，これらの事業の第三者評価基準ガイドラインが作成されている。

ファミリーホームおよび自立援助ホームの第三者評価についても，社会的養護関係施設第三者評価機関が行うものとなっている。

なお，第三者評価の受審の義務化をしなかったのは，これらの事業は小規模であることから，過度の事務的負担により，事業の本質である子どもの養育等に支障をきたすことのないようにしたためである。しかし今後，第三者評価のあり方については，検討していくことが必要である。

3. 支援の質の向上のための監査と運営改善

1）行政監査と第三者評価

　社会的養護関係施設の多くは，社会福祉法人により運営されている。社会福祉法第56条「一般的監督」で「厚生労働大臣又は都道府県知事若しくは指定都市若しくは中核市の長は法令等が遵守されているかどうかを確かめる必要があると認めるときは，法人から業務又は会計の状況に関し，報告を徴し，当該職員に検査させることができる」とされている。児童福祉法第46条「報告の徴収，改善命令等」において，最低基準を維持するために，児童福祉施設の設置者や施設長等に報告や検査ができるとある。

　行政が行う監査は，法人の運営が適正に行われているか，最低基準が満たされているかを確認するものである。第三者評価は，養育・支援の質を向上させ，利用者本位のサービスの提供をめざしているものである。

　児童福祉行政指導監査では，最低基準である居室面積や定員，食事提供に関すること，入浴や清掃，健康管理など保健・衛生に関することを確認する。事前に徴収する法人および施設調書に基づいて，健全な経営や運営をみるのである。

　加えて，子ども等への支援が適切に行われているかの視点もあり，支援の内容をケアワーカー等に聞き取っている。「『児童福祉行政指導監査の実施について』の着眼点について」[*6] の (2) 児童福祉施設事項で次の8つがあげられている。

(1) 子ども一人一人の権利を尊重し，その意見や訴えをくみ取る仕組みが設けられているか
(2) 懲戒に係る権限の濫用及び被措置児童等虐待防止に向けての取組が行われているか
(3) 個々の子どもの特性に応じた支援を行うための専門的知識や援助技術の習得など職員の資質向上に努めているか

＊6　厚生労働省雇用均等・児童家庭局長通知，2011年

(4) 施設長が子どもの権利擁護や子どもの指導，職員の管理，危機管理に関して十分な見識を有し，適切に指導・監督ができているか
(5) 子どもの生命を守り，安全を確保するために，事件や事故防止，健康管理に関して必要な措置が講じられているか
(6) 個々の子どもの特性や家庭状況に応じた生活指導，職業指導，家庭復帰又は自立支援に向けた適切な指導・援助が行われているか
(7) 子どもの指導・援助の際に，必要に応じ児童相談所等関係機関との連携が適切に行われているか
(8) 子どもに係る給付金として支払を受けた金銭の管理が適切に行われているか

とある。

各項目には，「権利ノート」の活用等により，子どもが自分の状況や支援内容等を理解できるよう説明されているか，子ども自身の意に反して行動を制限する等の指導（外出を制限する等）を行う場合があることを，入所時に伝えているか，など，第三者評価基準の評価細目や判断基準と同様の内容が記されている。

▶▶▶実践上のヒント

「『児童福祉行政指導監査の実施について』の着眼点について」の(2)は，施設の規程に懲戒に対しての権限の濫用の禁止が盛り込まれているか，施設内の虐待や子ども間のいじめの早期発見に努めるなど，適切に取り組む体制が整備されているかなど，具体的な着眼点である。施設長を含めケアワーカー等による不適切な行為は，子どもたちの権利侵害にあたり，安全・安心である施設で二次被害にあわないよう，養育・支援の質を高め，子どもの成育歴や状況等に対する洞察力が必要であることを示唆しているものである。

2) 運営および支援内容の改善

行政監査では，最低基準に達していないときは，必要な改善を勧告し，その勧告に従わず，かつ，子どもにとって有害であると判断されるときは，改善を命令することができるのである。一般には，指摘事項があれば，指導監

査終了後，文書や口頭で指摘される。文書指摘の場合は，改善の方法や改善結果を法人として，責任を持って，改善のわかる資料を作成し，回答しなければならない。報告された改善内容が適正であれば，指導監査は終了する。

　第三者評価は，あくまでも支援の質の向上を目指すものである。良い養育・支援を行っているという評価はケアワーカー等の自信になり，さらに良くしようとする動機づけになる。良い支援は，決して独りよがりの養育・支援ではなく，子ども等の気持ちに寄り添い，施設全体で共有化され，取り組まれているものである。こういった場合は，いい意味での職員の切磋琢磨が生じるのである。

　良くない点は，評価調査者が社会的養護関係施設を理解していないとか，評価調査者の資質の問題ととらえるのではなく，「努力するところ」としてケアワーカー等の新たな気づきととらえることが重要である。

　第三者評価は，社会的養護関係施設の養育・支援の質の向上を目指すものであるが，子ども等の意見を聴取することで，施設側の説明不足であったり，過干渉により子どもの参加する意欲を減退させていることに気づくことにも意義がある。施設の説明責任，子ども等の意見表明，自立への支援を第三者評価によって明確にし，社会的養護関係施設が社会的な責任を有していること，情報を提供することで社会全体での理解が促進され，社会全体で育むことが可能になるのである。

（森泉摩州子）

■参考文献

厚生労働省「社会的養護関係施設における第三者評価及び自己評価の実施について」2012年

厚生労働省「社会的養護関係施設における第三者評価基準の各評価項目の判断基準等について」2012年

厚生労働省「社会的養護関係施設の自己評価と第三者評価の取組について」2012年

厚生労働省「『児童福祉行政児童監査の実施について』の着眼点について」2009年

資 料

社会的養護の第三者評価基準―評価細目―
　❶児童養護施設版
　❷乳児院版
　❸情緒障害児短期治療施設版
　❹児童自立支援施設版
　❺母子生活支援施設版

出所：厚生労働省

資料❶　第三者評価基準―評価細目―（児童養護施設版）

1　養育・支援
(1) 養育・支援の基本
① 子どもの存在そのものを認め、子どもが表出する感情や言動をしっかり受け止め、子どもを理解している。
② 基本的欲求の充足が、子どもと共に日常生活を構築することを通してなされるよう養育・支援している。
③ 子どもの力を信じて見守るという姿勢を大切にし、子どもが自ら判断し行動することを保障している。
④ 発達段階に応じた学びや遊びの場を保障している。
⑤ 秩序ある生活を通して、基本的生活習慣を確立するとともに、社会常識及び社会規範、様々な生活技術が習得できるよう養育・支援している。

(2) 食生活
① 食事は、団らんの場でもあり、おいしく楽しみながら食事ができるよう工夫している。
② 子どもの嗜好や健康状態に配慮した食事を提供している。
③ 子どもの発達段階に応じて食習慣を身につけることができるよう食育を推進している。

(3) 衣生活
① 衣服は清潔で、体に合い、季節に合ったものを提供している。
② 子どもが衣習慣を習得し、衣服を通じて適切に自己表現できるように支援している。

(4) 住生活
① 居室等施設全体がきれいに整美されている。
② 子ども一人一人の居場所が確保され、安全、安心を感じる場所となるようにしている。

(5) 健康と安全
① 発達段階に応じ、身体の健康（清潔、病気、事故等）について自己管理ができるよう支援している。
② 医療機関と連携して一人一人の子どもに対する心身の健康を管理するとともに、異常がある場合は適切に対応している。

(6) 性に関する教育
① 子どもの年齢・発達段階に応じて、異性を尊重し思いやりの心を育てるよう、性についての正しい知識を得る機会を設けている。

(7) 自己領域の確保
① でき得る限り他児との共有の物をなくし、個人所有とするようにしている。
② 成長の記録（アルバム）が整理され、成長の過程を振り返ることができるようにしている。

(8) 主体性，自律性を尊重した日常生活
① 日常生活のあり方について，子ども自身が自分たちの問題として主体的に考えるよう支援している。
② 主体的に余暇を過ごすことができるよう支援している。
③ 子どもの発達段階に応じて，金銭の管理や使い方など経済観念が身につくよう支援している。
(9) 学習・進学支援，進路支援等
① 学習環境の整備を行い，学力等に応じた学習支援を行っている。
②「最善の利益」にかなった進路の自己決定ができるよう支援している。
③ 職場実習や職場体験等の機会を通して，社会経験の拡大に取り組んでいる。
(10) 行動上の問題及び問題状況への対応
① 子どもが暴力・不適応行動などの問題行動をとった場合に，行動上の問題及び問題状況に適切に対応している。
② 施設内で子ども間の暴力，いじめ，差別などが生じないよう施設全体で取り組んでいる。
③ 虐待を受けた子ども等，保護者からの強引な引き取りの可能性がある場合，施設内で安全が確保されるよう努めている。
(11) 心理的ケア
① 心理的ケアが必要な子どもに対して心理的な支援を行っている。
(12) 養育の継続性とアフターケア
① 措置変更又は受入れに当たり継続性に配慮した対応を行っている。（共通Ⅲ－3－(2)－①）
② 家庭引き取りに当たって，子どもが家庭で安定した生活が送ることができるよう家庭復帰後の支援を行っている。（共通Ⅲ－3－(2)－①）
③ できる限り公平な社会へのスタートが切れるように，措置継続や措置延長を積極的に利用して継続して支援している。
④ 子どもが安定した社会生活を送ることができるよう退所後の支援に積極的に取り組んでいる。

2 家族への支援
(1) 家族とのつながり
① 児童相談所や家族の住む市町村と連携し，子どもと家族との関係調整を図ったり，家族からの相談に応じる体制づくりを行っている。
② 子どもと家族の関係づくりのために，面会，外出，一時帰宅などを積極的に行っている。
(2) 家族に対する支援
① 親子関係の再構築等のために家族への支援に積極的に取り組んでいる。

3 自立支援計画，記録
(1) アセスメントの実施と自立支援計画の策定
① 子どもの心身の状況や，生活状況を把握するため，手順を定めてアセスメン

トを行い，子どもの個々の課題を具体的に明示している。（共通Ⅲ－4－(1)－①）
　② アセスメントに基づいて子ども一人一人の自立支援計画を策定するための体制を確立し，実際に機能させている。（共通Ⅲ－4－(2)－①）
　③ 自立支援計画について，定期的に実施状況の振り返りや評価と計画の見直しを行う手順を施設として定め，実施している。（共通Ⅲ－4－(2)－②）
(2) 子どもの養育・支援に関する適切な記録
　① 子ども一人一人の養育・支援の実施状況を適切に記録している。（共通Ⅲ－2－(3)－①）
　② 子どもや保護者等に関する記録の管理について，規程を定めるなど管理体制を確立し，適切に管理を行っている。（共通Ⅲ－2－(3)－②）
　③ 子どもや保護者等の状況等に関する情報を職員が共有するための具体的な取組を行っている。（共通Ⅲ－2－(3)－③）

4　権利擁護
(1) 子どもの尊重と最善の利益の考慮
　① 子どもを尊重した養育・支援についての基本姿勢を明示し，施設内で共通の理解を持つための取組を行っている。（共通Ⅲ－1－(1)－①）
　② 社会的養護が子どもの最善の利益を目指して行われることを職員が共通して理解し，日々の養育・支援において実践している。
　③ 子どもの発達に応じて，子ども自身の出生や生い立ち，家族の状況について，子どもに適切に知らせている。
　④ 子どものプライバシー保護に関する規程・マニュアル等を整備し，職員に周知するための取組を行っている。（共通Ⅲ－1－(1)－②）
　⑤ 子どもや保護者の思想や信教の自由を保障している。
(2) 子どもの意向への配慮
　① 子どもの意向を把握する具体的な仕組みを整備し，その結果を踏まえて，養育・支援の内容の改善に向けた取組を行っている。（共通Ⅷ－1－(2)－①）
　② 職員と子どもが共生の意識を持ち，子どもの意向を尊重しながら生活全般について共に考え，生活改善に向けて積極的に取り組む。
(3) 入所時の説明等
　① 子どもや保護者等に対して，養育・支援の内容を正しく理解できるような工夫を行い，情報の提供を行っている。（共通Ⅲ－3－(1)－①）
　② 入所時に，施設で定めた様式に基づき養育・支援の内容や施設での約束ごとについて子どもや保護者等にわかりやすく説明している。（共通Ⅲ－3－(1)－②）
　③ 子どものそれまでの生活とのつながりを重視し，そこから分離されることに伴う不安を理解し受けとめ，不安の解消を図っている。
(4) 権利についての説明
　① 子どもに対し，権利について正しく理解できるよう，わかりやすく説明している。

(5) 子どもが意見や苦情を述べやすい環境
 ① 子どもが相談したり意見を述べたりしたい時に相談方法や相談相手を選択できる環境を整備し，子どもに伝えるための取組を行っている。（共通Ⅲ－1－(3)－①）
 ② 苦情解決の仕組みを確立し，子どもや保護者等に周知する取組を行うとともに，苦情解決の仕組みを機能させている。（共通Ⅲ－1－(3)－②）
 ③ 子ども等からの意見や苦情等に対する対応マニュアルを整備し，迅速に対応している。（共通Ⅲ－1－(3)－③）
(6) 被措置児童等虐待対応
 ① いかなる場合においても体罰や子どもの人格を辱めるような行為を行わないよう徹底している。
 ② 子どもに対する暴力，言葉による脅かし等の不適切なかかわりの防止と早期発見に取り組んでいる。
 ③ 被措置児童等虐待の届出・通告に対する対応を整備し，迅速かつ誠実に対応している。
(7) 他者の尊重
 ① 様々な生活体験や多くの人たちとのふれあいを通して，他者への心づかいや他者の立場に配慮する心が育まれるよう支援している。

5 事故防止と安全対策
 ① 事故，感染症の発生時など緊急時の子どもの安全確保のために，組織として体制を整備し，機能させている。（共通Ⅱ－3－(1)－①）
 ② 災害時に対する子どもの安全確保のための取組を行っている。（共通Ⅱ－3－(1)－②）
 ③ 子どもの安全を脅かす事例を組織として収集し，要因分析と対応策の検討を行い，子どもの安全確保のためにリスクを把握し対策を実施している。（共通Ⅱ－3－(1)－③）

6 関係機関連携・地域支援
(1) 関係機関等の連携
 ① 施設の役割や機能を達成するために必要となる社会資源を明確にし，児童相談所など関係機関・団体の機能や連絡方法を体系的に明示し，その情報を職員間で共有している。（共通Ⅱ－4－(2)－①）
 ② 児童相談所等の関係機関等との連携を適切に行い，定期的な連携の機会を確保し，具体的な取組や事例検討を行っている。（共通Ⅱ－4－(2)－②）
 ③ 幼稚園，小・中学校，高等学校，特別支援学校など子どもが通う学校と連携を密にしている。
(2) 地域との交流
 ① 子どもと地域との交流を大切にし，交流を広げるための地域への働きかけを行っている。（共通Ⅱ－4－(1)－①）
 ② 施設が有する機能を地域に開放・提供する取組を積極的に行っている。（共通Ⅱ－4－(1)－②）

③ ボランティア受入れに対する基本姿勢を明確にし，受入についての体制を整備している。(共通Ⅱ-4-(1)-③)
(3) 地域支援
① 地域の具体的な福祉ニーズを把握するための取組を積極的に行っている。(共通Ⅱ-4-(3)-①)
② 地域の福祉ニーズに基づき，施設の機能を活かして地域の子育てを支援する事業や活動を行っている。(共通Ⅱ-4-(3)-②)

7 職員の資質向上
① 組織として職員の教育・研修に関する基本姿勢が明示されている。(共通Ⅱ-2-(3)-①)
② 職員一人一人について，基本姿勢に沿った教育・研修計画が策定され計画に基づいて具体的な取組が行われている。(共通Ⅱ-2-(3)-②)
③ 定期的に個別の教育・研修計画の評価・見直しを行い，次の研修計画に反映させている。(共通Ⅱ-2-(3)-③)
④ スーパービジョンの体制を確立し，施設全体として職員一人一人の援助技術の向上を支援している。

8 施設の運営
(1) 運営理念，基本方針の確立と周知
① 法人や施設の運営理念を明文化し，法人と施設の使命や役割が反映されている。(共通Ⅰ-1-(1)-①)
② 法人や施設の運営理念に基づき，適切な内容の基本方針が明文化されている。(共通Ⅰ-1-(1)-②)
③ 運営理念や基本方針を職員に配布するとともに，十分な理解を促すための取組を行っている。(共通Ⅰ-1-(2)-①)
④ 運営理念や基本方針を子どもや保護者等に配布するとともに，十分な理解を促すための取組を行っている。(共通Ⅰ-1-(2)-②)
(2) 中・長期的なビジョンと計画の策定
① 施設の運営理念や基本方針の実現に向けた施設の中・長期計画が策定されている。(共通Ⅰ-2-(1)-①)
② 各年度の事業計画は，中・長期計画の内容を反映して策定されている。(共通Ⅰ-2-(1)-②)
③ 事業計画を，職員等の参画のもとで策定されるとともに，実施状況の把握や評価・見直しが組織的に行われている。(共通Ⅰ-2-(2)-①)
④ 事業計画を職員に配布するとともに，十分な理解を促すための取組を行っている (共通Ⅰ-2-(2)-②)
⑤ 事業計画を子ども等に配布するとともに，十分理解を促すための取組を行っている。(共通Ⅰ-2-(2)-③)
(3) 施設長の責任とリーダーシップ
① 施設長は，自らの役割と責任を職員に対して明らかにし，専門性に裏打ちされた信念と組織内での信頼をもとにリーダーシップを発揮している。(共通Ⅰ

－ 3 －(1)－①)
② 施設長自ら，遵守すべき法令等を正しく理解するための取組を行い，組織全体をリードしている。(共通Ⅰ－ 3 －(1)－②)
③ 施設長は，養育・支援の質の向上に意欲を持ち，組織としての取組に十分な指導力を発揮している。(共通Ⅰ－ 3 －(2)－①)
④ 施設長は，経営や業務の効率化と改善に向けた取組に十分な指導力を発揮している。(共通Ⅰ－ 3 －(2)－②)
(4) 経営状況の把握
① 施設運営をとりまく環境を的確に把握するための取組を行っている。(共通Ⅱ－ 1 －(1)－①)
② 運営状況を分析して課題を発見するとともに，改善に向けた取組を行っている。(共通Ⅱ－ 1 －(1)－②)
③ 外部監査（外部の専門家による監査）を実施し，その結果に基づいた運営改善が実施されている。(共通Ⅱ－ 1 －(1)－③)
(5) 人事管理の体制整備
① 施設が目標とする養育・支援の質を確保するため，必要な人材や人員体制に関する具体的なプランが確立しており，それに基づいた人事管理が実施されている。(共通Ⅱ－ 2 －(1)－①)
② 客観的な基準に基づき，定期的な人事考課が行われている。(共通Ⅱ－ 2 －(1)－②)
③ 職員の就業状況や意向を定期的に把握し，必要があれば改善に取り組む仕組みが構築されている。(共通Ⅱ－ 2 －(2)－①)
④ 職員処遇の充実を図るため，福利厚生や健康を維持するための取組を積極的に行っている。(共通Ⅱ－ 2 －(2)－②)
(6) 実習生の受入れ
① 実習生の受入れと育成について，基本的な姿勢を明確にした体制を整備し，効果的なプログラムを用意する等積極的な取組をしている。(共通Ⅱ－ 2 －(4)－①)
(7) 標準的な実施方法の確立
① 養育・支援について標準的な実施方法を文書化し，職員が共通の認識を持って行っている。(共通Ⅲ－ 2 －(2)－①)
② 標準的な実施方法について，定期的に検証し，必要な見直しを施設全体で実施できるよう仕組みを定め，検証・見直しを行っている。(共通Ⅲ－ 2 －(2)－②)
(8) 評価と改善の取組
① 施設運営や養育・支援の内容について，自己評価，第三者評価等，定期的に評価を行う体制を整備し，機能させている。(共通Ⅲ－ 2 －(1)－①)
② 評価の結果を分析し，施設として取り組むべき課題を明確にし，改善策や改善実施計画を立て実施している。(共通Ⅲ－ 2 －(1)－②)

※「共通Ⅰ－ 1 －(1)－①」の記載は，社会福祉事業共通の評価基準53項目の対応する番号

資料❷　第三者評価基準―評価細目―（乳児院版）

1　養育・支援
(1) 養育・支援の基本
① 子どものこころによりそいながら，子どもとの愛着関係を育んでいる。
② 子どもの遊びや食，生活体験に配慮し，豊かな生活を保障している。
③ 子どもの発達を支援する環境を整えている。
(2) 食生活
① 乳幼児に対して適切な授乳を行っている。
② 離乳食を進めるに際して十分な配慮を行っている。
③ 食事がおいしく楽しく食べられるよう工夫している。
④ 栄養管理に十分な注意を払っている。
(3) 衣生活
① 気候や場面，発達に応じた清潔な衣類を用意し，適切な衣類管理を行っている。
(4) 睡眠環境等
① 乳幼児が十分な睡眠をとれるように工夫している。
② 快適な睡眠環境を整えるように工夫している。
③ 快適な入浴・沐浴ができるようにしている。
(5) 発達段階に応じた支援
① 乳幼児が排泄への意識を持てるように工夫している。
② 発達段階に応じて乳幼児が楽しく遊べるように工夫している。
(6) 健康と安全
① 一人一人の乳幼児の健康を管理し，異常がある場合には適切に対応している。
② 病・虚弱児等の健康管理について，日常生活上で適切な対応策をとっている。
③ 感染症などへの予防策を講じている。
(7) 心理的ケア
① 乳幼児と保護者に必要な心理的支援を行っている。
(8) 継続性とアフターケア
① 措置変更又は受入れに当たり，継続性に配慮した対応を行っている。
② 家庭引き取りに当たって，子どもが家庭で安定した生活が送ることができるよう家庭復帰の支援を行っている。
③ 子どもが安定した生活を送ることができるよう退所後の支援を行っている。

2　家族への支援
(1) 家族とのつながり
① 児童相談所と連携し，子どもと家族との関係調整を図ったり，家族からの相談に応じる体制づくりを行っている。
② 子どもと家族の関係づくりのために，面会，外出，一時帰宅などを積極的に行っている。

(2) 家族に対する支援
① 親子関係の再構築等のために家族への支援に積極的に取り組んでいる。

3　自立支援計画，記録
(1) アセスメントの実施と自立支援計画の策定
① 子どもの心身の状況や，生活状況を把握するため，手順を定めてアセスメントを行い，子どもの個々の課題を具体的に明示している。（共通Ⅲ－4－(1)－①）
② アセスメントに基づいて子ども一人一人の自立支援計画を策定するための体制を確立し，実際に機能させている。（共通Ⅲ－4－(2)－①）
③ 自立支援計画について，定期的に実施状況の振り返りや評価と計画の見直しを行う手順を施設として定め，実施している。（共通Ⅲ－4－(2)－②）
(2) 子どもの養育・支援に関する適切な記録
① 子ども一人一人の養育・支援の実施状況を適切に記録している。（共通Ⅲ－2－(3)－①）
② 子どもや保護者等に関する記録の管理について，規程を定めるなど管理体制を確立し，適切に管理を行っている。（共通Ⅲ－2－(3)－②）
③ 子どもや保護者等の状況等に関する情報を職員が共有するための具体的な取組を行っている。（共通Ⅲ－2－(3)－③）

4　権利擁護
(1) 子どもの尊重と最善の利益の考慮
① 子どもを尊重した養育・支援についての基本姿勢を明示し，施設内で共通の理解を持つための取組を行っている。（共通Ⅲ1－(1)－①）
② 社会的養護が子どもの最善の利益を目指して行われることを職員が共通して理解し，日々の養育・支援において実践している。
③ 子どものプライバシー保護に関する規程・マニュアル等を整備し，職員に周知するための取組を行っている。（共通Ⅲ－1－(1)－②）
(2) 保護者の意向への配慮
① 保護者の意向を把握する具体的な仕組みを整備し，その結果を踏まえて，養育・支援の内容の改善に向けた取組を行っている。（共通Ⅲ－1－(2)－①）
(3) 入所時の説明等
① 保護者等に対して，養育・支援の内容を正しく理解できるような工夫を行い，情報の提供を行っている。（共通Ⅲ－3－(1)－①）
② 入所時に，施設で定めた様式に基づき養育・支援の内容や施設での約束ごとについて保護者等にわかりやすく説明している。（共通Ⅲ－3－(1)－②）
(4) 保護者が意見や苦情を述べやすい環境
① 保護者が相談したり意見を述べたりしたい時に相談方法や相談相手を選択できる環境を整備し，子どもに伝えるための取組を行っている。（共通Ⅲ－1－(3)－①）
② 苦情解決の仕組みを確立し，保護者に周知する取組を行うとともに，苦情解決の仕組みを機能させている。（共通Ⅲ－1－(3)－②）

③ 保護者からの意見等に対して迅速に対応している。(共通Ⅲ－1－(3)－③)
(5) 被措置児童等虐待対応
　① いかなる場合においても体罰等や子どもの人格を辱めるような行為を行わないよう徹底している。
　② 子どもに対する暴力，言葉による脅かし等の不適切なかかわりの防止と早期発見に取り組んでいる。
　③ 被措置児童等虐待の届出・通告に対する対応を整備し，迅速かつ誠実に対応している。

5　事故防止と安全対策
　① 事故，感染症の発生時など緊急時の子どもの安全確保のために，組織として体制を整備し，機能させている。(共通Ⅱ－3－(1)－①)
　② 災害時に対する子どもの安全確保のための取組を行っている。(共通Ⅱ－3－(1)－②)
　③ 子どもの安全を脅かす事例を組織として収集し，要因分析と対応策の検討を行い，子どもの安全確保のためにリスクを把握し対策を実施している。(共通Ⅱ－3－(1)－③)

6　関係機関連携・地域支援
(1) 関係機関等の連携
　① 施設の役割や機能を達成するために必要となる社会資源を明確にし，児童相談所など関係機関・団体の機能や連絡方法を体系的に明示し，その情報を職員間で共有している。(共通Ⅱ－4－(2)－①)
　② 児童相談所等の関係機関等との連携を適切に行い，定期的な連携の機会を確保し，具体的な取組や事例検討を行っている。(共通Ⅱ－4－(2)－②)
(2) 地域との交流
　① 子どもと地域との交流を大切にし，交流を広げるための地域への働きかけを行っている。(共通Ⅱ－4－(1)－①)
　② 施設が有する機能を，地域に開放・提供する取組を積極的に行っている。(共通Ⅱ－4－(1)－②)
　③ ボランティア受入れに対する基本姿勢を明確にし，受入れについての体制を整備している。(共通Ⅱ－4－(1)－③)
(3) 地域支援
　① 地域の具体的な福祉ニーズを把握するための取組を積極的に行っている。(共通Ⅱ－4－(3)－①)
　② 地域の福祉ニーズに基づき，施設の機能を活かして地域の子育てを支援する事業や活動を行っている。(共通Ⅱ－4－(3)－②)

7　職員の資質向上
　① 組織として職員の教育・研修に関する基本姿勢が明示されている。(共通Ⅱ－2－(3)－①)
　② 職員一人一人について，基本姿勢に沿った教育・研修計画が策定され計画に

基づいて具体的な取組が行われている。（共通Ⅱ－2－(3)－②）
　③ 定期的に個別の教育・研修計画の評価・見直しを行い，次の研修計画に反映させている。（共通Ⅱ－2－(3)－③）
　④ スーパービジョンの体制を確立し，施設全体として職員一人一人の援助技術の向上を支援している。

8　施設運営
(1) 運営理念，基本方針の確立と周知
　① 法人や施設の運営理念を明文化し，法人と施設の使命や役割が反映されている。（共通Ⅰ－1－(1)－①）
　② 法人や施設の運営理念に基づき，適切な内容の基本方針が明文化されている。（共通Ⅰ－1－(1)－②）
　③ 運営理念や基本方針を職員に配布するとともに，十分な理解を促すための取組を行っている。（共通Ⅰ－1－(2)－①）
　④ 運営理念や基本方針を保護者等に配布するとともに，十分な理解を促すための取組を行っている。（共通Ⅰ－1－(2)－②）
(2) 中・長期的なビジョンと計画の策定
　① 施設の運営理念や基本方針の実現に向けた施設の中・長期計画が策定されている。（共通Ⅰ－2－(1)－①）
　② 各年度の事業計画は，中・長期計画の内容を反映して策定されている。（共通Ⅰ－2－(1)－②）
　③ 事業計画を，職員等の参画のもとで策定されるとともに，実施状況の把握や評価・見直しが組織的に行われている。（共通Ⅰ－2－(2)－①）
　④ 事業計画を職員に配布するとともに，十分な理解を促すための取組を行っている。（共通Ⅰ－2－(2)－②）
　⑤ 事業計画を保護者等に配布するとともに，十分な理解を促すための取組を行っている。（共通Ⅰ－2－(2)－③）
(3) 施設長の責任とリーダーシップ
　① 施設長は，自らの役割と責任を職員に対して明らかにし，専門性に裏打ちされた信念と組織内での信頼をもとにリーダーシップを発揮している。（共通Ⅰ－3－(1)－①）
　② 施設長自ら，遵守すべき法令等を正しく理解するための取組を行い，組織全体をリードしている。（共通Ⅰ－3－(1)－②）
　③ 施設長は，養育・支援の質の向上に意欲を持ち，組織としての取組に十分な指導力を発揮している。（共通Ⅰ－3－(2)－①）
　④ 施設長は，経営や業務の効率化と改善に向けた取組に十分な指導力を発揮している。（共通Ⅰ－3－(2)－②）
(4) 経営状況の把握
　① 施設運営をとりまく環境を的確に把握するための取組を行っている。（共通Ⅱ－1－(1)－①）
　② 運営状況を分析して課題を発見するとともに，改善に向けた取組を行っている。（共通Ⅱ－1－(1)－②）

③ 外部監査（外部の専門家による監査）を実施し，その結果に基づいた運営改善が実施されている。（共通Ⅱ-1-(1)-③）
(5) 人事管理の体制整備
① 施設が目標とする養育・支援の質を確保するため，必要な人材や人員体制に関する具体的なプランが確立しており，それに基づいた人事管理が実施されている。（共通Ⅱ-2-(1)-①）
② 客観的な基準に基づき，定期的な人事考課が行われている。（共通Ⅱ-2-(1)-②）
③ 職員の就業状況や意向を定期的に把握し，必要があれば改善に取り組む仕組みが構築されている。（共通Ⅱ-2-(2)-①）
④ 職員処遇の充実を図るため，福利厚生や健康を維持するための取組を積極的に行っている。（共通Ⅱ-2-(2)-②）
(6) 実習生の受入れ
① 実習生の受入れと育成について，基本的な姿勢を明確にした体制を整備し，効果的なプログラムを用意する等積極的な取組をしている。（共通Ⅱ-2(4)①）
(7) 標準的な実施方法の確立
① 養育・支援について標準的な実施方法を文書化し，職員が共通の認識を持って行っている。（共通Ⅲ-2-(2)-①）
② 標準的な実施方法について，定期的に検証し，必要な見直しを組織的に実施できるよう仕組みを定め，検証・見直しを行っている。（共通Ⅲ-2-(2)-②）
(8) 評価と改善の取組
① 施設運営や養育・支援の内容について，自己評価，第三者評価等，定期的に評価を行う体制を整備し，機能させている。（共通Ⅲ-2-(1)-①）
② 評価の結果を分析し，施設として取り組むべき課題を明確にし，改善策や改善実施計画を立て実施している。（共通Ⅲ-2-(1)-②）

※「共通Ⅰ-1-(1)-①」の記載は，社会福祉事業共通の評価基準53項目の対応する番号

資料❸ 第三者評価基準—評価細目—（情緒障害児短期治療施設版）

1 治療・支援
(1) 治療
　① 子どもに対して適切な心理治療を行っている。
　② 子どもの心身の状況や，生活状況を把握するため，手順を定めてアセスメントを行い，子どもの個々の課題を具体的に明示している。（共通Ⅲ－4－(1)－①）
　③ 心理治療は，自立支援計画に基づき 子どもの課題の解決に向けた心理治療方針を策定している。
　④ ケース会議を必要に応じて実施している。
　⑤ 医師による治療が必要な子どもに対する適切な治療及び職員の支援を実施している。
(2) 生活の中での支援
　① 子どもと職員との間に信頼関係を構築し，常に子どもの発達段階や課題に考慮した支援を行っている。
　② 子どもの協調性を養い，社会的ルールを尊重する気持ちを育てている。
　③ 多くの生活体験を積む中で，子どもがその課題の自主的な解決等を通して，子どもの健全な自己の成長や問題解決能力を形成できるように支援している。
(3) 食生活
　① 食事をおいしく楽しく食べられるよう工夫し，栄養管理にも十分な配慮を行っている。
　② 子どもの生活時間にあわせた食事時間の設定を含め，子どもの発達段階に応じて食習慣を習得するための支援を適切に行っている。
(4) 衣生活
　① 衣服は清潔で，体に合い，季節に合ったものを提供している。
　② 子どもが衣習慣を習得し，衣服を通じて適切に自己表現できるように支援している。
(5) 住生活
　① 居室等施設全体を，生活の場として安全性や快適さに配慮したものにしている。
　② 発達段階に応じて居室等の整理整頓，掃除等の習慣が定着するよう支援している。
(6) 健康と安全
　① 発達段階に応じ，身体の健康（清潔，病気，事故等）について自己管理ができるよう支援している。
　② 医療機関と連携して一人一人の子どもに対する心身の健康を管理するとともに，異常がある場合は適切に対応している。
(7) 性に関する教育
　① 子どもの年齢・発達段階に応じて，異性を尊重し思いやりの心を育てるよう，性についての正しい知識を得る機会を設けている。

(8) 行動上の問題及び問題状況への対応
① 子どもが暴力，不適応行動などの問題行動をとった場合に適切に対応している。
② 施設内の子ども間の暴力，いじめ，差別などが生じないよう施設全体に徹底している。
③ 虐待を受けた子ども等，保護者からの強引な引き取りの可能性がある場合，施設内で安全が確保されるよう努めている。
(9) 自主性，主体性を尊重した日常生活
① 日常生活のあり方について，子ども自身が自分たちの問題として主体的に考えるよう支援している。
② 子どもの発達段階に応じて，金銭の管理や使い方など様々な生活技術が身につくよう支援している。
(10) 学習支援，進路支援等
① 学習環境の整備を行い，学力等に応じた学習支援を行っている。
②「最善の利益」にかなった進路の自己決定ができるよう支援している。
③ 施設と学校との親密な連携のもとに子どもに対して学校教育を保障している。
(11) 継続性とアフターケア
① 子どもの状況に応じて退所後の社会生活を見据えた見立てを行い，支援している。
② 措置変更又は受入れに当たり継続性に配慮した対応を行っている。　（共通Ⅲ－3－(2)－①)
③ 家庭引き取りに当たって，子どもが家庭で安定した生活が送ることができるよう家庭復帰後の支援を行っている。
④ 子どもが安定した生活を送ることができるよう退所後の支援を行っている。
(12) 通所による支援
① 施設の治療的機能である生活支援や心理的ケアなどにより，通所による支援を行っている。

2 家族への支援
(1) 家族とのつながり
① 児童相談所と連携し，子どもと家族との関係調整を図ったり，家族からの相談に応じる体制づくりを行っている。
② 子どもと家族の関係づくりのために，面会，外出，一時帰宅などを積極的に，かつ適切に行っている。
(2) 家族に対する支援
① 親子関係の再構築等のために家族への支援に積極的に取り組んでいる。

3 自立支援計画，記録
(1) 自立支援計画の策定
① アセスメントに基づいて子ども一人一人の自立支援計画を策定するための体制を確立し，実際に機能させている。（共通Ⅲ－4－(2)－①)
② 自立支援計画について，定期的に実施状況の振り返りや評価と計画の見直し

を行う手順を施設として定め，実施している。（共通Ⅲ－4－(2)－②）
(2) 子どもの治療・支援に関する適切な記録
 ① 子ども一人一人の治療・支援の実施状況を適切に記録している。（共通Ⅲ－2－(3)－①）
 ② 子どもや保護者等に関する記録の管理について，規程を定めるなど管理体制を確立し，適切に管理を行っている。（共通Ⅲ－2－(3)－②）
 ③ 子どもや保護者等の状況等に関する情報を職員が共有するための具体的な取組を行っている。（共通Ⅲ－2－(3)－③）

4 権利擁護
(1) 子どもの尊重と最善の利益の考慮
 ① 子どもを尊重した治療・支援についての基本姿勢を明示し，施設内で共通の理解を持つための取組を行っている。（共通Ⅲ－1－(1)－①
 ② 社会的養護が子どもの最善の利益を目指して行われることを職員が共通して理解し，日々の治療・支援において実践している。
 ③ 子どもの発達に応じて，子ども自身の出生や生い立ち，家族の状況について，子どもに適切に知らせている。
 ④ 子どもの行動などの制限については，子どもの安全の確保等のために，他に取るべき方法がない場合であって子どもの最善の利益になる場合にのみ，適切に実施している。
 ⑤ 子どものプライバシー保護に関する規程・マニュアル等を整備し，職員に周知するための取組を行っている。（共通Ⅲ－1－(1)－②）
 ⑥ 子どもや保護者の思想や信教の自由を保障している。
(2) 子どもの意向や主体性への配慮
 ① 子どもや保護者の意向を把握する具体的な仕組みを整備し，その結果を踏まえて，治療・支援の内容の改善に向けた取組を行っている。（共通Ⅲ－1－(2)－①）（共通Ⅲ－1－(2)－②）
 ② 子ども自身が生活全般について自主的に考える活動を推進し，施設における生活改善に向けて積極的に取り組んでいる。
 ③ 施設が行う支援について事前に説明し，子どもが主体的に選択（自己決定）できるよう支援している。
(3) 入所時の説明等
 ① 子どもや保護者等に対して，治療・支援の内容を正しく理解できるような工夫を行い，情報の提供を行っている。（共通Ⅲ－3－(1)－①）
 ② 入所時に，施設で定めた様式に基づき治療・支援の内容や施設での約束ごとについて子どもや保護者等にわかりやすく説明している。（共通Ⅲ－3－(1)－②）
(4) 権利についての説明
 ① 子どもに対し，権利について正しく理解できるよう，わかりやすく説明している。
(5) 子どもが意見や苦情を述べやすい環境
 ① 子どもが相談したり意見を述べたりしたい時に相談方法や相談相手を選択で

きる環境を整備し，子どもに伝えるための取組を行っている。（共通Ⅲ－1－(3)－①）
② 苦情解決の仕組みを確立し，子どもや保護者等に周知する取組を行うとともに，苦情解決の仕組みを機能させている。（共通Ⅲ－1－(3)－②）
③ 子ども等からの意見や苦情等に対する対応マニュアルを整備し，迅速に対応している。（共通Ⅲ－1－(3)－③）

(6) 被措置児童等虐待対応
① いかなる場合においても体罰や子どもの人格を辱めるような行為を行わないよう徹底している。
② 子どもに対する暴力，言葉による脅かし等の不適切なかかわりの防止と早期発見に取り組んでいる。
③ 被措置児童等虐待の届出・通告に対する対応を整備し，迅速かつ誠実に対応している。

(7) 他者の尊重
① 様々な生活体験や多くの人たちとのふれあいを通して，他者への心づかいや他者の立場に配慮する心が育まれるよう支援している。

5 事故防止と安全対策
① 事故，感染症の発生時など緊急時の子どもの安全確保のために，組織として体制を整備し，機能させている。（共通Ⅱ－3－(1)－①）
② 災害時に対する子どもの安全確保のための取組を行っている。（共通Ⅱ－3－(1)－②）
③ 子どもの安全を脅かす事例を組織として収集し，要因分析と対応策の検討を行い，子どもの安全確保のためにリスクを把握し対策を実施している。（共通Ⅱ－3－(1)－③）

6 関係機関連携・地域支援
(1) 関係機関等の連携
① 施設の役割や機能を達成するために必要となる社会資源を明確にし，児童相談所など関係機関・団体の機能や連絡方法を体系的に明示し，その情報を職員間で共有している。（共通Ⅱ－4－(2)－①）
② 児童相談所等の関係機関等との連携を適切に行い，定期的な連携の機会を確保し，具体的な取組や事例検討を行っている。（共通Ⅱ－4－(2)－②）

(2) 地域との交流
① 子どもと地域との交流を大切にし，交流を広げるための地域への働きかけを適切に行っている。（共通Ⅱ－4－(1)－①）
② 施設が有する機能を，地域に開放・提供する取組を積極的に行っている。（共通Ⅱ－4－(1)－②）
③ ボランティア受入れに対する基本姿勢を明確にし，受入れについての体制を整備している。（共通Ⅱ－4－(1)－③）

(3) 地域支援
① 地域の具体的な福祉ニーズを把握するための取組を積極的に行っている。（共

通Ⅱ－4－(3)－①)
② 地域の福祉ニーズに基づき，施設の機能を活かして地域の子育てを支援する事業や活動を行っている。(共通Ⅱ－4－(3)－②)

7 職員の資質向上
① 組織として職員の教育・研修に関する基本姿勢が明示されている。(共通Ⅱ－2－(3)－①)
② 職員一人一人について，基本姿勢に沿った教育・研修計画が策定され計画に基づいて具体的な取組が行われている。(共通Ⅱ－2－(3)－②)
③ 定期的に個別の教育・研修計画の評価・見直しを行い，次の研修計画に反映させている。(共通Ⅱ－2－(3)－③)
④ スーパービジョンの体制を確立し，施設全体として職員一人一人の援助技術の向上を支援している。

8 施設運営
(1) 運営理念，基本方針の確立と周知
① 法人や施設の運営理念を明文化し，法人と施設の使命や役割が反映されている。(共通Ⅰ－1－(1)－①)
② 法人や施設の運営理念に基づき，適切な内容の基本方針が明文化されている。(共通Ⅰ－1－(1)－②)
③ 運営理念や基本方針を職員に配布するとともに，十分な理解を促すための取組を行っている。(共通Ⅰ－1－(2)－①)
④ 運営理念や基本方針を子どもや保護者に配布するとともに，十分な理解を促すための取組を行っている。(共通Ⅰ－1－(2)－②)

(2) 中・長期的なビジョンと計画の策定
① 施設の運営理念や基本方針の実現に向けた施設の中・長期計画が策定されている。(共通Ⅰ－2－(1)－①)
② 各年度の事業計画は，中・長期計画の内容を反映して策定されている。(共通Ⅰ－2－(1)－②)
③ 事業計画を，職員等の参画のもとで策定されるとともに，実施状況の把握や評価・見直しが組織的に行われている。(共通Ⅰ－2－(2)－①)
④ 事業計画を職員に配布するとともに，十分な理解を促すための取組を行っている。(共通Ⅰ－2－(2)－②)
⑤ 事業計画を子ども等に配布するとともに，十分な理解を促すための取組を行っている。(共通Ⅰ－2－(2)－③)

(3) 施設長の責任とリーダーシップ
① 施設長は，自らの役割と責任を職員に対して明らかにし，専門性に裏打ちされた信念と組織内での信頼をもとにリーダーシップを発揮している。(共通Ⅰ－3－(1)－①)
② 施設長自ら，遵守すべき法令等を正しく理解するための取組を行い，組織全体をリードしている。(共通Ⅰ－3－(1)－②)
③ 施設長は，治療・支援の質の向上に意欲を持ち，組織としての取組に十分な

指導力を発揮している。(共通Ⅰ-3-(2)-①)
　④ 施設長は、経営や業務の効率化と改善に向けた取組に十分な指導力を発揮している。(共通Ⅰ-3-(2)-②)
(4) 経営状況の把握
　① 施設運営をとりまく環境を的確に把握するための取組を行っている。(共通Ⅱ-1-(1)-①)
　② 運営状況を分析して課題を発見するとともに、改善に向けた取組を行っている。(共通Ⅱ-1-(1)-②)
　③ 外部監査(外部の専門家による監査)を実施し、その結果に基づいた運営改善が実施されている。(共通Ⅱ-1-(1)-③)
(5) 人事管理の体制整備
　① 施設が目標とする治療・支援の質を確保するため、必要な人材や人員体制に関する具体的なプランが確立しており、それに基づいた人事管理が実施されている。(共通Ⅱ-2-(1)-①)
　② 客観的な基準に基づき、定期的な人事考課が行われている。(共通Ⅱ-2-(1)-②)
　③ 職員の就業状況や意向を定期的に把握し、必要があれば改善に取り組む仕組みが構築されている。(共通Ⅱ-2-(2)-①)
　④ 職員処遇の充実を図るため、福利厚生や健康を維持するための取組を積極的に行っている。(共通Ⅱ-2-(2)-②)
(6) 実習生の受入れ
　① 実習生の受入れと育成について、基本的な姿勢を明確にした体制を整備し、効果的なプログラムを用意する等積極的な取組をしている。(共通Ⅱ-2-(4)-①)
(7) 標準的な実施方法の確立
　① 治療・支援について標準的な実施方法を文書化し、職員が共通の認識を持って行っている。(共通Ⅲ-2-(2)-①)
　② 標準的な実施方法について、定期的に検証し、必要な見直しを組織的に実施できるよう仕組みを定め、検証・見直しを行っている。(共通Ⅲ-2-(2)-②)
(8) 評価と改善の取組
　① 治療運営や治療・支援の内容について、自己評価、第三者評価等、定期的に評価を行う体制を整備し、機能させている。(共通Ⅲ-2-(1)-①)
　② 評価の結果を分析し、施設として取り組むべき課題を明確にし、改善策や改善実施計画を立て実施している。(共通Ⅲ-2-(1)-②)

※「共通Ⅰ-1-(1)-①」の記載は、社会福祉事業共通の評価基準53項目の対応する番号

資料

資料❹　第三者評価基準―評価細目―（児童自立支援施設版）

1　支援
(1) 支援の基本
 ① 子どもを理解・尊重し，その思い・ニーズをくみ取りながら，子どもの発達段階や課題に考慮した上で，子どもと職員との信頼関係の構築を目指している。
 ② 子どものニーズをみたすことのできる日常的で良質なあたりまえの生活を営みつつ，職員がモデルとなることで，子どもの協調性を養い，社会的ルールを尊重する気持ちを育てている。
 ③ 集団生活の安定性を確保しながら，施設全体が愛情と理解のある雰囲気に包まれ，子どもが愛され大切にされていると感じられるような家庭的・福祉的アプローチを行っている。
 ④ 発達段階に応じて食事，睡眠，排泄，服装，掃除等の基本的生活習慣や生活技術が習得できるよう支援している。
 ⑤ 多くの生活体験を積む中で，子どもがその問題や事態の自主的な解決等を通して，子どもの健全な自己の成長や問題解決能力を形成できるように支援している。
 ⑥ 子どもの行動上の問題を改善するために，自ら行った加害行為などと向き合う取組を通して自身の加害性・被害性の改善や被害者への責任を果たす人間性を形成できるように支援している。

(2) 食生活
 ① 団らんの場として和やかな雰囲気の中で，食事をおいしく楽しく食べられるよう工夫し，子どもの嗜好や栄養管理にも十分な配慮を行っている。
 ② 子どもの生活時間にあわせた食事時間の設定を含め，子どもの発達段階に応じた食習慣の習得など食育を適切に行っている。
 ③ 自立に向けた食育への支援を行っている。

(3) 衣生活
 ① 衣服は清潔で，体に合い，季節に合ったものを提供し，衣習慣を習得できるよう支援している。

(4) 住生活
 ① 居室等施設全体が，子どもの居場所となるように，安全性，快適さ，あたたかさなどに配慮したものにしている。

(5) 健康と安全
 ① 発達段階に応じ，身体の健康（清潔，病気等）や安全について自己管理ができるよう支援している。
 ② 医療機関と連携して一人一人の子どもに対する心身の健康を管理するとともに，異常がある場合は適切に対応している。

(6) 性に関する教育
 ① 子どもの年齢，発達段階に応じて，異性を尊重し思いやりの心を育てるよう，性についての正しい知識を得る機会を設けている。

(7) 行動上の問題に対しての対応
① 子どもが暴力，不適応行動，無断外出などの行動上の問題を行った場合には，関係のある子どもも含めて適切に対応している。
② 施設内の子ども間の暴力，いじめ，差別などが生じないよう施設全体に徹底している。
③ 虐待を受けた子ども等，保護者からの強引な引き取りの可能性がある場合，施設内で安全が確保されるよう努めている。
(8) 心理的ケア
① 被虐待児など心理的ケアが必要な子どもに対して心理的な支援を行っている。
(9) 主体性，自律性を尊重した日常生活
① 日常生活のあり方について，子ども自身が自分たちの課題として主体的に考えるよう支援している。
② 子どもの発達段階に応じて，金銭の管理や使い方など経済観念や生活技術が身につくよう支援している。
(10) 学習支援，進路支援，作業支援等
① 学習環境の整備を行い，個々の学力等に応じた学習支援を行っている。
②「最善の利益」にかなった進路の自己決定ができるよう支援している。
③ 作業支援，職場実習や職場体験等の機会を通して，豊かな人間性や職業観の育成に取り組んでいる。
④ 施設と学校との親密な連携のもとに子どもに対して学校教育を保障している。
⑤ スポーツ活動や文化活動を通して心身の育成を図るとともに，忍耐力，責任感，協調性，達成感などを養うように支援している。
(11) 継続性とアフターケア
① 措置変更又は受入れに当たり継続性に配慮した対応を行っている。(共通Ⅲ－3－(2)－①)
② 家庭引き取りに当たって，子どもが家庭で安定した生活が送ることができるよう家庭復帰後の支援を行っている。
③ 子どもが安定した社会生活や家庭生活を送ることができるよう，通信，訪問，通所などにより，退所後の支援を行っている。
(12) 通所による支援
① 地域の子どもの通所による支援を行っている。

2 家族への支援

(1) 家族とのつながり
① 児童相談所と連携し，子どもと家族との関係調整を図ったり，家族からの相談に応じる体制づくりを行っている。
② 子どもと家族の関係づくりのために，面会，外出，一時帰宅などを積極的に行っている。
(2) 家族に対する支援
① 親子関係の再構築等のために家族への支援に積極的に取り組んでいる。

3　自立支援計画，記録
(1) アセスメントの実施と自立支援計画の策定
　① 子どもの心身の状況や，生活状況を把握するため，手順を定めてアセスメントを行い，アセスメントに基づき，子どもの個々の課題を具体的に明示している。（共通Ⅲ－4－(1)－①）
　② アセスメントに基づいて子ども一人一人の自立支援計画を策定するための体制を確立し，実際に機能させている。（共通Ⅲ－4－(2)－①）
　③ 自立支援計画について，定期的に実施状況の振り返りや評価と計画の見直しを行う手順を施設として定め，実施している。（共通Ⅲ－4－(2)－②）
(2) 子どもの支援に関する適切な記録
　① 子ども一人一人の支援の実施状況を適切に記録している。（共通Ⅲ－2－(3)－①）
　② 子どもや保護者等に関する記録の管理について，規程を定めるなど管理体制を確立し，適切に管理を行っている。（共通Ⅲ－2－(3)－②）
　③ 子どもや保護者等の状況等に関する情報を職員が共有するための具体的な取組を行っている。（共通Ⅲ－2－(3)－③）

4　権利擁護
(1) 子どもの尊重と最善の利益の考慮
　① 子どもを尊重した支援についての基本姿勢を明示し，施設内で共通の理解を持つための取組を行っている。（共通Ⅲ－1－(1)－①）
　② 社会的養護が子どもの最善の利益を目指して行われることを職員が共通して理解し，日々の支援において実践している。
　③ 子どもの発達段階に応じて，子ども自身の出生や生い立ち，家族の状況について，子どもに適切に知らせている。
　④ 特別プログラムなど子どもの行動などの制限については，子どもの安全の確保等のために，他に取るべき方法がない場合であって子どもの最善の利益になる場合にのみ，適切に実施している。
　⑤ 子どものプライバシー保護に関する規程・マニュアル等を整備し，職員に周知するための取組を行っている。（共通Ⅲ－1－(1)－②）
　⑥ 子どもや保護者の思想や信教の自由を保障している。
(2) 子どもの意向や主体性への配慮
　① 子どもの意向を把握する具体的な仕組みを整備し，その結果を踏まえて，支援内容の改善に向けた取組を行っている。（共通Ⅲ－1－(2)－①）
　② 子ども自身が自分たちの生活全般について自主的に考える活動を推進し，施設における生活改善や自立する力の伸長に向けて積極的に取り組んでいる。
　③ 施設が行う支援について事前に説明し，子どもが主体的に選択（自己決定）できるよう支援している。
(3) 入所時の説明等
　① 子どもや保護者等に対して，支援の内容を正しく理解できるような工夫を行い，情報の提供を行っている。（共通Ⅲ－3－(1)－①）
　② 入所時に，施設で定めた様式に基づき支援の内容や施設での約束ごとについて子どもや保護者等にわかりやすく説明している。（共通Ⅲ－3－(1)－②）

(4) 権利についての説明
　① 子どもに対し，権利について正しく理解できるよう，わかりやすく説明している。
(5) 子どもが意見や苦情を述べやすい環境
　① 子どもが相談したり意見を述べたりしたい時に相談方法や相談相手を選択できる環境を整備し，子どもに伝えるための取組を行っている。（共通Ⅲ－1－(3)－①)
　② 苦情解決の仕組みを確立し，子どもや保護者等に周知する取組を行うとともに，苦情解決の仕組みを機能させている。（共通Ⅲ－1－(3)－②）
　③ 子ども等からの意見や苦情等に対する対応マニュアルを整備し，迅速に対応している。（共通Ⅲ－1－(3)－③）
(6) 被措置児童等虐待対応
　① いかなる場合においても体罰や子どもの人格を辱めるような行為を行わないよう徹底している。
　② 子どもに対する暴力，言葉による脅かし等の不適切なかかわりの防止と早期発見に取り組んでいる。
　③ 被措置児童等虐待の届出・通告に対する対応を整備し，迅速かつ誠実に対応している。
(7) 他者の尊重
　① 様々な生活体験や多くの人たちとのふれあいを通して，他者への心づかいや他者の立場に配慮する心が育まれるよう支援している。

5　事故防止と安全対策
　① 事故，感染症の発生時など緊急時の子どもの安全確保のために，組織として体制を整備し，機能させている。（共通Ⅱ－3－(1)－①)
　② 災害時に対する子どもの安全確保のための取組を行っている。（共通Ⅱ－3－(1)－②)
　③ 子どもの安全を脅かす事例を組織として収集し，要因分析と対応策の検討を行い，子どもの安全確保のためにリスクを把握し対策を実施している。（共通Ⅱ－3－(1)－③)

6　関係機関連携・地域支援
(1) 関係機関等との連携
　① 施設の役割や機能を達成するために必要となる社会資源を明確にし，児童相談所など関係機関・団体の機能や連絡方法を体系的に明示し，その情報を職員間で共有している。（共通Ⅱ－4－(2)－①）
　② 児童相談所等の関係機関等との連携を適切に行い，定期的な連携の機会を確保し，具体的な取組や事例検討を行っている。（共通Ⅱ－4－(2)－②）
(2) 地域との交流
　① 子どもと地域との交流を大切にし，交流を広げるための地域への働きかけを行っている。（共通Ⅱ－4－(1)－①）
　② 施設が有する機能を，地域に開放・提供する取組を積極的に行っている。（共

③ ボランティア受入れに対する基本姿勢を明確にし，受入れについての体制を整備している。（共通Ⅱ－4－(1)－③）
(3) 地域支援
① 地域の具体的な福祉ニーズを把握するための取組を積極的に行っている。（共通Ⅱ－4－(3)－①）
② 地域の福祉ニーズに基づき，施設の機能を活かして地域の子育てを支援する事業や活動を行っている。（共通Ⅱ－4－(3)－②）

7 職員の資質向上
① 組織として職員の教育・研修に関する基本姿勢が明示されている。（共通Ⅱ－2－(3)－①）
② 職員一人一人について，基本姿勢に沿った教育・研修計画が策定され計画に基づいて具体的な取組が行われている。（共通Ⅱ－2－(3)－②）
③ 定期的に個別の教育・研修計画の評価・見直しを行い，次の研修計画に反映させている。（共通Ⅱ－2－(3)－③）
④ スーパービジョンの体制を確立し，施設全体として職員一人一人の援助技術の向上を支援している。

8 施設運営
(1) 運営理念，基本方針の確立と周知
① 法人や施設の運営理念を明文化し，法人と施設の使命や役割が反映されている。（共通Ⅰ－1－(1)－①）
② 法人や施設の運営理念に基づき，適切な内容の基本方針が明文化されている。（共通Ⅰ－1－(1)－②）
③ 運営理念や基本方針を職員に配布するとともに，十分な理解を促すための取組を行っている。（共通Ⅰ－1－(2)－①）
④ 運営理念や基本方針を子どもや保護者等に配布するとともに，十分な理解を促すための取組を行っている。（共通Ⅰ－1－(2)－②）
(2) 中・長期的なビジョンと計画の策定
① 施設の運営理念や基本方針の実現に向けた施設の中・長期計画が策定されている。（共通Ⅰ－2－(1)－①）
② 各年度の事業計画は，中・長期計画の内容を反映して策定されている。（共通Ⅰ－2－(1)－②）
③ 事業計画を，職員等の参画のもとで策定されるとともに，実施状況の把握や評価・見直しが組織的に行われている。（共通Ⅰ－2－(2)－①）
④ 事業計画を職員に配布するとともに，十分な理解を促すための取組を行っている。（共通Ⅰ－2－(2)－②）
⑤ 事業計画を子ども等に配布するとともに，十分な理解を促すための取組を行っている。（共通Ⅰ－2－(2)－③）
(3) 施設長の責任とリーダーシップ
① 施設長は，自らの役割と責任を職員に対して明らかにし，専門性に裏打ちさ

れた信念と組織内での信頼をもとにリーダーシップを発揮している。(共通Ⅰ－3－(1)－①)
② 施設長自ら，遵守すべき法令等を正しく理解するための取組を行い，組織全体をリードしている。(共通Ⅰ－3－(1)－②)
③ 施設長は，支援の質の向上に意欲を持ち，組織としての取組に十分な指導力を発揮している。(共通Ⅰ－3－(2)－①)
④ 施設長は，施設の経営や業務の効率化と改善に向けた取組に十分な指導力を発揮している。(共通Ⅰ－3－(2)－②)

(4) 経営状況の把握
① 施設運営をとりまく環境を的確に把握するための取組を行っている。(共通Ⅱ－1－(1)－①)
② 運営状況を分析して課題を発見するとともに，改善に向けた取組を行っている。(共通Ⅱ－1－(1)－②)
③ 外部監査（外部の専門家による監査）を実施し，その結果に基づいた運営改善が実施されている。(共通Ⅱ－1－(1)－③)

(5) 人事管理の体制整備
① 施設が目標とする支援の質を確保するため，必要な人材や人員体制に関する具体的なプランが確立しており，それに基づいた人事管理が実施されている。(共通Ⅱ－2－(1)－①)
② 客観的な基準に基づき，定期的な人事考課が行われている。(共通Ⅱ－2－(1)－②)
③ 職員の就業状況や意向を定期的に把握し，必要があれば改善に取り組む仕組みが構築されている。(共通Ⅱ－2－(2)－①)
④ 職員処遇の充実を図るため，福利厚生や健康を維持するための取組を積極的に行っている。(共通Ⅱ－2－(2)－②)

(6) 実習生の受入れ
① 実習生の受入れと育成について，基本的な姿勢を明確にした体制を整備し，効果的なプログラムを用意する等積極的な取組をしている。(共通Ⅱ－2－(4)－①)

(7) 標準的な支援方法の確立
① 支援について標準的な実施方法を文書化し，職員が共通の認識を持って行っている。(共通Ⅲ－2－(2)－①)
② 標準的な実施方法について，定期的に検証し，必要な見直しを組織的に実施できるよう仕組みを定め，検証・見直しを行っている。(共通Ⅲ－2－(2)－②)

(8) 評価と改善の取組
① 施設運営や支援の内容について，自己評価，第三者評価等，定期的に評価を行う体制を整備し，機能させている。(共通Ⅲ－2－(1)－①)
② 評価の結果を分析し，施設として取り組むべき課題を明確にし，改善策・改善実施計画を立て実施している。(共通Ⅲ－2－(1)－②)

※「共通Ⅰ－1－(1)－①」の記載は，社会福祉事業共通の評価基準53項目の対応する番号

資料

資料❺　第三者評価基準―評価細目―（母子生活支援施設版）

1　支援
(1) 支援の基本
　① 母親と子どもそれぞれの個別の課題に対応して，専門的支援を行っている。
(2) 入所初期の支援
　① 入所に当たり，母親と子どもそれぞれの生活課題・ニーズを把握し，生活の安定に向けた支援を行っている。
　② 新しい生活環境に適応できるよう，精神的な安定をもたらす支援を行っている。
(3) 母親への日常生活支援
　① 母親が，安定した家庭生活を営むために必要な支援を行っている。
　② 母親の子育てのニーズに対応するとともに，子どもとの適切なかかわりができるよう支援している。
　③ 母親が安定した対人関係を築くための支援を行っている。
(4) 子どもへの支援
　① 健やかな子どもの育ちを保障するために，養育・保育に関する支援を行っている。
　② 子どもが自立に必要な力を身につけるために，学習や進路，悩み等への相談支援を行っている。
　③ 子どもに安らぎと心地よさを与えられるおとなとのかかわりや，子どもどうしのつきあいに配慮して，人と人との関係づくりについて支援している。
　④ 子どもの年齢・発達段階に応じて，性についての正しい知識を得る機会を設け，思いやりの心を育む支援を行っている。
(5) DV被害からの回避・回復
　① 母親と子どもの緊急利用に適切に対応する体制を整備している。
　② 母親と子どもの安全確保のために，DV防止法に基づく保護命令や支援措置が必要な場合は，適切な情報提供と支援を行っている。
　③ 母親と子どもの安全確保を適切に行うために，必要な体制を整備している。
　④ 心理的ケア等を実施し，DVの影響からの回復を支援している。
(6) 子どもの虐待状況への対応
　① 被虐待児に対しては虐待に関する専門性を持ってかかわり，虐待体験からの回復を支援している。
　② 子どもの権利擁護を図るために，関係機関との連携を行っている。
(7) 家族関係への支援
　① 母親や子どもの家族関係の悩みや不安に対する相談・支援を行っている。
(8) 特別な配慮の必要な母親，子どもへの支援
　① 障害や精神疾患のある母親や子ども，その他の配慮が必要な母親と子どもに対する支援を適切に行い，必要に応じて関係機関と連携している。

(9) 主体性を尊重した日常生活
　① 日常生活への支援は，母親や子どもの主体性を尊重して行っている。
　② 行事などのプログラムは，母親や子どもが参画しやすいように工夫し，計画・実施している。
(10) 就労支援
　① 母親の職業能力開発や就労支援を適切に行っている。
　② 就労継続が困難な母親への支援を行い，必要に応じて職場等との関係調整を行っている。
(11) 支援の継続性とアフターケア
　① 施設の変更又は変更による受入れを行うに当たり，継続性に配慮した対応を行っている。（共通Ⅲ－3－(2)－①）
　② 母親と子どもが安定した生活を送ることができるよう，退所後の支援を行っている。

2　自立支援計画，記録
(1) アセスメントの実施と自立支援計画の策定
　① 母親と子どもの心身の状況や，生活状況を把握するため，手順を定めてアセスメントを行い，母親と子どもの個々の課題を具体的に明示している。（共通Ⅲ－4－(1)－①）
　② アセスメントに基づいて子ども一人一人の自立支援計画を策定するための体制を確立し，実際に機能させている。（共通Ⅲ－4－(2)－①）
　③ 自立支援計画について，定期的に実施状況の振り返りや評価と計画の見直しを行う手順を施設として定め，実施している。（共通Ⅲ－4－(2)－②）
(2) 記録の作成と適正な管理
　① 母親と子ども一人一人の支援の実施状況を適切に記録している。（共通Ⅲ－2－(3)－①）
　② 母親と子ども等に関する記録の管理について，規程を定めるなど管理体制を確立し，適切に管理を行っている。（共通Ⅲ－2－(3)－②）
　③ 母親と子ども等の状況等に関する情報を職員が共有するための具体的な取組を行っている。（共通Ⅲ－2－(3)－③）
　④ 日々の業務について支援内容を適切に記録し，支援の分析・検証や職員間の情報共有に活用するとともに，説明責任を果たす取組を行っている。

3　権利擁護
(1) 母親と子どもの尊重と最善の利益の考慮
　① 母親と子どもを尊重した支援についての基本姿勢を明示し，職員が共通の理解を持つための取組を行っている。（共通Ⅲ－1－(1)－①）
　② 社会的養護が，母親と子どもの最善の利益を目指して行われることを職員が共通して理解し，日々の支援において実践している。
　③ 母親と子どものプライバシー保護に関する規程・マニュアル等を整備し，職員に周知するための取組を行っている。（共通Ⅲ－1－(1)－②）
　④ 母親と子どもの思想や信教の自由を保障している。

(2) 母親と子どもの意向や主体性の配慮
 ① 母親と子どもの意向を把握する具体的な仕組みを整備し，その結果を踏まえて，支援の内容の改善に向けた取組を行っている。（共通Ⅲ－1－(2)－①）
 ② 母親や子どもが，自分たちの生活全般について自主的に考える活動（施設内の自治活動等）を推進し，施設における生活改善に向けて積極的に取り組んでいる。
 ③ 施設が行う支援について事前に説明し，母親と子どもそれぞれが主体的に選択（自己決定）できるよう支援している。
(3) 入所時の説明等
 ① 母親と子ども等に対して，支援の内容を正しく理解できるような工夫を行い，情報の提供を行っている。（共通Ⅲ－3－(1)－①）
 ② 入所時に，施設で定めた様式に基づき支援の内容や施設での約束ごとについて母親と子ども等にわかりやすく説明している。（共通Ⅲ－3－(1)－②）
(4) 母親や子どもが意見や苦情を述べやすい環境
 ① 母親と子どもが相談したり意見を述べたい時に相談方法や相談相手を選択できる環境を整備し，母親と子どもに伝えるための取組を行っている。（共通Ⅲ－1－(3)－①）
 ② 苦情解決の仕組みを確立し，母親と子ども等に周知する取組を行うとともに，苦情解決の仕組みを機能させている。（共通Ⅲ－1－(3)－②）
 ③ 母親と子ども等からの意見や苦情等に対して対応マニュアルを整備し，迅速に対応している。（共通Ⅲ－1－(3)－③）
(5) 権利侵害への対応
 ① いかなる場合においても，職員等による暴力や脅かし，人格的辱め，心理的虐待，セクシャルハラスメントなどの不適切なかかわりが起こらないよう権利侵害を防止している。
 ② いかなる場合においても，母親や子どもが，暴力や脅かし，人格を辱めるような不適切な行為を行わないよう徹底している。
 ③ 子どもに対する暴力や脅かし，人格を辱めるような不適切なかかわりの防止と早期発見に取り組んでいる。
4 事故防止と安全対策
 ① 事故，感染症の発生時など緊急時の母親と子どもの安全確保のために，組織として体制を整備し，機能させている。（共通Ⅱ－3－(1)－①）
 ② 災害時に対する母親と子どもの安全確保のための取組を行っている。（共通Ⅱ－3－(1)－②）
 ③ 母親と子どもの安全を脅かす事例を組織として収集し，要因分析と対応策の検討を行い，母親と子どもの安全確保のためにリスクを把握し対策を実施している。（共通Ⅱ－3－(1)－③）
 ④ 十分な夜間管理の体制を整備している。

5 関係機関連携・地域支援
(1) 関係機関との連携
 ① 施設の役割や機能を達成するために必要となる社会資源を明確にし，児童相

談所など関係機関・団体の機能や連絡方法を体系的に明示し，その情報を職員間で共有している。(共通Ⅱ－4－(2)－①)
② 児童相談所等の関係機関等との連携を適切に行い，定期的な連携の機会を確保し，具体的な取組や事例検討を行っている。(共通Ⅱ－4－(2)－②)
(2) 地域社会への参加，交流の促進
① 母親と子どもと地域との交流を大切にし，交流を広げるための地域への働きかけを行っている。(共通Ⅱ－4－(1)－①)
② 施設が有する機能を地域に開放・提供する取組を積極的に行っている。(共通Ⅱ－4－(1)－②)
③ ボランティア受入れに対する基本姿勢を明確にし，受入れについての体制を整備している。(共通Ⅱ－4－(1)－③)
(3) 地域支援
① 地域の具体的な福祉ニーズを把握するための取組を行っている。(共通Ⅱ－4－(3)－①)
② 地域の福祉ニーズに基づき，施設の機能を活かして地域の子育てを支援する事業や活動を行っている。(共通Ⅱ－4－(3)－②)

6　職員の資質向上
① 組織として職員の教育・研修に関する基本姿勢が明示されている。(共通Ⅱ－2－(3)－①)
② 職員一人一人について，基本姿勢に沿った教育・研修計画が策定され計画に基づいて具体的な取組が行われている。(共通Ⅱ－2－(3)－②)
③ 定期的に個別の教育・研修計画の評価・見直しを行い，次の研修計画に反映させている。(共通Ⅱ－2－(3)－③)
④ スーパービジョンの体制をつくり，施設全体の支援の質を管理し，職員の援助技術の向上を図っている。

7　施設運営
(1) 運営理念，基本方針の確立と周知
① 法人や施設の運営理念を明文化し，法人と施設の使命や役割が反映されている。(共通Ⅰ－1－(1)－①)
② 法人や施設の運営理念に基づき，適切な内容の基本方針が明文化されている。(共通Ⅰ－1－(1)－②)
③ 運営理念や基本方針を職員に配布するとともに，十分な理解を促すための取組を行っている。(共通Ⅰ－1－(2)－①)
④ 運営理念や基本方針を母親と子ども等に配布するとともに，十分な理解を促すための取組を行っている。(共通Ⅰ－1－(2)－②)
(2) 中・長期的なビジョンと計画の策定
① 施設の運営理念や基本方針の実現に向けた施設の中・長期計画が策定されている。(共通Ⅰ－2－(1)－①)
② 各年度の事業計画は，中・長期計画の内容を反映して策定されている。(共通Ⅰ－2－(1)－②)

③ 事業計画を，職員等の参画のもとで策定されるとともに，実施状況の把握や評価・見直しが組織的に行われている。（共通Ⅰ－2－(2)－①）
④ 事業計画を職員に配布するとともに，十分な理解を促すための取組を行っている。（共通Ⅰ－2－(2)－②）
⑤ 事業計画を母親と子ども等に配布するとともに，十分な理解を促すための取組を行っている。（共通Ⅰ－2－(2)－③）

(3) 施設長の責任とリーダーシップ
① 施設長は，自らの役割と責任を職員に対して明らかにし，専門性に裏打ちされた信念と組織内での信頼のもとにリーダーシップを発揮している。（共通Ⅰ－3－(1)－①）
② 施設長自ら，遵守すべき法令等を正しく理解するための取組を行い，組織全体をリードしている。（共通Ⅰ－3－(1)－②）
③ 施設長は，支援の質の向上に意欲を持ち，組織としての取組に十分な指導力を発揮している。（共通Ⅰ－3－(2)－①）
④ 施設長は，経営や業務の効率化と改善に向けた取組に十分な指導力を発揮している。（共通Ⅰ－3－(2)－②）

(4) 経営状況の把握
① 施設運営をとりまく環境を的確に把握するための取組を行っている。（共通Ⅱ－1－(1)－①）
② 運営状況を分析して課題を発見するとともに，改善に向けた取組を行っている。（共通Ⅱ－1－(1)－②）
③ 外部監査（外部の専門家による監査）を実施し，その結果に基づいた運営改善が実施されている。（共通Ⅱ－1－(1)－③）

(5) 人事管理の体制整備
① 施設が目標とする支援の質を確保するため，必要な人材や人員体制に関する具体的なプランが確立しており，それに基づいた人事管理が実施されている。（共通Ⅱ－2－(1)－①）
② 客観的な基準に基づき，定期的な人事考課が行われている。（共通Ⅱ－2－(1)－②）
③ 職員の就業状況や意向を定期的に把握し，必要があれば改善に取り組む仕組みが構築されている。（共通Ⅱ－2－(2)－①）
④ 職員処遇の充実を図るため，福利厚生や健康を維持するための取組を積極的に行っている。（共通Ⅱ－2－(2)－②）

(6) 実習生の受入れ
① 実習生の受入れと育成について，基本的な姿勢を明確にした体制を整備し，効果的なプログラムを用意する等積極的な取組をしている。（共通Ⅱ－2－(4)－①）

(7) 標準的な実施方法の確立
① 支援について標準的な実施方法を文書化し，職員が共通の認識を持って支援を行っている。（共通Ⅲ－2－(2)－①）
② 標準的な実施方法について，定期的に検証し，必要な見直しを組織的に実施できるよう仕組みを定め，検証・見直しを行っている。（共通Ⅲ－2－(2)－②）

(8) 評価と改善の取組
① 施設運営や支援の内容について，自己評価，第三者評価等，定期的に評価を行う体制を整備し，機能させている。(共通Ⅲ-2-(1)-①)
② 評価の結果を分析し，施設として取り組むべき課題を明確にし，改善策や改善実施計画を立て実施している。(共通Ⅲ-2-(1)-②)

※「共通Ⅰ-1-(1)-①」の記載は，社会福祉事業共通の評価基準53項目の対応する番号

索 引

あ行

意見箱　58
意見表明権　19
一時保護所指導者研修　191
医療同意権　39
医療保護入院　40, 45
ウェブ研修　192
応用能力　190

か行

家族システム　138
「語り」の保障　163
家庭養護　189
監護　37
基幹的職員　192
傷つき体験　145
義務研修　191
キャリアパス　110
記録　92, 98, 148
苦情受付担当者　55
苦情解決制度　27
苦情解決責任者　55
苦情解決の仕組み　55
ケースカンファレンス　149
研修委員会　195
権利主体　18
権利ノート　27, 53
権利擁護　18
効果評価　194
更新研修　193

合同研修　192
子どもの権利条約　18
子どもの最善の利益　18, 63
子どもを性的被害から守る　26
孤立　152
コンサルテーション　172
コンディション　176

さ行

里親委託ガイドライン　183
里親会　30
里親サロン　182
里親支援機関　30
里親対応関係機関職員研修　191
参加型研修　196
自己学習　190
システム論　147
施設内ネットワーク　29
施設風土　71, 74
児童相談所中堅児童福祉司・児童心理司
　　研修　192
児童福祉司資格認定通信課程　193
社会的属性　147
社会的養護関係施設第三者評価機関
　　209
社会福祉法第82条　55
受審義務化　207
小舎　118
情報の共有　148
職場環境　190
職場研修担当者研修会　193

職場内研修（OJT） 135, 158, 190
親権代行 37
親権の一時停止 21
親族里親 106
新人研修 196
新任施設長 191
新任施設長研修 193
新任職員研修 191
スーパーバイザー 150, 159
スーパーバイジー間の関係を活用 165
スーパーバイズ 150
スーパービジョン 77, 158
スーパービジョンの機能 162
スーパービジョンの形態 163
スーパービジョンの構造 161
ストレス 175
専門里親 192
相対的剥奪 24
育ちアルバム 101
育ちの中での傷つき体験 73
育ちの中の積み残し課題 73
育てノート 101
措置 26
措置費 104, 108

た行

対応マニュアル 53
第三者委員 55
第三者評価 28, 206
大舎 118
代弁者 51
対立関係 152
地域における社会資源とのネットワーク形成 29
チームアプローチ 144

チーム内力動 151
チームのひずみ 146
チームワーク 179
地区別里親研修 193
中堅職員研修会 193
中堅職員（後期）研修 197
中堅職員（前期）研修 196
中舎 118
通信教育 193
テーマ別研修 194
特別支援学校 45

は行

バーンアウト 110, 145
派遣研修（OFF-JT） 158, 190
パワーストラグル（権力闘争） 154
反省的実践家 134
非審判的態度 163
被措置児童等虐待 27, 66
被措置児童等虐待防止ガイドライン 68
ヒヤリハット集 97
ファシリテーター 196
ファミリーソーシャルワーカー 25, 137
ファミリーホーム交流組織 30
プログラム評価 194
分離 23
報・連・相 98

ま行

未成年後見人 22
メンタルヘルス 177
申し送り 149
燃え尽き 145
燃え尽き（バーンアウト）症候群 110
問題意識 195

や・ら行

養育観　78
要保護児童対策地域協議会　30
予防接種　40
リーダーの条件　154

力動的視点　147

アルファベット

OJT（職場内研修）　135，158，190
SOSを発信できること　178

■編集代表

相澤 仁（あいざわ・まさし）

1956年埼玉県生まれ。

立教大学大学院文学研究科教育学専攻博士課程後期課程満期退学。

国立武蔵野学院長。

社会保障審議会児童部会社会的養護専門委員会委員。

『子ども・家族の自立を支援するために』（共編；2005年，日本児童福祉協会），

『児童生活臨床と社会的養護』（分担執筆；2012年，金剛出版）

■編集

松原康雄（まつばら・やすお）

1951年東京都生まれ。

明治学院大学大学院社会学・社会福祉学研究科社会福祉学専攻博士課程後期満期退学。

明治学院大学社会学部社会福祉学科教授。

社会保障審議会児童部会委員。

『少子化時代の児童福祉』（日本放送出版協会，2007年），『養護原理』（編著；2010年，同文書院）

■執筆者一覧〈執筆順，（ ）は担当個所〉

松原　康雄（明治学院大学社会学部教授）（第1章）
磯谷　文明（弁護士）（第2章）
大竹　　智（立正大学社会福祉学部教授）（第3章）
加藤　尚子（明治大学文学部准教授）（第4章，コラム）
桑原　教修（児童養護施設舞鶴学園施設長）（第5章1-3節）
福田　雅章（児童養護施設養徳園長）（第5章4-6節）
太田　一平（児童養護施設八楽児童寮長）（第5章7-10節）
山田　勝美（山梨立正光生園養護施設長）（第6章）
鈴木　崇之（東洋大学ライフデザイン学部准教授）(第7章）
増沢　　高（子どもの虹情報研修センター研修部長）（第8章）
村井　美紀（東京国際大学人間社会学部准教授）（第9章）
相澤　　仁（国立武蔵野学院長）（第10章，コラム）
小山　　修（日本子ども家庭総合研究所客員研究員）（第11章）
森泉摩州子（大阪府福祉部子ども室家庭支援課課長補佐）（第12章）
高橋　利一（児童養護施設至誠学園統括学園長）（コラム）
櫻井奈津子（和泉短期大学児童福祉学科教授）（コラム）
奥山　　隆（国立武蔵野学院調査課長）（コラム）
岩佐　嘉彦（弁護士）（コラム）
伊達　直利（旭児童ホーム施設長）（コラム）
谷口　純世（愛知淑徳大学福祉貢献学部准教授）（コラム）
和泉　広恵（日本女子大学人間社会学部講師）（コラム）
渡邊　　守（キーアセットディレクター）（コラム）

やさしくわかる社会的養護シリーズ❷
子どもの権利擁護と里親家庭・施設づくり

2013年3月25日　初版第1刷発行
2014年7月25日　初版第2刷発行

編集代表　相　澤　　　仁
編　　集　松　原　康　雄
発　行　者　石　井　昭　男
発　行　所　株式会社　明石書店
〒101-0021　東京都千代田区外神田6-9-5
　　　　　電　話　　03（5818）1171
　　　　　ＦＡＸ　　03（5818）1174
　　　　　振　替　　00100-7-24505
　　　　　　　　http://www.akashi.co.jp
　　　　　装丁　　明石書店デザイン室
　　　　　印刷　　モリモト印刷株式会社
　　　　　製本　　協栄製本株式会社

（定価はカバーに表示してあります）　　ISBN978-4-7503-3787-6

JCOPY　〈(社)出版者著作権管理機構　委託出版物〉
本書の無断複写は著作権法上での例外を除き禁じられています。複写される場合は、そのつど事前に、(社)出版者著作権管理機構（電話 03-3513-6969、FAX 03-3513-6979、e-mail: info@jcopy.or.jp）の許諾を得てください。

実践に活かせる専門性が身につく！

やさしくわかる社会的養護シリーズ【全7巻】

編集代表 相澤 仁（国立武蔵野学院）

A5判／並製／各巻2400円

- 社会的養護全般について学べる総括的な養成・研修テキスト。
- 「里親等養育指針・施設運営指針」「社会的養護関係施設第三者評価基準」（平成24年3月）、「社会的養護の課題と将来像」（平成23年7月）の内容に準拠。
- 現場で役立つ臨床的視点を取り入れた具体的な実践論を中心に解説。
- 執筆陣は、わが国の児童福祉研究者の総力をあげるとともに、第一線で活躍する現場職員が多数参加。

1　子どもの養育・支援の原理──社会的養護総論
柏女霊峰（淑徳大学）・澁谷昌史（関東学院大学）編

2　子どもの権利擁護と里親家庭・施設づくり
松原康雄（明治学院大学）編

3　子どもの発達・アセスメントと養育・支援プラン
犬塚峰子（大正大学）編

4　生活の中の養育・支援の実際
奥山眞紀子（国立成育医療研究センター）編

5　家族支援と子育て支援
──ファミリーソーシャルワークの方法と実践
宮島 清（日本社会事業大学専門職大学院）編

6　児童相談所・関係機関や地域との連携・協働
川﨑二三彦（子どもの虹情報研修センター）編

7　施設における子どもの非行臨床
──児童自立支援事業概論
野田正人（立命館大学）編

（価格は本体価格です）